이 책을 추천하는 글

"샐리 맥페이그 교수는 또 하나의 놀라운 선물을 남겨주고 떠났다. 그는 비길 데 없고 명료하며 설득당할 수밖에 없도록 만드는 글을 통해, 그리스도인들에게 기후비상사태가 우리의 지구와 그 모든 거주자들에게 끼치는 실존적 위협에 대응하는 방법을 제시한다. 그는 과학과 신학은 하나의 공통적 이야기를 공유하고 있음을 보여주는데, 그것은 모든 피조물이 그 삶과 죽음에서 서로 관계를 맺고 있으며, 서로 의존되어 있다는 이야기다. 죽음은 모든 차원에서 새로운 생명을 일으키며 또한 삼위일체 하느님의 자기 비움이 사랑을 구현한다. 우리가 그의 권고를 따라서 생명의 순환 가운데 있는 우리의 위치를 끌어안고 사랑함으로써, 이 생동감 넘치는 세상이 번창하기를 기원한다."

―Ellen T. Armour, Vanderbilt Divinity School

"샐리 맥페이그 교수님, 아, 거기 계시는군요! 그가 더 이상 우리와 함께 하지 못할 수 있지만, 그의 말과 지혜는 사후에 발간된 이 책을 통해 계속해서 우리에게 도전하고 있다. 분노하는 하느님 앞에 서 있는 죄인들의 잘못된 이야기를 넘어, 맥페이그 교수는 우리로 하여금 삼라만상과 신성과 더불어 관계의 춤을 추도록 초대하는데, 그것은 단지 인간만을 위한 구원이 아니라 우리의 지구를 위한 구원의 수단이기도 하다. 이런 자기 비움(kenosis)의 요청 속에서 살지 못하는 것은 우리를 단죄하며 또한 우리가 점령한 지구를 단죄한다. 맥페이그 교수가 이 책에서 주는 통찰력 넘치는 도전은 우리로 하여금 깊이 숙고하도록 요구한다."

―Miguel De La Torre, Iliff School of Theology

"케노시스라는 고대의 상징을 엄정한 생태적 실천으로 되살려내는 책으로서, 우리의 숨을 멈추게 하는 동시에 숨을 쉬게 해주는 책이다. 포스트모던 관계주의와 자연과학과 협력하면서, 희생적 사랑이라는 난감한 가르침은 진화의 생명과 죽음의 순환과 한 점에서 모인다. 현재의 기후적 전환점에 직면한 그리스도인들에게 주고 떠난 위대한 마지막 선물이다."

―Catherine Keller, Drew Theological School

"맥페이그 교수가 신학 담론에 준 마지막 선물은 그리스도인들로 하여금 다른 생명체들과 지구 시스템과 우리의 관계에 대해 현실적으로 생각하고, 기후 위기를 감소시키기 위해 책임 있게 행동하도록 박차를 가하게 한다. 개신교 신학을 상당 부분 지배했던 개인주의적이며 인간중심적이며 패권주의적 인간 이해를 대체하려는 맥페이그 교수의 은유적 노력을 완성시키면서, 그는 통렬한 대안을 제시하는데, 그것은 자기 비움의 자기 희생이다. 우리의 욕망을 희생하여, 다른 사람들과 종자들이 생존에 필요한 것들을 확보할 수 있게 할 때, 우리는 비로소 지구의 위기 상황을 심각하게 고민하는 '참다운 어른들'이 되며, 다른 피조물들을 친구들로 사랑하고, 모두를 사랑하는 궁극적인 친구인 하느님의 삶에 참여하게 된다.

이 책에서 결코 놓쳐서는 안 되는 것은 맥페이그 교수가 화육(성육신) 교리를 통렬하게 해석하여, 삼라만상 전체를 포함시키고, 또한 데카르트의 '나는 생각한다, 고로 나는 존재한다'에서 벗어나 '나는 관계를 맺는다, 고로 나는 존재한다'로 전향한 것이다. 그의 메시지는 프란치스코 교종의 메시지와 함께 울리는데, 교종은 만물의 상호연결성, 자기중심적 태도로부터 생태적 책임성을 받아들이는 것, 그리고 우리 공동의 집이 번성하도록 지역에서 행동할 것을 강조하셨다."

―James Schaefer, Marquette University

불타는 세상 속의 희망 그리스도

불타는 세상 속의 희망 그리스도
지은이/ 샐리 맥페이그
옮긴이/ 김준우
펴낸이/ 김준우
초판 1쇄 펴낸날/ 2023년 12월 11일
펴낸곳/ 생태문명연구소
등록번호/ 제8-195호(1996년 9월 3일)
경기도 고양시 일산동구 고봉로 32-9, 양우 331호 (우 10364)
전화 031-929-5731, 5732(Fax)
E-mail: honestjesus@hanmail.net
Homepage: http://www.historicaljesus.co.kr.
표지디자인/ 김준우
제작/ 조명문화사
인쇄와 제본/ 천일제책

A New Climate for Christology: Kenosis, Climate Change, and Befriending Nature
© 2021 Fortress Press
All rights reserved. Korean Translation copyright © 2023 by Korean Institute of the Christian Studies. The Korean translation right arranged with Fortress Press by rMaeng2. Printed in Seoul, Korea.

이 책의 한국어판 저작권은 rMaeng2를 통한 저자와의 독점계약으로 한국어 판권을 한국기독교연구소가 소유합니다. 저작권법에 따라 국내에서 보호받는 저작물이므로 무단전재와 무단복제를 금합니다.

ISBN 979-11-982654-2-5 04230
ISBN 979-11-958240-2-1 04230 (세트)
값 14,000원

생태문명 시리즈 06

불타는 세상 속의 희망 그리스도

샐리 맥페이그 지음

김준우 옮김

생태문명연구소

A New Climate for Christology

Kenosis, Climate Change, and Befriending Nature

by

Sallie McFague

Minneapolis: Fortress Press, 2021.

Korean Translation by Kim Joon Woo

> 이 책은 송순재 교수님이
> 출판비를 후원하였습니다.

Ecozoic Institute of Korea

목차

서문: 예수 그리스도와 기후비상사태 / 9

서론: 케노시스, 그리스도, 그리고 기후비상사태 / 17

1장. 예수와 하느님의 케노시스 이야기들 / 49

2장. 기후비상사태를 위한 포스트모던 통찰들 / 77

3장. 신과 인간의 관계적 존재론 / 91

4장. 친구 하느님과 세상의 친구들인 우리들 / 109

5장. 케노시스, 테오시스, 포스트모더니즘의 관점에서
　　　전개하는 그리스도교 신학 / 139

후기: 케노시스와 그리스도교에 대한 성찰 / 165

부록 1: "하느님을 찬미하여라."—프란치스코 교종 / 169

부록 2: "임박한 기후 파국과 인류의 마지막 혁명"—김준우 / 203

일러두기

- 프란치스코 교종이 ≪찬미받으소서≫를 발표한 지 8년이 지나 2023년 10월 4일 새로 발표한 훨씬 강력한 사목 권면 "하느님을 찬미하여라"(Laudate Deum)를 직접 번역하여 부록 1에 수록했습니다.

- **앞표지의 도표**는 유엔환경계획(UNEP)의 ≪2023년 (온실가스) 생산량 격차 보고서≫에 근거한 것입니다(*The Guardian*, 2023/11/8). 산유국들이 2030년까지 탄소배출 절반 감축은커녕 1.5도 목표의 두 배를 생산할 것을 실제 추진 중입니다. 151개국이 감축서약(NDC)을 모두 이행하면 2.5도 상승할 것이지만, 실제 추진하는 생산계획은 지구 평균기온을 훨씬 상승하게 만들 것입니다. 2050년까지 매년 200억 톤씩 격차가 초과해서 "산유국들의 에너지 전환 포기"와 "지옥 같은 3도 상승트랙," "금권정치의 실상"을 보여주는 이 표는 **초국적 자본 카르텔의 학살의 구조**를 여실히 드러냅니다(탄소포집 기술 때문에 생산량은 배출량과 다르다는 산유국의 변명은 속임수입니다). 지구/생명/종족학살이 너무 대규모라서 가이아(또는 메데아)가 어떻게 생태계를 구할 것인지는 아무도 알 수 없습니다. 한편 세계 99% 민중이 이 학살의 구조를 타파할 인류의 마지막 국제적 민중혁명의 전개와 방법에 대한 구체적 논의는 신학의 범위를 넘어섭니다.

- 기후위기를 해결하는 것은 근본적으로 "정치적 의지의 문제"인 동시에 문명전환을 위해 개인적 변화가 필요한 "도덕적, 영적 혁명의 문제"입니다. 맥페이그 교수의 새로운 그리스도론이 요청되는 매우 긴박한 기후비상사태를 지구 대멸종 역사와 비교해서 그 심각성을 이해하고, 또한 기후 행동으로 이어지기를 바라는 한편, 이제 더 이상 피할 수 없게 된 기후 파국 시대를 믿음으로 견딜 수 있는 신학적 틀과 희망, 특히 신앙의 기쁨을 전하고 싶은 맥페이그 교수의 마음을 헤아려, 부록 2에 졸고 "임박한 기후 파국과 인류의 마지막 혁명"을 덧붙였습니다.

서문

예수 그리스도와 기후비상사태

우리의 행성 지구는 지금 확실히 결정적 "전환점" 가운데 하나에 처해 있다. 우리가 깨어나서 부인하지 말고, 진지한 자기 비움(희생)의 행동을 준비하지 않는다면, 인간과 그 밖의 생명체들의 차원 모두에서 지구 위의 생명은 파괴될 수밖에 없다.[1] 인간의 행동을 결정하는 것은 부분적으로 우리들의 삶에 대한 세계관과 이야기다. 우리가 도대체 어디에서 "만물의 이치"에 맞는가 하는 것이 중요한 이유는 우리의 행동이 우리의 믿음에 의해 영향을 받기 때문이다. 애니 딜라드가 말한 것처럼, "우리가 깨어나기만 한다면, 신비에, 죽음의 소문에, 아름다움, 폭력에 대해 깨어나기만 한다면 … 이것은 최근에 어느 여인이 나에게 말한 것처럼, '우리가 여기에 있지만, 도대체 아무도 그 이유를 알지 못하는 것 같다.'"[2]

---

[1] 역자주: 제임스웹 우주 망원경을 통해 거의 140억 광년의 우주를 탐색할 수 있게 되었지만, 지구처럼 생명체들이 살기에 적합한 다른 행성은 아직 찾지 못했다. 그러나 인류는 지금 여섯 번째 대멸종을 초래했다. 25억 년 전부터 5억4천만 년 전까지 약 20억 년 동안 지구가 완전히 얼음덩이였던 때도 기적처럼 살아남은 생명이 가장 찬란하게 꽃피웠던 신생대를 끝장내고 있다.

[2] Annie Dillard, *Pilgrim at Tinker Creek: A Mystical Excursion into the Natural World* (New York: Bantam, 1975), 2.

도대체 우리가 왜 여기에 있는가 하는 질문에 대한 대답은 우리가 이 지구 위에서 어떻게 살 것인지에 대해 엄청난 차이를 가져온다. 지난 수백 년 동안 서구 사람들은 우리가 지구(생명계)에서 가장 높은 위치를 차지하고 있는 신비를 설명하면서, 다른 생명체들이 존재하는 목적은 우리에게 봉사하고 우리에게 이익을 주기 위한 것이라고 설명했다. 그것은 공리주의적이며 위계적인 세계관으로서, 그 세계관에서는 우리들만이 주체들이며, 다른 모든 존재는 우리가 사용하기 위한 "대상"일 뿐이다. 이런 세계관이 초래한 것은 우리의 "집"이 외롭고 죽은 세계이며, 인간 이외의 나머지 다른 존재들의 "집"은 파괴되고 생명이 없는 세계다. 더군다나 미래는 모두에게, 인간과 또한 우리를 위해 봉사하는 수십억 생명체들 모두에게, 소름끼치는 모습이다.[3] 이런 세계관이 초래한 결과 가운데 하나인 포악하고 규제가 없는 자본주의에서 분명히 드러나는 것처럼, 이런 세계관은 시도해보았지만, 실패했다.[4]

---

[3] 역주: 유엔환경계획(UNEP)이 발표한 "2023년 온실가스 배출량 격차 보고서"에 따르면, 2022년 세계 온실가스 배출량은 574억 톤으로 가장 많았고, 각국의 감축서약(NDC)을 지킨다 해도, 2100년까지 섭씨 2.9도 상승해서 매우 파괴적 결과를 초래할 것으로 예상된다(매일경제, 2023/11/21). 한편 2019년 11월, 세계 153개국 과학자들 11,258명이 발표한 "기후비상사태" 선언에 따르면, "지난 40년 사이 매 10년마다 산림 면적은 49.6%, 아마존 열대우림은 24.3%씩 감소했다." 또 과학자들은 오랫동안 공동조사를 통해, 1970년 이후 세계 야생동물은 이미 68% 감소했으며, 곤충들은 75% 감소했다는 사실을 밝혔다(*The Guardian*, 2020/9/10; 2021/7/25).
[4] 역주: 2010년, 러시아와 캐나다 등의 곡물 수출 금지로 인해 곡물 가격이 상승했고, 중동지방 국가들의 혁명으로 이어졌다. 10년 이상 계속된 시리아의 가뭄은 지난 천 년 동안 최악의 가뭄으로서, 더 이상 견디지 못한 농민들은 대도시로 몰려들어 식량난은 내전을 초래하여, 약 100만 명의 시리아 난민이 유럽에 이주했고, 이슬람국가(ISIS) 같은 테러조직이 생겨났다. 2020

우리는 만물의 구조 안에서 우리가 누구인가에 관한 새로운 이야기를 필요로 한다. 그런 이야기들은 세계 종교들의 작품이며, 그리스도교, 특히 자기 비움의 그리스도교(kenotic Christianity)는 매력적이며 강력한 이야기를 갖고 있다. 이 책은 이런 자기 비움의 그리스도교의 중요한 특징들을 정리하려는 것이다. 그 가장 중요한 특징은 다른 많은 참된 종교들처럼, 사람들이 "타자를 위해" 사는 것이야말로 주고받는 공생과 나눔, 서로 간의 상호의존성, 삶과 죽음을 특징으로 하는 세상에서 유일하게 가능한 반응이라는 반문화적인(countercultural) 요청이다. 우리가 진화에서 보는 것은 철저하며 전적인 의존 체계로서, 그것은 지구 활동의 모든 차원에 나타나며, 사람들 가운데 다른 생명체들이 번창하도록 자기희생(자기 비움)의 활동 사례들도 포함된다. 밀알 하나는 다른 이들에게 식량을 제공하기 위해 죽기 전까지는 그 운명을 완수하지 못한다. 자기희생적이며 이타적인 행동은 밀알 하나와 연속선 상에 있다. 비록 인간 차원에서는 그것이 삶의 길로서 자기 의식적인 행동임에 틀림없지만 말이다.

따라서 종교들이 제공해야 하는 것은 지구 위의 유일한 자기 의식적 행위자들인 인간이 **모두가 번창할 수 있도록** 사는 길을 제시하는 것이다. 종교들이 제공하는 실재에 대한 그림(세계관)은 영적이거나 저 세상적인 것이 아니라, 이 지구 위에서 정의롭고 풍성하게 살도록 하기 위한 것이다. 그리스도교가 이런 관점을 강조하는 것은 화육론(incarnationalism), 즉 하느님이 지금 여기에 현존하신다는 주장

년 이후에도 시리아, 이라크, 이란은 극심한 가뭄을 겪고 있다.

을 통해서다. 따라서 대부분의 종교는 현세적 삶의 고통에서부터 도망칠 방법들을 추천하는 것이 아니라, 반대로 현세에서 잘 살 수 있는 유일한 길은 다음과 같은 "집안 규칙들"을 따르는 것임을 가르친다. (1) 오직 너의 몫만을 챙겨라. (2) 네가 머문 곳을 깨끗이 치워라. (3) 미래 세대를 위해 집을 잘 수리하도록 하라. 이런 "규칙들"이 분명하게 말하는 것처럼, 첫 번째 규칙을 지키는 것만도 "황금률"처럼 우리들 대부분에게 심각한 도전이다.5)

그러나 삼위일체 그리스도교와 자연은 공통의 성격을 공유하고 있는데, 본래적 관계성(intrinsic relationality)이다. 양자역학(quantum) 차원에서는 관계성이 존재(실체)보다 더 기초적이다. 따라서 "나는 관계를 맺고 있다. 그러므로 나는 존재한다." 삼위일체론도 마찬가지를 말한다. 삼위일체의 "인격들" 사이의 사랑의 행위는 신적인 관계성이 핵심적임을 뜻한다. 진화론의 관점은 본래 극히 이타주의적인 것으로서, 주고받기, 나누기, 공생, 삶과 죽음 같은 특징들을 보여준다. 따라서 자연의 차원과 하느님의 본질(삼위일체)의 차원 모두에서 관계성은 기본이며 핵심이다. 개체가 홀로 존재하는 것은 불가능하다. 따라서 우리의 지위는 위와 아래 모두에서 또한 모든 면에서

---

5) 역자주: 전 세계 소득 상위 10%가 배출하는 이산화탄소는 전체의 49%, 상위 20%는 19.5%, 30%는 12.5%, 40%는 7.5%, 50%는 4.5%, 하위 50%는 전체의 7%를 배출한다. 그러나 가장 큰 피해를 입는 사람들은 하위 50%에 속하는 사람들이다. Greta Thunberg, *The Climate Book* (New York, NY: Penguin Press, 2023), 4. 최근 컬럼비아대학교의 역사학 교수 Adam Tooze 교수는 주로 아시아에 사는 지구의 중산층 40%의 배출량이 41%에 이르러, 하위 50%가 사용해야 할 남은 탄소예산을 빠르게 소진시킨다고 지적했다. *The Guardian*, 2023/11/23. 한국의 중산층에게도 해당되는 지적이다.

관계적이다. 삼위일체론과 자연은 모두 철저하게 관계적이다.

진화는 밀알 하나가 죽지 않으면 양육하지 못한다고 주장하며, 삼위일체는 신적인 생명(과 사랑)이 삼위일체의 "인격들" 사이에서 주고받는 춤이라고 말한다. 모든 생명과 사랑(실재)은 이처럼 필요로 하는 것과 주고받는 패턴으로 특징지어져 있다. 따라서 자기 의식적인 생명체(인간)의 근본적 자세는 매일 철저하게 감사하는 자세다. 그래서 "믿음"은 전적으로 서로 의존하는 삶을 기꺼이 살려고 하는 것이다. 즉 하느님과 타자로부터 생명을 받고, 또한 그 생명을 넘겨주려는 삶을 살려는 것이다. 이 패러다임에서는 한 개체가 "갖거나" 스스로 소유하는 멈춤의 장소는 없다. 즉 생명 운동은 항상 타자로부터 생명을 받고, 또한 그 생명을 넘겨준다. 따라서 진화 차원에서 실천되는 것은 오직 참다운 삶의 희미한 그림자다. 즉 주고받는 패턴이지만, 받는 것이 더욱 기본이며 먼저인 것이 참다운 삶이다. 우리가 줄 수 있는 것은 우리가 모든 것을 받았기 때문이다. 즉 우리의 생명 자체와 우리가 관심을 기울이는 모든 것을 우리는 받았다.

나는 그리스도교의 구원에 관한 견해들이 기후비상사태 위기에 직면한 우리에게 어떻게 공헌하는지 아니면 방해하는지 하는 문제를 철저히 검토하고 싶다. 우리가 생각하는 방식과 행동하는 방식 사이에는 어떤 관계가 있는가? 특히 나는 그리스도교에 대한 케노시스적 해석(kenotic interpretation)에 집중하고 싶다. 즉 당신이 생명을 얻기 위해서는 생명을 잃어야만 한다는 이상한 관계 말이다. 십자가의 길은 참된 생명을 얻을 수 있고 그 생명을 넘겨줄 수 있는 전적인 자기 비움이다. 생명은 결코 소유하는 것이 아니다(그것이 죄라고 그리스도인들은 이해한다). 대부분의 피조물은 진화를 통해 이 규칙을 지킨다. 죽음으로써 새로운 생명이 태어날 수 있기 때문이다. 그것은 주고받기의 끝없는 순환 속에서, 계속해서 주고 또 받는 항구적인 과정이다. 우리는 그것을 우선 진화의 삶과 죽음의 순환 속에서 보며, 또한 삼위일체의 자기 비움의 패턴 속에서 본다. 즉 심지어 하느님조차도 이런 사랑하는 행동이지, 다른 어떤 종류의 "존재"가 아니다.

우리가 이런 해석을 받아들이면, 우리 인간은 이 과정에 맡겨야 하며, 또한 그 능력과 결과를 믿어야 한다. 확실성은 없는데, 도대체 왜 확실성을 선택하려는 사람들이 있는가? 이 해석은 다른 대안이 없다고 말한다. 우리는 다른 대안이 있기를 바라며, 또한 확실성이 있어서 우리가 그것을 "소유할" 수 있는 전략을 믿으려 기를 쓰지만 말이다. 우리는 키에르케고르 식으로 말해서, 구명조끼 없이 물에 던져진 존재가 되기를 원하지 않는다. 왜 확실성을 소유한다는 것이 그처럼 매력적인가? 그런 확실성을 소유한 채 이 세상에 초대받는다는 것이 왜 그토록 특권처럼 보이는가? 삶은 안락하지 않고, 확실하지도 않다. 삶은 작은 뗏목 귀퉁이에서 살아가는 것이다. 그러나 유일한 생명은 하느님의 자기 비움의 생명(God's kenotic life)이라면 어쩔 것인가?

이 책의 전개는 서론에서 이 책의 논제들을 살펴보는 것으로 시작할 것이다. 포스트모던 철학의 통찰들로부터 도움을 받아서, 예수(와 하느님)의 자기 비움 이야기가 어떻게 우리로 하여금 기후비상사태가 초래한 "전환점"에 대해 적극적으로 대응하도록 돕는 도구가 될 것인지를 살펴볼 것이다. 1장에서는 그리스도교의 자기 비움 이야기를 깊이 있게 다룸으로써 기후비상사태에 적절하게 대응할 해석을 찾아볼 것이다. 2장에서는 마찬가지로 포스트모더니즘이 공헌한 것들을 폭넓게 다룸으로써 기후비상사태에 효과적으로 대처하는 방법을 찾아볼 것이다. 3장에서는 그리스도교의 자기 비움 이야기와 포스트모더니즘의 통찰력을 통합시켜 "관계적 존재론"(relational ontology)이라는 새로운 세계관에 공헌하는 것을 살펴볼 것이다. 4장에서는 "관계적 존재론"을 세 가지 방법을 통해 실천할 것인데, 그 세 가지 방법은 친구 모델(model of friend), 아써 맥길(Arthur McGill)의 신학, 그리고 리차드 카니(Richard Kearney)의 신학이다. 5장에서는 포스트모던 통찰이 기후비상사태에 대해 갖는 의미, 기후비상사태에서 인간의 역할, 그리고 "희망"으로서의 하느님의 역할에 관해, 몇 가지 결론적 논평을 정리할 것이다.

서문을 끝내면서, 나는 이 책이 전적으로 직선적으로 전개되지 않는다는 점을 말하고 싶다. 그 이유는 일정 부분 이 주제의 성격 자체, 즉 우리들 대부분에게 극히 어렵고 새로우며 복잡한 성격 때문이다. 나는 어떤 재료를 반복해서 사용하면서, 다른 각도에서 살펴보았으며, 또한 나의 논증에서 어떤 것은 기꺼이 "벼랑 끝까지" 밀어붙였는데, 그것은 우리가 도전받고 있는 진화, 자기 비움의 그리스도교, 그리고 기후비상사태의 심각성에 비추어볼 때 불가결한 것이었다. 나는 신학자로서, 포스트모던 과학이 우리에게 제시하는 세계관에 대한 전문가가 아니다. 내가 주장할 수 있는 유일한 것은 (18세기 이후의) 철저한 개인주의를 우리의 삶과 우리의 신앙 전통 속에 화육할 정도로 우리가 포스트모던 세계관과 그리스도교 신앙을 똑같이 철저하게 구현한다면, 우리는 우리 시대의 가장 큰 "전환점들" 가운데 하나인 기후비상사태를 다루는 데서 중대한 차이를 가져올 것이라는 점이다. 나는 "큰 그림"을 찾을 것인데, 그것은 내가 신학자로서 더불어 작업할 필요가 있는 과학적 세계관 형태라는 점을 솔직히 인정한다. 내가 더불어 작업하는 그 과학적 세계관이 우리 시대에 합의된 것이라는 점, 즉 일반적으로 정확한 세계관일 뿐 아니라 다른 시대의 산물이 아니라는 점은 중요하다. 인간이 초래한 기후비상사태는 21세기의 현상이며, 또한 우리 시대에 소통할 수 있는 실재에 대한 그림(세계관)을 필요로 한다.6)

---

6) 역자주: 데이비드 R. 그리핀(1939-2022)은 전통 기독교의 창조론 주장과 현대 과학의 무신론 모두를 반대하면서, 현대 과학의 미세조정 우주론과 진화론 등 과학적 세계관에 대해 과정신학 입장에서 이렇게 설명한다. "화이트헤드는 '하느님 안에서 굽힐 수 없는 것은 '질서'를 향한 목적으로서의 가치평가라는 점이다'라고 말했다. 이 질서의 유형은 존재들이 스스로와 타자들을 위해 더욱 큰 가치를 지닌 존재들이 되도록 허락하는 질서이다. '하느님의 목적은 가치를 달성하는 것이다'라고 화이트헤드는 말했다. 하느님은 질서의 근거일 뿐 아니라 새로움(novelty)의 근거이다. 질서처럼 새로움은 그 자체로는 선하지 않다. 그것이 신의 목적에 봉사할 때만 선하다. 즉 '질서'와 '새로움'은 하느님의 주관적 목적의 도구들에 불과'한데, 그 주관적 목적이란 본래적으로 가치 있는 경험들이 성장하는 것이다. 무신론자들은 이처럼 진화 과정에서의 신적인 영향력을 말하는 것이 초자연주의적 방해라고 배격하게 마련이다. 그러나 과정신학은 자연주의적 유신론에 기초한다. 정상적인 인과관계에 임시적인 방해는 없다." 데이비드 그리핀, 김준우 역, ≪기후재앙과 핵 위협 시대의 기독교 복음≫(근간), 72-73.

서론

케노시스, 그리스도, 그리고 기후비상사태

우리의 행동을 의식적으로든 무의식적으로든 지시하는 하나의 기본 이야기가 있다고 나는 믿는다. 우리 인간들은 이야기들을 사랑한다. 우리가 이야기들을 사랑하는 이유는 우리의 삶이 이야기이기 때문이다. 우리들은 이야기들이다. 우리의 삶에는 시작이 있고, 중간과 끝이 있으며, 우리의 이야기의 시간 동안에 우리는 그 안에서 의미를 찾으려고 한다. 우리의 이야기 안에서 우리는 누구이며, 또한 우리는 무엇을 해야만 하는가?

유발 하라리는 최근 발표한 책 ≪사피엔스≫에서, 큰 집단(150명 이상)의 사람들이 하나의 목표를 위해 함께 행동하기 위해서는 하나의 이야기나 허구가 필요하다고 말한다. 그 이야기는 사람들이 목숨을 거는 것이다. 좋은 이야기를 말하는 것은 매우 어렵지만, "성공하면, 사람들에게 엄청난 힘을 주는 이유가 수백만 명의 낯선 사람들을 공동 목표를 향해 협동하고 일하도록 만들기 때문이다. 우리가 강, 나무, 사자처럼 실제로 존재하는 것에 대해서만 말할 수 있다면, 국가나 교회, 법적 체계를 만드는 것이 얼마나 어려웠을지를 상상해보

17

라."[1] 하라리가 인지혁명이라고 부른 것과 더불어 인간은 두 가지 "실재들" 속에서 사는데, 그 둘 가운데 상상의 실재가 더 강력하다.

서구인들의 이야기는 왕이며 전능한 하느님에 근거한 것으로서, 오늘날 더 이상 사람들의 삶에 의미를 주지 못하고 있다. 그리스도인들이 일반적으로 믿고 있는 이 이야기에서는, 초자연주의적 하느님이 자신들에게 어떻게 행동할 것을 말씀해주시고, 자신들이 그 말씀대로 행동하지 못하면 하느님이 자신들의 죄를 위해 대가를 지불하심으로써 자신들이 천국에서 영생을 얻을 수 있게 하신다. 그러나 이런 종교적 이야기는 오늘날의 문화에서 더 이상 신뢰를 받지 못한다. 이야기가 매우 효력을 발휘할 때는 그 이야기의 종교적 차원이 세속적 이야기와 합치될 때다. 즉 그 두 차원이 서로 뒷받침하고 맞아떨어질 때다. 그 두 가지 해석 사이에 거리가 너무 멀 경우에는, 그 둘 사이의 연결이 끊어져서, 사람들이 어느 하나만 신봉하거나, 아니면 둘 다 거부한다. 둘 다 거부하는 경우는 아무것도 믿지 못하게 되는 것이 무서워서, 사람들은 자신들의 이야기가 심지어 "믿을 수 없는" 것이거나 평범하더라도 그 이야기를 고집하게 마련이다. 인생에는 어떤 대가를 치르더라도 의미가 있어야만 한다. 하느님과 세상에 대한 서구 그리스도인들의 모델은 오늘날 대부분 신뢰성을 잃어가고 있다. 그 이야기는 너무 많이 "땜질"을 할 수는 있었지만, 더 이상 사람들에게 "통하지는" 않는다.

---

[1] Yubal Noah Harari, *Sapiens: A Brief History of Humankind* (Toronto: McClelland & Stewart, 2014), 31. 조현욱 역, ≪사피엔스: 유인원에서 사이보그까지, 인간 역사의 대담하고 위대한 질문≫, 김영사, 2023.

그러나 하느님과 세상에 대한 모든 이야기가 소용이 없다는 뜻은 아니다. 예를 들어, 사람들이 자기는 더 이상 "하느님을 믿지" 않는다고 말할 때, 그것은 그들이 어느 하느님도 믿지 않는다는 뜻이 아니라, 서구의 전능한 창조자 하느님, 그리고 세상의 모든 일을 관장하는 초자연적인 하느님 상(supernatural picture of God)이 더 이상 자신들에게는 통하지 않는다는 뜻이다. 다시 말해, 하느님과 세상에 대한 어떤 해석도 자신들에게 통하지 않는다는 뜻은 아니다.

우리에게는 하느님과 세상의 관계에 대한 새로운 기본적 모델, 패러다임이 필요하다. 현재 개신교 집단 대부분에서는 가장 중요한 모델이 하느님과 세상에 관한 모델이 아니라, 하느님과 인간(구체적으로 남성들)에 대한 모델이다. 로마 가톨릭은 세상에 대한 교리를 갖고 있지만, 종교개혁 이후 개신교는 그 초점을 좁혀 인간적 개인들에게 맞추어, 신적 개인과 인간 개인에 집중했다. 이처럼 신과 인간이라는 두 존재에 관한 그림이 매우 독립적이며 변두리에서만 서로 연결된 이유는 그 둘 가운데 누가 파워를 갖고 있는가 하는 문제이기 때문이다. 그것은 두 개체가 서로 경쟁하는 모델로서, 스포츠에서처럼 서로 금메달을 놓고 경쟁한다. 그 기본 생각은 하느님이 인간 개인들의 선을 위해 개입할 수 있다(개입하지 않을 수도 있다)는 것이다. 거칠게 말해서, 이 모델은 두 인간(남성)이 권력을 장악하기 위해 서로 다투는 모델이다.

따라서, **권력**이 문제의 핵심이다. 누가 더 권력를 갖고 있는가? 우리가 어느 모델을 선택하는가에 따라 엄청난 차이가 있다. 그러나 우리는 어디에서 우리의 모델을 찾을 것인가? 그런 개인주의적 모델은 계몽주의 철학과 인간학과 시장자본주의가 결합된 것이다. 그러나 그리스도인들은 예수가 "하느님의 얼굴"이라고 믿는다. 예수의 삶과 죽음과 가르침은 "하느님의 길"을 반영한다. 그러나 이 근원에서는 매우 다른 모델이 등장하는데, 우리가 "자기 비움"(kenotic) 모델이라고 부를 수 있는 것이다. 왜 그 두 모델 가운데 어느 하나를 받아들이는가? 그것이 신앙의 도약이다. 두 모델 가운데 어느 하나가 다른 하나보다 더 좋다고 재빨리 판단할 확고한 증거는 없다. 우리의 가장 기본적이며 가장 깊은 헌신의 관점에서 말하자면, 우리는 확신할 수 없다. 그것을 시험할 방법(확실성이 아니라 단지 시험일 뿐이다)은 어느 것이 우리 자신, 지구 행성, 그리고 다른 피조물들을 위해 "더 좋은가" 시험하는 방법이다. 그래서 그리스도인들은 예수 이야기에서부터 시작한다. 그다음에 우리는 하느님과 세상에 관해 말한다. 우리는 예수 때문에 하느님이 누구이며(하느님의 초월성과 내재성), 또한 우리가 누구인지를 이해한다. 이것이 문자주의를 뜻하는가? 이것은 예수가 하느님이며 따라서 우리 그리스도인들이 "진리"라고 말하는 것을 알고 있기 때문에, 우리는 하느님이 누구이며, 우리가 누구인지를 말하기 위해 예수 이야기 이외에는 다른 아무것도 필요하지 않다는 뜻인가? 아니다. 그러나 우리는 예수 이야기로부터 분명한 단서들과 방향을 얻는다.

자기 비움의 신학(kenotic theology)은 자기를 희생하는 사랑 이야기로서, 계몽주의의 가장 취약한 지점에서 그것을 뒤집는다. 자기 비움의 신학은 우리 서구인들이 가치 있게 생각하며, 예상하며, 상을 주며, 명예롭게 생각하는 모든 것과 반대된다. 그러나 만일 십자가(자신의 옛 삶에 대해 죽고, 새로운 자기희생적 사랑의 삶을 살려고 하는 것)가 유일한 길이라면 어쩔 것인가? 만일 우리가 이것을 우리의 모델로 선택한다면 어떻게 될 것인가? 오늘날 같은 기후비상사태 시대에 우리가 예수의 삶, 죽음, 부활을 우리의 모델로 받아들인다면, 우리는 하느님의 초월성/내재성과 하느님과 세상의 관계에 대해 어떻게 이해해야 하는가? 또한 만일 포스트모더니즘의 통찰력들—특히 그 인간학, 우리가 어떻게 해야 세상의 이치에 맞는가 하는 점—이 그리스도교의 자기 비움의 신학과 몇 가지 점에서 흥미롭게 겹쳐진다면 어쩔 것인가? 만일 포스트모더니즘이 이런 기본적 "세계관"에 주는 새로운 통찰력들—권력, 예외주의, 책임성, 몸, 물질주의, 의존성 등의 문제들에 관해, 인간이 이 세상에서 차지하고 있는 위치에 대해 상정하는 것들—이 하느님과 인간이라는 두 초강력 존재가 서로 패권을 다투는 전통적 개신교의 입장과는 매우 다른 관점을 제공한다면 어쩔 것인가? 만일 우리가 지구에서 우리의 위치에 대해 그 매우 다른 관점으로부터 어떻게 자기 비움의 삶을 살 수 있는지를 배울 수 있다면 어떻게 될 것인가? 그 인간학으로부터, 우리가 철저하게 의존되어 있으며, 취약하며 매우 연약한 존재라는 점을 직시할 도전을 받는다면 어떻게 될 것인가? 그리스도교는 물론이며, 대부분의 종교의 핵심에 있는, 타자를 위한 희생적 삶을 살라는 가르침이 터무니없어 보이지만, 포스트모던 과학과 철학의 통찰력을 통해서 우리는 일차적으로 동물이며, 우리의 몸은 다른 몸들에 의존해 있으며, 지구의 많은 힘의 원천들—그중 기후비상사태가 포함된다—의 자비에 내맡겨져 있는 육신의 존재라는 주장에서 (똑같이 터무니없어 보이는) 동조자를 발견할 수 있을지도 모른다. 하느님이 육신을 입으셨다는 그리스도교 이야기의 핵심에서 몸에 초점을 맞추는 것은 그리스도교 전통으로 하여금 포스트모더니즘의 독특한 통찰력들에 대해 개방하도록 만들어야 하는데, 그 독특한 통찰력들이란 그 근본적 물질주의, "영"(spirit)에 대한 의심, 생명주의(biocracy)—여기서는 민주주의와 달리, 모든 생명체가 투표권을 갖는다, 우리 자신의 행동에 대한 책임성에 초점을 맞추는 것, 다른 어느 것이 아니라 바로 이 세상을 사랑하라는 요청, 우리가 절망과 죽음을 직시할 방법을 배워야 한다는 주장, "본체"(substance)의 관점에서 생각하는 것을 끝내는 것, 행위자(주체성)는 인간에게 국한되지 않는다는 주장 등이다.

　우리의 딜레마로 되돌아가서, 우리는 우리의 모든 문제를 해결할 수 있는 전능하며 초자연적인 하느님을 믿을 수 있기를 바라지만, 그런 주장은 더 이상 설득력이 없다. 도대체 왜 이런 하느님 모습은 더 이상 믿을 수 없으며, 더 이상 힘이 없는가? 부분적으로는 우리가 스스로를 강력한 힘이 있는 개인들로 믿지 않기 때문이다. 우리가 누구이며 또한 하느님이 누구인지에 대한 전체 그림은 변했다고 포스트모던주의자들은 말한다. 계몽주의 철학과 뉴턴 과학의 산물인 개인주의적이며 외롭고 고립된 인간 이해는 서서히 무너졌으며, 그와 함께 하느님에 대한 비슷한 믿음도 무너졌다. 우리 자신에 대해 갖고 있는 이해와 하느님에 대한 이해는 함께 가며, 그 두 가지 이해 모두 20세기와 21세기에 무너져내렸다. 19세기 후반에 진보라는 행복한 그림에 대해, 의심의 대가들 세 사람, 즉 프로이트(Freud), 다윈(Darwin), 니체(Nietzsche)에 의해 무슨 일이 벌어졌는지를 살펴보자.

이들은 19세기 동안 새로운 발견과 진보에 대한 의식과 인간의 통제에 대한 생각을 무너뜨렸다. 산업혁명, 아프리카와 동양에 대한 서구 권력의 식민지 지배, 의술과 기타 과학의 발전 등을 통해 사람들은 자신감을 갖게 되었고, 역사상 처음으로 자연을 지배한다고 확신하게 되었다. 그러나 이런 자신감과 확신은 오래 지속되지 못했다. 프로이트는 사람들이 자신의 "내부"(insides), 동기, 욕망에 관해 생각했던 분명한 의식을 파괴했다. 프로이트 이전까지는 사람들의 내면이 비교적 간단한 것처럼 보였지만, 그는 내면의 거대한 늪지대와 같은 정글을 열어젖힘으로써, 심지어 우리의 부모들과의 관계와 섹슈얼리티처럼 가장 내밀한 비밀스러운 자아에서조차 속임수가 있을 수 있다는 의심과 불신의 씨앗을 뿌렸다. 사람들은 더 이상 타인들의 행동의 동기, 약속, 소망에 대해 말하는 것을 신뢰할 수 없게 되었다. 사실상 우리는 심지어 우리의 내면이 우리에게 말하는 것이 무엇인지조차 알지 못하게 되었고, 그것이 무엇인지를 찾아낼수록 우리가 찾은 것을 좋아하지 않게 되었다.

프로이트가 내면의 혁명을 일으켜, 우리가 더 이상 우리의 욕망과 우리에게 복종하려는 의지(혹은 심지어 그것들이 무엇인지 찾아내려는 의지)를 신뢰할 수 없게 만들었다면, 다윈은 "외부"(outside),

즉 세상이나 우주, 그리고 그 안에서 우리의 위치에 관해 탐구했다. 우리가 산업, 과학, 식민지 차원에서 성공한 것은 사람들로 하여금 인간의 중심성과 예외주의(exceptionalism)를 믿도록 만들었다. 우리는 다른 동물들과 엄청나게 다르다는 확신이었다. 데카르트는 우리가 독특한 이유는 우리가 "생각할" 수 있기 때문이라고 주장했다. 우리의 합리적 정신은 우리를 다른 모든 피조물과 절대적으로 다르게 만들었고, 오직 우리만 주체들이며, 다른 모든 존재들은 단지 객체들이 되었다. 그래서 인간은 지구 행성의 적법한 소유자들이며 사용자들이라는 세계관이 생겨났다. 우리는 살아 있는 유기체들이며, 인간 이외의 모든 존재는 기계처럼 그 부분들을 사용하다가 제거해도 전체가 망가지지는 않는다는 것이다.

이런 세상에서 지배력을 지닌 사람들이 어떻게 느꼈을지를 상상하는 것이 우리로서는 쉽지 않다. "지배력"이라는 말은 인간에 대한 고전적이며 바람직한 모델을 뜻한다. 즉 서구의 젊고, 남성이며, 백인, 부유하고, 교육을 받고, 자신감이 넘치며, 개신교 신자이며, 장애가 없는 사람을 뜻한다. 분명히 대다수 사람들은 이 모델에 속하지 않는다. 즉 여성들, 어린이들, 서구인이 아닌 사람들, 육체적으로 또는 정신적으로 장애가 있는 사람들, 노인들, 유색인, 가난하고 교육을 받지 못한 사람들이기 때문이다. 임마누엘 칸트는 우리가 그런 사람들을 자신처럼(지배력을 가진 사람처럼) 대하는 것이 도덕적이라고 말했다. 그런 사람들을 공정하고 정의롭게 대해야만 한다는 말이다. 바로 이런 사람들이 신약성서가 우리로 하여금 "사랑해야" 한다고 말하는 "이웃"이다. 우리 이외의 존재들, 즉 다른 모든 사람들, 다른 모든 동식물과 산, 바다, 땅은 그리스도인들의 "도덕적 관심"의 바깥에 존재한다.

물론 남은 것은 지구 거주자들의 1%도 되지 않는 소수의 엘리트다. 그래서 다윈이 우리 인간이 다른 생명체들로부터 왔으며, 그 생명체들에게 완전히 의존하고 있다는 것은 말할 것도 없고 그 생명체들과 비슷하다고 주장했을 때, 이 소수의 엘리트 인간들은 뼛속까지 위협을 느꼈다. 나는 과거 우리 집안의 뉴잉글랜드 왕할머니가 자신은 셜코 원숭이들괴 관련되지 않았다고 말하던 것을 기억한다. 그러나 우리는 지구의 모든 피조물의 맨꼭대기에 있지 않을 뿐만 아니라 가장 취약하며 지구가 거의 필요로 하지 않는 존재들이다. 만일 우리가 내일 당장 지구에서 사라져버린다면, 다른 모든 존재들은 훨씬 복을 받을 것이다. (우리의 반려동물들은 며칠간 우리를 그리워할 테지만, 곧 적응할 것이다.)

기후비상사태는 우리가 과거에 이 행성에서 가장 강력하고 똑똑하며 필요한 동물의 지위에서부터 행성의 최악의 적으로 어떻게 타락했는지를 보여주는 탁월한 사례 가운데 하나다. 우리는 이제 기후비상사태가 우리의 만족할 줄 모르는 소비시장 경제에 에너지를 제공하기 위해 우리가 탐욕스럽게 화석연료를 사용한 결과라는 사실을 알고 있다. 즉 지구의 천연자원들에 대해 우리가 승리한 것이 이제 부메랑이 되어 우리의 가장 큰 위협으로 돌아왔다. 우리가 통제할 수 있다고 생각했던 것, 즉 극소수(1%)의 안락과 쾌락이라는 만족할 줄 모르는 욕망을 충족시키기 위해 지구의 에너지를 사용한 것이 이제는 우리의 죽음을 알리는 조종 소리처럼 강력한 힘이 되어 우리에게 돌아왔다. 우리가 단지 지구의 또 하나의 "대상"이라고 생각했던 날씨가 이제는 가장 강력하고 가장 거대한 "주체"가 되었으며, 그 작용 방식은 우리들 자신보다 더 큰 것으로 두려워할 수밖에 없게 되었다. "날씨"가 작용하는가? 분명히 그렇다. 그것도 두려워할 만큼 힘을 갖고 작용한다. 현재까지 우리는 우리의 유일한 집인 우리의 지구 행성을 불태우도록 배출한 것들의 결과를 통제하거나 심지어 감소시키려는 우리의 모든 노력에서 패배했다.

그것은 단지 무서운 것일 뿐 아니라 우리를 공포에 사로잡히게 만든다. 오늘날 십대 청소년들이 즐겨 읽는 소설이 대부분 묵시종말적이라는 점은 전혀 이상하지 않다. 젊은이들은 자신들의 집이 불타고 있는 중이라는 것에 대해 심각한 공포를 느끼고 있기 때문이다. (물론 그들은 헬리콥터 부모들에 집착한다). 그러나 우리들 모두 마음 깊은 곳에서는 이런 공포를 두려워하고 있다. 우리들 가운데 많은 사람들이 입에 올리기를 꺼리는 것은 이처럼 우리들의 방 안을 밀고 들어오는 코끼리의 위협이다. 품위 있는 사람들이 그것을 의논하지 않는 것은 내가 어렸을 때 사람들이 섹스와 암에 대해 말하지 않았던 것과 같다. 어쩌다가 우리가 이 지경이 되었는가? 지구에서 가장 멋지고 복잡하며 영광스러운 피조물인 우리가, 그것도 머릿속으로는 우주를 상상할 수 있는 존재들인 우리가, 이제는 지구의 종말을 상상할 지경에 이르렀다. 핵폭탄에 의해 순식간에 종말에 이르거나, 아니면 기후비상사태로 인해 좀 더 천천히 종말에 이르거나 할 것이다. 우리는 한 번도 와본 적이 없는 기로에 도달했다. 우리의 집을 파괴할 수 있게 된 것이다.2)

이렇게 우리는 세 번째 의심의 대가인 니체와 그의 "원한" 개념에 이르게 되었다. 원한(ressentiment)은 우리가 우리의 깊이로부터 완전히 벗어난 상태라는 깊고 폭넓게 퍼진 두려움이다. 니체는 그것을 "신의 죽음"(the death of God)이라고 표현했다. 즉 우리의 죄에도 불구하고 우리의 전능한 하느님이 당신의 자녀들을 멸망시키지 않으실 기라는 확신이 끝장난 것이다. 우리는 이제 하느님 없이 우리의 세상이 우리의 손에 달려 있다는 것을 믿을 이유들을 필요로 한다. 묵시 종말적 미래를 두려워하는 십대들뿐 아니라 우리 어른들 모두 마음 깊은 곳에서는 미래를 두려워한다. 우리는 두려워 **죽을 정도다**. 하느님에 대한 믿음이 없기 때문이다. 아무리 연약한 믿음이라 할지라도, 우리 문화의 가정으로서 하느님에 대한 믿음은 만일 내가 하느님을 믿지 못한다 해도 다른 사람들은 믿는다. 그러나 만일 아무도 더 이상 믿지 않는다면, 심지어 그 문화적 가정조차 사라져버리면, 그 깊고 폭넓게 퍼져있으며 모든 것을 삼켜버리는 절망을 막을 것은 무엇인가? 우리는 세상의 작은 한 구석만이라도 돌보려 할지 모른다. 더 큰 선, "공유지"에 대한 희망은 우리 너머에 있기 때문이다. 이것은

---

2) 역자주: 홍수, 가뭄, 산불, 해수면 상승, 식량난 등으로 인한 기후난민은 현재 매년 거의 2,200만 명에 이르지만, 2050년까지 12억 명에 이를 것으로 예상된다. 세계아동기금(UNICEF) 보고서에 따르면, 지난 6년 동안 4,300만 명의 아동이 집을 떠나야 했으며, 매일 거의 2만 명의 아동이 기후난민이 된다. *The Guardian*, 2023/7/31; 2023/10/6.

보통 "큰 소리로 말하는" 절망이 아니다. 오히려 모든 것에 걸친 얼룩, 결코 지워질 수 없는 얼룩과 같다. 사실상 그것이 무엇인지를 밝혀보라고 질문을 받으면, 우리 대부분은 밝힐 수 없다. 그러나 우리는 사태가 이미 글러버렸다고 느낀다. 핵심에서 무엇인가가 잘못되었다고 느낀다.[3] 그러나 우리는 그것이 정확히 무엇인지 알지 못한다. 과거에는 "죄"가 문제였다. 그러나 "죄"는 개인들에게 잘못된 무엇을 뜻했지, 지금처럼 세상 전체가 잘못된 것을 뜻하는 것이 아니었다.

그러나 이제 그 얼룩은 세상 전역에 퍼져있으며, 특히 정치적 세계와 우주적 세계에서 분명히 볼 수 있다. 그것은 우리가 다룰 수 있는 것보다 훨씬 큰 것이다. 우리는 그 무서운 차원들에 압도당한다. 수백만 명의 난민들에게서 분명히 드러나는 기후 붕괴와 손을 쓸 수 없는 빈곤 상태는 생각하는 것조차 끔찍하다. 특히 우리를 돌보며 강력한 힘을 가진 섭리적 하느님에 대한 믿음이 없이 단지 인간에 불과한 우리들이 다루기에는 너무 끔찍한 현실이다. 경제적 세계(시장 자본주의)와 생태계(기후비상사태) 모두 감염되었으며, 그 문제는 완전히 개인의 해결책 너머에 있는 것처럼 보일 뿐 아니라, 서구의

---

[3] 역자주: 캐롤라인 히크만은 세계 10개 국가의 젊은이들(16-25세) 1만 명을 대상으로 한 여론조사(2021)를 통해 세계 젊은이들의 75%는 "미래가 두렵다"고 답했으며, 59%는 "인류의 멸망"을 믿을 정도로 심각한 "기후 불안"에 사로잡혀 있으며, 41%는 아이 낳기를 꺼린다고 답했다(*The Guardian*, 2022/9/10). "2022 대한민국 기후위기 보고서"에 따르면, 20대 여성들 가운데 33.5%는 "기후위기 때문에 자녀를 낳지 않아야겠다"고 생각할 만큼 기후위기에 민감하며, 65.8%는 "기후위기 해결에 관심은 있지만, 실천에 옮기지 못하는 데 죄책감을 갖는다"고 했다. 32.4%는 "기후 우울증 혹은 분노를 느낀다"고 답했다. 〈시사In〉, 747호 (2022년 1월 10일).

정치체제는 점차 기능을 발휘하지 못하고 있다. 특히 미국에서 그렇다. "사태는 이미 우리의 손에서 벗어났다"는 절망감이 아무런 해결책을 찾지 못하는 우리를 사로잡고 있다. 모든 것이 뒤틀렸으며, 심각한 무력감이 우리를 짓누른다. 이제 우리는 어디로 가야 하는가?

이제 우리는 아마도 포스트모던 사상으로부터 몇 가지 독특한 주장을 파고들 준비가 되었을 것인데, 나는 그 주장들이 우리의 세상, 극도의 불평등과 기후비상사태로 특징지워지는 세상에서, 우리가 타자들을 위해 희생적 삶을 사는 것이 어떻게 연관성이 있는지를 깨닫게 도와줄 길을 열어준다고 믿는다. 우리가 이제 포기해야 하는 세계관은 우리가 지구 행성을 통제하며, "관리하며" 우리 스스로 지구의 모든 자원을 사용할 자격이 있으며, 기후비상사태와 싸우기 위한 기술적인 마술의 총알을 개발할 수 있다고 믿는 세계관이다. 만일 우리가 정말로 마음과 정신을 열어, 매우 다른 세계관, 즉 우리 사회가 비효율적이며 심지어 어리석다고 생각하는 종류의 능력을 제시하는 매우 다른 세계관을 깨달을 수 있다면 어떻게 될 것인가? 만일 우리가 예수의 자기 비움의 삶과 죽음을 우리의 모델로 삼고, 또한 현대 과학과 포스트모던 성찰이 어떻게 우리로 하여금 우리 시대에 그리스도인으로서 살아가도록 도울 수 있는지를 깊이 고민한다면 어떻게 될 것인가?

신학자들의 과업 가운데 하나는 사람들에게 하느님과 세계 사이의 관계에 대한 대안적 해석을 제시하는 것이다. 하느님을 본 사람은 아무도 없다. 그래서 하느님에 관한 모든 말은 은유적일 수밖에 없다. 즉 하느님에 관해 무엇인가를 말하는 주장은 말할 필요가 있는 모든 것을 말하지는 않는다는 말이다. 사랑, 평화, 행복, 두려움, 죽음처럼 우리가 볼 수는 없지만 그럼에도 불구하고 우리에게 중요한 것에 관한 모든 언어와 마찬가지로, 우리는 우리가 볼 수 없는 것을 표현하기 위해 우리가 볼 수 있는 언어를 사용한다. (예컨대, 하느님은 우리의 "왕," 나의 "목자," "반석," "요새" 등). 이처럼 모든 종교적 언어와 시적인 언어는 은유적이며, 그런 문제들에 대한 깊은 체험을 표현하기에는 은유를 사용하는 것이 적합하다는 점은 중요하다.

따라서 나는 기후비상사태 현상, 즉 우리의 모든 희망을 불안정하게 만들고, 인간의 안녕과 지구의 평화를 위한 모든 계획을 불안정하게 만드는 기후비상사태 현상을 다루기 위해 과거의 표준적인 왕(군주)의 은유(monarchical metaphor)와는 다른 은유들을 필요로 한다고 주장하는 것이다. 훨씬 덜 개인주의적이며 덜 인간중심적인 은유들이 필요하다. 왕의 은유보다 훨씬 더 사회적이며 관계적이며 내재적인 은유들이 필요하다.

예수의 이야기

그런 은유를 위한 강력한 후보자는 예수의 이야기에서 시작하는 것으로서, 특히 예수의 모든 말씀과 행동의 자기희생적 성격 또는 자기 비움의 성격을 강조하는 이야기다. 그런 해석은 필립비인들에게 보낸 편지 2:5-8에 요약되어 있다. "여러분은 그리스도 예수께서 지니셨던 마음을 여러분의 마음으로 간직하십시오. 그리스도 예수는 하느님과 본질이 같은 분이셨지만 굳이 하느님과 동등한 존재가 되려 하지 않으시고 오히려 당신의 것을 다 내어 놓고 종의 신분을 취하셔서 우리와 똑같은 인간이 되셨습니다. 이렇게 인간의 모습으로 나타나 당신 자신을 낮추셔서 죽기까지, 아니, 십자가에 달려서 죽기까지 순종하셨습니다." 여기서 우리는 왕의 모델에 나오는 권력이 자기 비움과 희생 모델로 뒤바뀐 것을 보게 된다. 이 모델은 "기쁘고 친절하며 사랑하는 자세로 이기적 욕망을 기꺼이 포기하고, 공동선과 하느님의 영광을 위해 타자를 대신해서 희생하는 모습"4)이다. 이것은 구원의 모델이며 또한 제자직의 모델이다. 다시 말해서, 이것은 하느님이 어떻게 세상을 "구원하시는지"를 말하며, 또한 우리 인간들이 어떻게 세상에서 행동해야만 하는지를 말한다. 이 모델에서는 예수가 (우리의 구원을 위해) "모든 것을 다 하지" 않는다. 즉 예수가 우리를 위해 대신 십자가에서 고난당함으로써 우리의 죄값을 치르지 않는다. (그러므로 우리는 구원을 위해 예수를 믿는 것 이외에는 할 일이 없다). 오히려 이 모델은 우리의 구원이 예수의 삶과 행동에 따르는 것에 달려 있음을 가르친다. 즉 우리는 예수와 함께 타자들을 위한 자기희생적 사랑의 삶을 사는 것을 통해 구원(deification)을 얻는다. 우리는 하느님처럼 된다. 하느님의 형상으로 만들어진 우리가 하느님 자신의 생명과 사랑에 참여함으로써, 완전히 인간이 되

---

4) George F. R. Ellis, "Kenosis as a Unifying Theme for Life and Cosmology," in *The Work of Love: Creation as Kenosis*, ed. John Polkinghorne (Grand Rapids, MI: Wm. B. Eerdmans, 2001), 108.

는 것이다. 더 나아가, 어떤 사람들이 주장하는 것처럼(나도 그들 가운데 한 사람이다), "자기 비움은 예수의 진정한 인간성에 대한 설명일 뿐 아니라, 모든 실재의 패턴이기도 하다."5) 여기서 자기 비움의 범위에 대한 이해는 폭넓고 또한 깊다.

진화의 이야기

종교적 생활과 세속적 생활이 함께 합쳐지는 것은 예를 들어, 우리가 진화에서 볼 수 있는 극히 이타주의적인 행동과 똑같은 행동을 그리스도교의 삼위일체에 대한 간추린 이해에서도 볼 수 있다는 점이다. 진화에서부터 삼위일체까지 자기 비움이 "모든 실재의 패턴"이라는 주장은 엄청난 주장이다. 어떻게 그런가? 리처드 도킨스의 "이기적 유전자"(selfish gene)가 생존한다는 주장을 반박하면서, 홈즈 롤스턴은 진화에서 이기적 유전자 대신에, "적자생존(the survival of the fittest)은 서로 나누는 자들의 생존(the survival of the sharers)으로 입증된다"고 주장했다. 그가 이런 입장을 주장한 것은 진화에서 "적자(fitness)는 미래 세대에 생명의 새로움을 위해 자기에 대해 죽는 것을 뜻하는" 것이기 때문에 가장 기초적인 생물학적 차원에서 무의식적 자기 비움이 드러난다고 주장했다. 롤스턴은 이렇게 말한다. "점점 더 초점을 맞추게 되는 그림은 하나의 존재가 다른 존재의 선을 위

---

5) Lucien J. Richard, *A Kenotic Christology: In the Humanity of Jesus the Christ, the Compassion of Our God* (Lanham, MD: University Press of America, 1982), 170.

해 희생되는 것과 크게 관련된다. 개체 생명은 이처럼 보다 큰 생명의 흐름 속으로 흘러들고, 방출되며, '비워진다'"6)

사실상 진화 과정은 이처럼 경쟁과 상호의존성의 복잡하며 계속적인 과정일 뿐이다. 이 과정에서 이상한 것은 아무것도 없다. 진화의 상부 차원은 하부 차원에 의존해서 우리가 실제로 경험하는 복잡하며 다양한 세계가 형성된다는 사실만 주장할 수 있을 뿐이다. 롤스턴이 말한 것처럼, "만일 고등 생명체들이 무생물 재료로부터(또한 그 자체의 쓰레기를 퇴화시킴으로써) 모든 생명 재료를 합성해야만 했다면, 그것들은 결코 크게 발전되지 못했을 것이다. 진화의 상부 차원이 더 높은 단계의 합성을 위해 자유로운 것은 그 아래 단계의 유기체들이 수행하는 합성(과 분해)에 의존하기 때문이다."7) 그리고 이 과정은 정확히 죽음의 과정을 통해 우리 주변의 새로운 (훨씬 복잡하고 다양한) 생명이 생성된 과정이다. 그것은 생명이 생명을 먹는 과정이다. 발전된 생명은 먹이 피라미드(먹이사슬)를 필요로 하며, 먹고 먹히기 때문이다. 이처럼 자연 안에는 자기 비움(kenosis)이 없지만, 모든 곳에 한계, 투쟁, 희생, 죽음이 있으며, 이것이 진화 과정의 핵심이다. 예를 들어, 식물에 관한 롤스턴의 논평을 보자. "이처럼 훨씬 포괄적인 사물의 구조에서 볼 때, 식물은 무수한 타자들의 생존을 위해 기능을 수행한다. 우리가 '자기 비움'의 탐구를 위해서 도발적으로 말할 수 있는 것은 식물이 그들의 공동체의 타자를 위해

---

6) Holmes Rolston, "Kenosis and Nature," in Polkinghorne, *Work of Love*, 49, 50, 56.
7) Rolston, 52.

자기를 '비우며' 넘겨주며, '희생하며' '헌신한다'는 점이다." 그러나 물론 그것은 단지 일방통행의 구조는 아니다. 식물도 "이익을 준다." 즉 "식물은 곤충이 되고, 곤충은 병아리가 되고, 병아리는 여우가 되고, 여우는 죽어 식물의 비료가 된다."[8] 그러나 우리가 유념해야만 하는 것은 이것들 가운데 어느 것도 의식하지 못하지만, 단순히 그 체계의 방식은 작동한다. 그것은 자기 이해의 방식으로 작동하지만, "나눔"을 요구하는 그 상호의존성의 체계 안에서 작동한다.

진화 과정의 모든 얽히고설킴을 우리가 이해한다는 것이 우리의 목적을 위해 반드시 필요하지는 않지만, 그 중요한 개요는 철저한 개체성과 철저한 단일성 모두를 강조하면서 완전히 표현된다는 것은 불가결하다. 따라서 혼자 스스로 존재한다는 의미에서의 "개인주의"는 진화에서 질색(anathema)이지만, 진화에는 "개체성"이 작용한다는 것도 사실이다. 다시 말해서, 각각의 부분은 아무리 작든 크든 간에 더욱 더 복잡하고 다양한 생명 형태를 창조하는 데 기여한다. 여기서 인간의 차원으로 도약해서 볼 때, 적어도 우리가 말할 수 있는 것은 만일 실재를 이런 방식으로 함께 놓고 본다면, 전체와 따로 떼어낸 채 개인의 성취를 상상할 수 없다는 점이다. 진화가 인간의 차원에 이르렀을 때 마치 그 과정에 개체성이 첨가된 것이 아니라, 오히려 우리가 개인들이 된 것은 오직 상상할 수 없을 정도로 오래되고 복잡하며 얽히고설킨 점진적 과정을 통해 세상의 모든 개체들(어느 종자든지 간에)이 창조된 과정을 우리도 거쳤기 때문이다. 최소한 이

---

[8] Rolston, 54, 52.

처럼 개체성을 새롭게 보는 방식은 우리로 하여금 인간의 번창함을 위한 풍성한 생명의 가능성들(나를, 나의 것 같은 관점이 아니라, 우리를, 우리들의 것 같은 관점에서)에 대해 마음을 열도록 만든다.

관계적 존재론

우리가 진화에서 보는 것을 예수의 이야기와 삼위일체에서도 보는데, 그것은 철저한 관계성이다. 데카르트의 "나는 생각한다, 고로 나는 존재한다"와는 대조적으로, 우리가 진화에서 보는 것과 예수 이야기에 대한 우리의 해석과 그것이 갖는 하느님에 대한 이해의 함축적 의미에서 보는 것은 완전히 다른 것으로서 "나는 관계를 맺는다, 고로 나는 존재한다"는 것이다. 다시 말해서 우리가 보는 것은 "관계적 존재론"으로서, 그 안에서 자기 비움은 진화 과정에서 필요한 첫 단계일 뿐 아니라, 그리스도론, 삼위일체론, 제자직의 차원에서도 필요한 첫 단계. 따라서 타자(들)를 위해 의식적으로든 무의식적으로든 희생하는 자기 비움은 삼위일체와 우주의 기본 구조 사이에 상관성이 있음을 보여준다. 우리가 제시하는 이 새로운 이야기는 단지 하나의 "종교적"이거나 "세속적" 이야기가 아니라 그 둘 모두로서, 가장 원시적인 단세포 생물로부터 하느님에 대한 이해에 이르기까지 줄곧 펼쳐진 이야기다. 그러나 타자들을 위해 하나가 희생하는 것이 인간 이전의 차원에서는 무의식적이지만, 우리 인간의 차원에서는 의식적이어야만 한다. 이것은 매우 큰 도전이다. 존 지지울

서론 35

라스는 우리에게 이렇게 말한다.

> 타자와 교통하는 것은 십자가 체험을 요구한다. 우리가 우리 자신의 의지를 내려놓고 그 의지를 타자의 의지에 복종시키지 않는다면, 주님이 겟세마니에서 아버지의 뜻과 관련해서 하신 일을 우리들 안에서 반복하지 않는다면, 우리는 삼위일체 하느님 안에서 보는 교통과 타자성을 역사 안에서 올바르게 반영할 수 없다. 하느님의 아들이 화육(성육신)의 케노시스를 통해 자신을 비우심으로써 타자와 그분의 피조물을 만나기 위해 나아가셨기 때문에, "자기 비움"의 길은 그리스도인이 타자와 교통하는 데 적합한 유일한 길이다. 그 타자가 하느님이든 자신의 "이웃"이든 말이다.[9]

다시 말해서, 우리가 이런 관계적 존재론 이야기를 우리 우주의 기본으로 받아들인다면, "예수님이 그 일(나의 구원을 위한 희생 사역)을 하시게 하라"는 식의 "도피"는 있을 수 없다.

풀어놓은 이야기들

이런 스케치를 통해 우리는 이 이야기의 몇 가지 특징을 볼 수 있다. 첫째로, 그것은 예수의 삶과 사역에 대한 해석에 근거해야만

---

[9] John D. Zizioulas, *Communion and Otherness: Further Studies in Personhood and the Church*, ed. Paul McPartlan (New York: T&T Clark, 2006), 5-6.

하는데, 그 이유는 그리스도인들이 하느님을 "예수의 얼굴"에서 보기 때문이다. 둘째로, 그것은 우리 시대의 실재에 대한 이해와 맞아야 한다. 다시 말해서, 하나의 기준은 우리 시대의 종교적 이야기들과 세속적 이야기들이 양립해야만 한다는 점이다. 셋째로, 그것은 (세상의 악의 세력과) 싸우는 강력한 왕의 이야기를 대체하기 위해서 (악과) 싸우는 강력한 이야기여야만 한다. 우리가 그런 이야기를 갖고 있는가? 나는 그렇다고 믿으며, 그것을 증명하기 위해 노력하는 것이다.

첫째로, 예수의 이야기다. 예수의 "이야기들"은 많지만, 내가 여기서 간단히 살펴볼 이야기는 (전통적 그리스도교의) 표준적인 이야기를 대체하는 이야기다. 이 이야기가 취하는 가장 중요한 성서 본문은 필립비인들에게 보낸 편지 2:5-8인데, 여기서 핵심은 하느님의 자기 비움으로서, 겸비한 인간의 몸을 입고 마지막에는 십자가에서 죽임을 당하신다. 표준적 모델에서 하느님이 강력한 왕으로 표현되는 것과는 달리, 여기서는 그것과 완전히 거꾸로 된다. 루시엔 리처드에 따르면, "예수의 자기 비움은 하느님이 된다는 것이 비이기성(unselfishness) 자체가 된다는 점을 계시한다. 하느님이라는 말은 주는 자(the giver)임을 뜻한다."10) 왕의 모델은 하느님의 권능을 모든 차원에서 강조하지만, 즉 창조에서 무로부터의 창조자(Creator ex nihilo)로, 또한 십자가에서는 영웅적으로 우리의 죄를 스스로 짊어지신 분으로 강조하지만, 자기 비움 이야기는 완전히 다르다. 이런 두

---

10) Richard, *Kenotic Christology*, 133.

서론 37

가지 이야기가 그 기초와 의미가 완전히 정반대됨에도 불구하고 수백 년 동안 어떻게 나란히 존재할 수 있었는지는 하나의 수수께끼다. 하느님이 화육하신 자기 비움의 예수가 잘 드러난 것은 산상설교와 비유들인데, 비유들에서는 힘 있는 자들과 힘 없는 자들이 거꾸로 뒤집히는 일들이 흔하다.

그러나 예수 이야기가 가장 강력하게 표현된 것은 십자가에서다. 위르겐 몰트만은 이 점을 가장 강조한다. "예수가 십자가에서 죽은 것은 모든 그리스도교 신학의 **중심이다.**"11) 십자가에 대한 표준적 해석은 십자가 중심인 이유가 예수가 십자가에서 우리를 대신해서 처벌을 받음으로써, 우리의 죄에 대한 처벌로부터 우리를 구원하기 때문이라고 주장한다. "예수가 그것(우리의 구원을 위해 필요한 것)을 모두 하도록 하라." 이것이 우리가 "구원받기" 위해, 영생을 상속받기 위해 필요한 "신앙"이라는 것이다. 그러나 십자가에 대한 자기 비움의 이해는 매우 다르다. 우선 그것은 하느님이 누구인지를 우리에게 알려준다. 몰트만이 말한 것처럼, "십자가에 달린 예수를 '보이지 않는 하느님의 이미지'라고 부를 때, 그 의미는 이분이 하느님이며, 하느님이 이분과 같다는 뜻이다. 하느님은 이런 치욕(humiliation)을 당하는 현장에서 가장 위대하다. 하느님은 이처럼 자기를 내려놓음(self-surrender) 상태에서 가장 영광스럽다. 하느님은 이처럼 무력함(helplessness)에서 가장 강력하다. 하느님은 이런 인간성 속에서 가장

---

11) Jürgen Moltmann, *The Crucified God: The Cross of Christ as the Foundation and Criticism of Christian Theology* (New York: Harper & Row, 1974), 204. 김균진 역, ≪십자가에 달리신 하나님: 그리스도교적 신학의 근거와 비판으로서의 예수의 십자가≫, 한국신학연구소, 1979.

신적이다. 그리스도교 신학이 '하느님'에 관해 말하는 모든 말의 핵심은 바로 이 그리스도 사건에서 발견된다. 이 십자가 위에서의 그리스도 사건은 하느님 사건이다."12)

그리스도인들은 예수의 삶, 가르침, 죽음에서 하느님을 보기 때문에, 자기 비움이나 자기희생은 단지 예수의 이야기일 뿐 아니라, 하느님(에 대한 해석) 이야기이기도 하다. 따라서 신학(theo-logos), 곧 "하느님에 관한 말"은 예수에 관한 말에서 시작된다. 그리고 그것은 자기 비움의 예수에 관한 말이다. 또는 존 카푸토가 표현한 것처럼, "하느님이 길거리를 돌아다니며 … 평화를 어지럽히는 분이라고 생각해보자. 하느님이 지독한 몸 냄새를 풍기는 노숙자라고 상상해보자."13) 얼마나 충격적인가! 이런 충격을 받아야만 우리가 예수와 하느님을 살균제로 처리하고 영성화시킨(spiritualized) 방식으로 상상하는 것에서부터 구원을 받을 수 있다. "화육"(성육신)은 더러운 작업이며, 그래야만 한다. 화육은 하느님이 정말로 진실되게 깊은 의미에서 우리들 중 하나가 되는 것, 우리의 삶의 모든 어둡고 답답하며 충격적인 부분들과 더불어 하나가 되는 것이다. 우리가 살펴본 것처럼, 그리스도인들은 하느님을 초월적이며 동시에 내재적인 분으로 본다. 그러나 그리스도인들은 하느님의 초월성을 너무 많이 강조했다. 자기 비움의 신학은 우리가 내재성에서 시작하고 내재성에 머물 것을 요구한다. 즉 하느님의 이 세상적이며 육신을 입고 더럽고 실망

---

12) Moltmann, 205.
13) John D. Caputo, *The Weakness of God: A Theology of the Event* (Bloomington: Indiana University Press, 2006), 33.

시키는 측면이 하느님의 내재성이다. 하느님이 우리와 함께 하시는 "내재성"의 가장 깊은 차원에 있는 것이 자기희생에 대한 요청으로서, 우리의 소비문화에 매우 적절한 요청이다. 예수는 마태오복음 19:21에서 "네가 완전한 사람이 되려거든 가서 너의 재산을 다 팔아 가난한 사람들에게 나누어 주어라. … 그러니 내가 시키는 대로 하고 나서 나를 따라 오너라"고 말씀하셨고, 루가복음 9:3에서는 "길을 떠날 때 아무것도 지니지 말라. 지팡이나 식량자루나 빵이나 돈은 물론, 여벌 내의도 가지고 다니지 말라"고 하셨으며, 마태오복음 16:24에서는 "나를 따르려는 사람은 누구든지 자기를 버리고 제 십자가를 지고 따라야 한다"고 말씀하셨다.

실재의 해석으로서 자기 비움

예수의 이런 전형적인 말씀들은 부유한 사람들이 털어버리기에는 항상 어려웠던 말씀들이다. (그래서 변명한 것이) 분명히 하느님은 우리가 이 정도까지 당신을 따를 것을 기대하지는 않으신다!(는 것이다). 그러나 만일 자기 비움의 신학이 제자직을 포함한다면, 우리는 그 신학이 우리의 삶 자체도 포함한다는 것을 받아들일 수밖에 없다. 확실히 명백해지는 것은 자기 비움의 신학이 여러 방향으로 움직여, 우리가 하느님에 관해 말하는 것과 우리들 자신에 관해 말하는 것을 포함한다. 다시 말해서, 그것은 전체적 해석이며, 세상을 이해하고 또한 세상에서 존재하는 새로운 다른 길이다. 그것은 이 새로운 세계관이 무엇인지를 엿보기 위해서, 기이하고 자기희생적인 삶을 살았던—즉 우리의 이기적이며 소비지향적인 삶의 방식과는 완전히 다른 길을 살았던—한 목수의 비천한 이야기에서 시작하지만, 그것은 진화적 성찰과 삼위일체적 성찰 모두를 엿볼 수 있는 길이기도 하다는 말이다. 대수롭지 않은 한 농부의 반문화적 삶(countercultural life)이 진화와 삼위일체처럼 비밀스럽게 보이는 주제를 건드린다니 이 얼마나 이상야릇한가. 도대체 여기서 지금 무슨 일이 벌어지는 것인가? 그것은 자기 비움이 지식의 한 형태인 동시에 사는 길이라고 말하는 것 같다. 개인의 자기 성취(21세기 교리에 대한 한 해석)와는 정반대로, 이웃을 위한 희생적 사랑의 모델은 타자를 위해 "좋은" 것일 뿐 아니라, 진화론과 삼위일체에 대한 해석이 파악한 "실재"에 가까운 것이기도 하다는 말인가? 이처럼 느슨하게 결합된 해석 모두가 21세기 개인주의적이며 소비주의적인 삶의 모델보다 이 지구 위에서 살아갈 방식에 대해 다른 그림을 제시하고 있는가?14)

---

14) 역자주: 지난 수십 년 동안 "지구의 허파" 아마존 열대우림을 파괴한 사람들은 주로 (1) 대규모 목축업자들로서 미국에 햄버거용 쇠고기를 수출하기 위해 벌목과 방화를 통해 숲을 목초지로 바꾸었다. 열대우림의 표면토는 단단하지 않아 열대성 폭우에 쉽게 쓸려내려가기 때문에, 2~3년마다 새로운 목초지를 만들기 위해 또다시 벌목과 방화를 계속했다. (2) 대규모 야자유(palm oil)와 콩 재배 농장을 만들기 위해 숲을 완전히 개간했던 농장주들, (3) 목재를 수출하기 위해 벌목을 했던 업자들이었다. 이들은 모두 숲을 더 많이 파괴할수록, 더 많은 이윤을 얻는다고 믿었다. 그러나 숲을 너무 많이 파괴한 결과, 아마존 지역은 점차 물 순환을 통한 구름이 충분히 형성되지 않게 되었고, 100년에 한 번 나타날 수 있는 극한적 대가뭄을 지난 10년 동안 세 차례나 겪게 되었다. 우기에도 비가 내리지 않을 만큼 강우량이 30% 감소한 것이다. 대가뭄은 아마존 지류의 수위를 크게 낮추어 원주민의 삶을 위협하고 있으며 농장주들에게도 큰 손해를 끼치고 있다. 가뭄과 방화로 인한 먼지와 연기 때문에 태양광 패널이 무용지물이 되었다. 최근 발표

자기 비움과 위대한 교환

이처럼 벅찬 제자직이 가능한 것은 우리가 "위대한 교환"을 통해서 하느님의 생명과 사랑에 참여하기 때문이다. 자기 비움의 해석의 경로 속으로 좀 더 깊이 들어가 보자. 마이클 고먼은 그것을 "십자가 형태의 테오시스(cruciform theosis)"라고 요약했다.15) 이 말이 뜻하는 것은 신성이 십자가에 의해 제한된다는 것, 즉 십자가는 하느님 안에서 발생하며, 하느님에 참여한다는 것이다. 이런 자기 비움의 해석의 경로는 서구의 표준적인 예수 이야기, 우리가 살펴본 것처럼, 냉혹하고 부정적인 이야기와 완전히 다른 무엇을 제시한다. 이런 자기 비움의 이야기는 초대교회가 "위대한 교환"이라고 불렀던 것을 제시한다. 이레니우스가 표현한 것처럼, "우리 주님 예수 그리스도가 그분의 초월적 사랑을 통해 우리처럼 되신 것은 그분이 우리를 심지어 그분 자신처럼 될 수 있도록 하기 위한 것으로서, 앞으로 올 세대를 위해, 심지어 오늘날까지, 가장 강력하며 흔히 반복되는 영원한 형태인 '왜 하느님이 인간이 되셨는가'(cur deus homo)에 대한 답을 마련해 주셨다."16) 다시 말해서, 하느님이 (예수 그리스도 안에서) 인간으로

된 논문에 따르면, 숲을 파괴할수록 기온상승을 초래하며, 나무 한 그루가 온도를 낮추는 효과는 평균 2.5kw 에어 컨디셔너 두 대나 세 대를 매일 24시간 돌리는 효과가 있다. *The Guardian*, 2023/10/4; 2023/10/30.

15) Michael J. Gorman, *Inhabiting the Cruciform God: Kenosis, Justification, and Theosis in Paul's Narrative Soteriology* (Grand Rapids, MI: Wm. B. Eerdmans, 2009), 161.

16) Jeffrey Finch, "Irenaeus on the Christological Basis of Human Divinization," in *Theosis: Deification in Christian Theology*, ed. Stephen Finlan and Vladimir Kharlamov (Eugene, OR: Pickwick, 2006), 86.

육화되신 것은 우리가 성사(성례전)들과 우리의 행동들을 통해서 그리스도 안에 참여함으로써 하느님처럼 되도록 하기 위한 것이다. 이 위대한 교환이 깊은 의미의 화육이다. 그것은 하느님이 육신 안에, 그 의미상 모든 피조물 안에, 깊이 전적으로 내재하여, 전체 피조물이 하느님 안에 참여하고, 하느님 안에서 살도록 하셨음을 뜻한다. 하느님은 우리들과 우리의 세계 안에 살고 계시기 때문에, 우리의 세계는 우리 인간이 인식하는 것처럼, 하느님 안에서 살아간다. 이것이 바로 "실재"에 관한 존재론적 진술이다. 그것은 만물이 존재하는 이유가 하느님 안에서 살기 때문이며, 따리서 특정한 성격인 "십자가 형태"의 성격을 갖고 있다고 주장한다. 따라서 우리가 진화에서 보는 공생, 나눔의 신호들, 삶과 죽음, 그리고 삼위일체 안에 나타난 주고받는 상호 호혜성의 패턴은 세상 안에 있는 본래적인 자기 비움의 단서들이다. 다시 말해, 자기 비움, 자기희생의 행동은 별난 것이 아니라 일반적인 것이다. 사실상 그것이 (진화가 말하듯이) 우주가 작동하는 방식이며, (삼위일체가 말하듯이) 신성이 작동하는 방식이다.

따라서 자기 비움 해석의 목표는 부정적인 것이 아니라 기쁨에 넘치는 적극적인 것이다. 그것은 이 길이 실재와 하느님 모두의 길이라고 말하기 때문이다. 그것은 모든 것이 우리가 원하는 대로 판명될 것이라고 말하지 않으며, 죽음(과 질병, 전쟁 등)이 발생하지 않을 것이라고 말하지도 않지만, 우리가 하느님 안에서 자기 비움의 삶을 산다고 확실히 주장한다. 우리 자신의 능력 때문이 아니라 하느님과 더불어, 또한 실재와 더불어 자기 비움의 삶을 산다는 말이다. 따라서 이 위대한 교환은 사실상 기쁜 것이다. 왜냐하면 그 교환을 통해서 우리가 실재와 하느님 모두에 따르는 "만물의 이치"(the way things are)에 참여하기 때문이다. 그것은 하느님이 세상에 참여하시고(세상 안에 육화하시고), 세상은 하느님 안에서 존재한다고 주장한다. 이것이 바로 자기 비움 해석이 작동하는 방식이다. 토머스 머튼은 그것을 다음 구절에서 개인적이며 강력하며 설득력 있게 표현한다. "그리스도 자신은 … 내 안에서 '숨을 쉬시며,' 하느님의 방식으로 나에게 그분의 영(Spirit)을 주신다. … 이 영의 신비는 사심 없는 사랑(selfless love)의 신비. 우리는 그분을 은밀한 사랑의 '영감'(inspiration) 안에서 영접하며, 우리는 우리들 자신의 지속적인 사랑을 통해 그분을 타자들에게 내어드린다. 그래서 그리스도 안에서의 우리의 사랑은 받고 또 주는 삶이다. 우리는 그분의 영 안에서 그분으로부터 받고, 똑같은 영 안에서 우리는 우리의 형제들을 통해 우리의 사랑을 하느님께 돌려드린다."[17] 이 놀라운 구절은 어떻게 자기 비움의 교환이 가장 기초적이며 물리적인 차원, 즉 우리가 매번 숨 쉬는 차원에서 작동하는지를 표현해준다. 우리가 숨을 들이쉴 때마다 우리는 그리스도의 사심 없는 사랑을 우리 속에 받아들임으로써 우리가 숨을 내쉴 때 사심 없이 사랑을 내어주는 것을 가능하게 만든다. 이처럼 그리스도는 내 안에서, 내가 숨을 쉴 때(우리의 물리적 생존의 토대)마다 사심 없는 사랑이 가능하도록 일하신다. 그리스도는 우리의 들숨을 통해 우리를 사심 없이 사랑하시어, 우리의 육체적 존재(숨과 의

---

[17] Thomas Merton, *New Seeds of Contemplation* (New York: New Directions, 1972), 159. 오지영 역, ≪새 명상의 씨≫, 가톨릭출판사, 2023.

지)에 힘을 주심으로써 우리가 사심 없이 사랑할 수 있도록 하신다.

여기서 놀라운 연속성이 개인적 차원, 과학적 차원, 종교적 차원 등 여러 차원에서 나타난다. 머튼이 개인적 차원에서 그 불가능한 일, 즉 자기 비움과 자기희생의 삶을 산 예수의 제자가 되는 불가능한 일을 하려고 노력한 것을 표현한 것은 이것이 어떻게 가능한지를 보여준다. 그는 종교인들이 항상 해왔던 일, 즉 우리의 삶에서 가장 깊고 가장 육체적인 현상(생명을 유지시키는 호흡)을 은유로 사용하여, 대부분의 종교에서 가장 위대한 과제인 이웃을 사랑하는 방법을 표현하고 있다. 이처럼 단순해 보이는 보편적 법칙은 인간에게, 심지어 가장 거룩한 성인들에게도 불가능한 것으로 판명되었다.18) 그러나 위대한 교환(하느님이 세상 안에 몸을 입고 화육하신 것)은 우리의 들숨마다 하느님이 우리 안에서 우리가 할 수 없는 것, 즉 이웃을 사랑하는 것을 행하신다는 뜻이다. 따라서 우리가 "숨을 내쉴 때," 우리가 이웃을 사랑할 수 있는 것은 우리 자신의 사랑으로가 아니라 모든 생명과 사랑의 원천이신 하느님과 더불어서다. 따라서 "불가능한" 비유들과 "자신의 십자가를 지고" 예수를 따르라는 명령은 불가능한 것이 아니다. 우리가 행동하기 때문이 아니라, 하느님이 행동하시기 때문이다. 하느님은 우선 화육으로 우리에게 오셨으며, 우리에게 사랑할 능력을 주셨다. 그리스도인이 혼자 개인적 차원에서 이웃을 사랑하려는 불가능한 일을 하려던 것이 이제는 그럴 수 있는 능

---

18) 예를 들어, 성인들의 행적에 대한 분석은 나의 책 *Blessed Are the Consumers: Climate Change and the Practice of Restraint* (Minneapolis: Fortress, 2013)을 보라.

력을 받는다. 그런 사람들은 하느님의 사랑의 통로로서, 들숨을 통해 자신들에게 능력을 주시는 하느님의 사랑을 안으로 들이 쉬고, 또한 자신들의 행동에서 하느님의 사랑을 밖으로 내보낸다.

우리가 이처럼 개인적 사례에서 보는 것은 과학적 차원과 종교적 차원에서도 볼 수 있다. 즉 우리는 진화에서 비록 무의식적이라 해도 새로운 생명과 모든 다른 생명체들을 위해 죽는 자기 비움의 패턴이 희미하게 나타나는 것을 볼 수 있는데, 그것이 바로 공생, 나눔, 상호의존성 같은 것들이다. 다시 말해서, 세상은 이런 방식으로 작동한다. 진화에서 믿을 수 없을 정도로 다양하며 복잡하며 얽히고 설킨 주고받음에 힘을 불어넣는 것은 토머스 머튼이 말한 대로 예수에 대한 믿음이 어떻게 작용하는지에 대한 개인적 경험에서도 지속된다. 또한 그것은 그리스도교의 삼위일체에서도 지속된다. 즉 주고받음의 운동, 그 춤(dance)에서 각각의 "인격"이 이끌다가 넘겨주고, 또 다시 이끌다가 넘겨주는 과정에서도 지속된다.

자기 비움과 제자직

이처럼 다양한 차원에서 자기희생적 사랑이 작용하는 방식은 분명히 매우 다르지만, 그 패턴은 비슷하다. 그 운동에서는 하나가 성공하는 반면, 다른 모두는 실패하는 것(개인의 승리)이 아니라, 오히려 희생을 통해 새로운 가능성들이 등장하는 운동이다. "희생"이 항상 공평하고, 정의롭고, 아름다운 것은 아니다. 사실상 희생은 흔히 어떤 사람들에게는 억울하고 고통스럽다. 정의롭지도 않고 아름다운 이야기도 아니다. 그러나 희생을 믿는 사람들은 희생이 세상의 작동 방식이라고 주장한다. 따라서 희생은 받아들여야만 한다. 그리스도교와 같은 종교들이 주장하는 것은 그 종교들이 실천하는 특수한 자기 비움의 형태가 가장 고난을 당하는 "패배자들"(losers)에게 보상하는 행동을 취하는 하나의 길이라고 주장한다.

여기서 우리는 자기 비움의 차원들 사이의 또 다른 차이점을 보게 된다. 즉 과학이 기능을 수행하는 차원에서는 사태를 보다 정의롭게 만들려고 노력할 행위자(agents)가 없다. 그러나 (성부) 하느님이 성자의 인격을 통해 세상으로 손을 뻗치심으로써(하느님이 세상 안에 화육하심으로써), 외부의 타자에 대한 사랑의 능력이 가능해진다. 그래서 그리스도인들은 진화가 정의롭다고 주장하지 않는다. 오히려 그리스도인들이 주장하는 것은 하느님이 우리를 통해서 일하심으로써, 사태가 전혀 다르게 나타날 수 있다는 것이다. 모든 피조물 가운데 오직 우리 인간만이 그 위대한 교환에 참여하는 것을 선택할 수 있지만, 우리는 사랑에 의해 능력을 받도록 선택할 수 있다. 다시 말해서, 그리스도인 개인(그리고 종교 집단 역시)은 희생적 사랑이 세상에서 변화를 가져올 수 있는 가능성들을 찾는다. 우리가 믿는 하느님이 자기 비움의, 자기희생적 사랑이라고 믿기 때문에, 우리는 그 위대한 교환이 세상에서 가장 끔찍한 곳(시리아, 홀로코스트, 르완다, 히로시마)에서도 일어나도록 돕는 데에 하느님 안에서 동맹자를 갖고 있다. 개인 차원에서 작동하는 그 똑같은 능력과 희생적 사랑은 공적이며 과학적 차원에서도 작동하여, 이런 차원의 현실이 자기 비움의 사랑을 향해 "기울도록" 도울 수 있다.

우리는 승리를 확신하는가? 희생적인 나눔을 위한 하느님의 뜻이 항상 승리하는가? 결코 그렇지 않다. 우리의 믿음은 "최소한의" 믿음으로서, 눈을 크게 뜨고 개인적 차원과 그 밖의 차원들 모두의 부정적인 현실을 직시하고, 불편한 진실들로부터 고개를 돌리기를 거부하며, 그 진실들을 가능한 한 객관적으로 파악하려 한다. 그러나 이 믿음을 지니고 있기 때문에, 우리는 하느님이 우리를 통해 역사하심으로써 초래할 가능성들에 대한 희망에 열려 있다. 그래서 우리는 기도를 바친다. "우리 안에서 힘차게 활동하시면서 우리가 바라거나 생각하는 것보다 훨씬 더 풍성하게 베풀어 주실 수 있는 분"(에페소 3:20)에게.

1장

예수와 하느님의 케노시스 이야기들

예수의 자기 비움 이야기

우리가 좀 더 깊이 자기 비움(kenoticism)과 그것이 그리스도교와 기후비상사태 모두에 대해 갖는 의미를 파고들어 갈수록, 우리는 루시엔 리처드의 중요한 조건을 유념할 필요가 있다. 즉 "자기 비움의 그리스도론이 사람들에게 통할 수 있게 되는 유일한 길은 그것을 전체 하느님의 생명과 경륜 안에서 파악할 때뿐이다. 자기 비움의 그리스도론은 삼위일체의 신비에 뿌리를 두어야만 한다. 그것은 세상의 창조와 구원 안에서 분명히 드러나야만 한다."[1] 다른 곳에서 리처드는 이렇게 덧붙여 말한다. "자기 비움은 예수 그리스도 안에서의 하느님의 존재와 행동을 묘사하는 한 방식이다. 그것은 하느님이 예수 그리스도 안에서 누구인지를 묘사할 뿐 아니라, 신자가 누구여야만 하는지도 묘사한다."[2] 다시 말해서, 자기 비움은 마치 "개인주의"가 하느님을 수퍼 개인(a superindividual)이며, 인간은 훨씬 작은 개인들로 해석한 것처럼, 그리스도교 신앙을 이해하는 한 방식이다.

---

1) Richard, *Kenotic Christology*, 175-76.
2) Richard, 315.

그러나 21세기의 우리 인간들은 우리의 조상들이 실재를 이해했던 것과는 전혀 다른 실재 이해를 갖고 있다. 우리는 전적으로 관계적인 실재 속에서 살고 있어서, 어느 개체도 혼자 존재하지 않는다. 사실상 실재에 대한 오늘날의 이해를 가장 잘 표현한 것 가운데 하나는 불교에서 말하는 "연기"(緣起, dependent co-origination)다.3) 이 개념은 각자가 모두에게 의존하며, 또한 모두는 모두와 함께 생성된다고 말한다. 그런 개념을 서구인들 대부분이 구현하는 것은 말할 것도 없고 이해하기조차 어려운 이유는 우리가 "개인주의"에 의해 철저하게 세뇌되었기 때문이다. 그러나 우리가 "연기"를 상상하는 데서 시작할 필요가 있는 것은 그것이 여러 종교들뿐 아니라 과학 분야들이 현재 이해하고 있는 실재에 훨씬 더 가깝기 때문이다. 연기는 현재의 진화론에 잘 맞을 뿐 아니라, 그리스도교의 일부 형태를 포함해서 다양한 종교들에도 넓게 퍼져있다. 자기 비움은 그런 그리스도교의 한 형태다. 예수의 자기 비움 이야기는 예수에 관한 모든 이야기들처럼 하느님에 관한 이야기다. 그 이유는 예수가 그리스도인들에게 "하느님의 얼굴"이기 때문이다. 리처드는 "하느님의 참된 얼굴은 예수의 인간적 얼굴 속에 드러난다"4)고 말한다. 우리가 예수에 관한 어느 이야기를 받아들이는가 하는 것이 중요한 이유는 우리가 받아들이는 이야기가 상당한 정도까지 우리가 하느님에 관해 말하는 것뿐 아니라 속으로 은밀하게 생각하는 것을 결정하기 때문이다. 우리는 우리

---

3) Teresa Kuo-Yu Tsui, "Seeing Christian Kenosis in the Light of Buddhist Sunyata: An Attempt at Inter-faith Hermeneutics," *Asia Journal of Theology* 21, no. 2 (2007): 364.
4) Richard, *Kenotic Christology*, 211.

의 행동을 지시하는 이야기를 완전히 인식하지 못한다. 그래서 그 이야기는 우리가 의심하는 것보다 훨씬 강력하다.

일반인들 사이에 가장 폭넓게 받아들여지는 예수 이야기가 흔히 전하는 것은 예수의 삶과 죽음에 대한 "묘사"이기 때문에 아무 반대를 허용하지 않는다. 전통적인 예수 이야기는 다음과 같다. 예수는 하느님의 아들(하느님의 대사)로서, 과거와 현재와 미래의 모든 인간의 죄를 위해 십자가에서 죽었다. 이처럼 전능한 하느님의 명예는 그 아들(성자)의 대속(대신 속죄함, substitutionary atonement)을 통해 회복되었으며, 우리 인간은 천국에서의 영생을 허락받았다. 이런 기본적 이야기에는 몇 가지 변형이 있지만, 그 핵심은 하느님의 절대적인 명예와 권능이 성자의 대속을 통해 유지된다는 것이다. (구원을 위한) 우리의 유일한 역할은 예수를 우리의 구원자로 믿는 것이다.

예수의 자기 비움 이야기는 그 핵심에서 상당히 다르다. 이 이야기의 가장 훌륭한 초기 버전 가운데 하나는 필립비인들에게 보낸 편지 2:5-11이다. 그것은 초기의 찬양에 대한 바울로의 해석에 나오며 그 핵심 구절은 다음과 같다. "여러분은 그리스도 예수께서 지니셨던 마음을 여러분의 마음으로 간직하십시오. 그리스도 예수는 [비록] 하느님과 본질이 같은 분이셨지만 [같은 분이셨기 때문에] … 당신의 것을 다 내어 놓고 종의 신분을 취하셔서 우리와 똑같은 인간이 되셨습니다. 이렇게 인간의 모습으로 나타나 당신 자신을 낮추셔서 죽기까지, 아니, 십자가에 달려서 죽기까지 순종하셨습니다."[5] 예수

---

[5] 이 중요한 구절에서 '비록'인지 '때문에'인지에 관한 논의는 Michale J. Gorman, "Although/Because He Was in the Form of God," chap. 1 in

이야기의 전통적 이야기와 자기 비움 이야기 사이의 가장 중요한 차이점은 권능에 대한 이해다. 권능에 대한 위계적이며 통제하는 관점(예수가 십자가에서 죽음으로써 그 권능[의 분노]을 달랜다)과 달리, 자기 비움 이야기는 우리의 상식과는 반대로 권능이 연약함과 취약함으로 표현된다. 이처럼 예수는 하느님의 아들로서 하느님이 권능에 대한 모든 상식적 견해를 비워, 신성을 피조물, 특히 피조물 가운데 가장 연약하고 가장 억압받는 부분들과 동일시한다. 이처럼 새로운 삶의 방식(그리고 죽는 방식)이 세상에 소개되었는데, 그것은 타자들(이웃들)의 유익함을 위해 자기를 비우는 새로운 이야기다.

이 새로운 이야기에서 강조할 필요가 있는 몇 가지 핵심이 있다. 첫째로, 예수의 자기 비움 이야기는 관계적 자아를 회복하는 것이다. 예수에 대한 전통적 이야기는 개인에 초점을 맞추어, 예수가 십자가에서 대속적 죽음을 당함으로써 개인들이 유익을 얻는다. 그러나 새로운 예수 이야기에서는 자아를 비우는 것이 새로운 삶의 준비로서, 그 새로운 삶이란 철저히 관계적인 삶이며, 자기 비움이 하느님과 이웃들로 채워지기 위한 준비 과정이다. 하느님 안에 참여하는 삶을 받아들임으로써 우리는 하느님으로부터 사랑할 능력을 받고, 또한 그 사랑을 궁핍한 이웃들에게 넘겨준다. 무엇보다도 예수의 자기 비움 이야기는 개인주의라는 신화가 거짓말이며, 인간의 삶을 성취하는 것은 관계적이어야 한다고 주장한다. 고립된 개체로 살아가는 길은 없다. 오늘날 진화론은 철저한 상호관계성과 상호의존성을 주장하는

---

*Inhabiting the Cruciform God*을 보라.

데, 자기 비움의 그리스도교 신앙도 마찬가지다. 예수가 인간이었던 것처럼(즉, 이웃을 위해 철저하게 자기를 비웠던 것처럼) 우리가 인간이 되지 않는다면, 우리는 전혀 인간일 수 없다. 진화와 자기 비움의 삶은 모두 철저한 관계적 존재를 주장한다.

이 새로운 자기 비움 이야기의 두 번째 함축적 의미는 예수가 이 세상에서 육신을 입고 인간의 삶을 사는 것을 주장한다. 이처럼 하느님이 인간의 육신을 취하는 화육(하느님의 자기 비움을 말하는 또 다른 방식)은 인간성의 성취가 육신의 안녕과 관계가 있다는 뜻이다. 따라서 몸을 치유하고 빵을 먹이는 이야기가 예수의 새로운 자기 비움 이야기의 중심적 부분이다. 화육이 뜻하는 것은 예수를 따르는 것이 일차적으로 영적인 문제가 아니라, 삶의 기본인 음식, 물, 건강, 교육 등등, 다양한 생명체들에게 선하고 지상에서의 삶을 이루는 것과 관계가 된다는 말이다.

예수에 대한 두 가지 이야기들 사이의 중요한 세 번째 차이점은 그것이 "포함하는 것"이다. 자기 비움의 이야기는 존재의 철저한 관계성을 강조하는 이야기로서, 오늘날의 진화 이야기와 비슷하며, 각각의 피조물이 기본적인 최소한의 삶을 살아냄으로써 많은 다른 피조물들과 지구 체계(날씨, 경작지, 물 등)를 포함하는 것을 필요로 한다. 모든 피조물, 즉 많은 다른 피조물들과 서로 연결되어 있으며 상호 의존되어 있는 많은 피조물의 안녕에 초점을 맞추는 이야기는 생명에 대한 포용적이며 상호 의존적인 해석으로서, 여기서는 인간이 유일한 행위자들도 아니며, 그 이야기의 유일한 수혜자도 아니다.

사실상 우리가 그리스도인의 자기 비움 이야기의 이런 세 가지 특징을 함께 고려하면, 죽음과 새로운 생명의 춤, 희생과 갱신, 상호 호혜성을 통해 모두가 능력을 받는 이야기가 등장한다. 예수는 짓밟히는 인간들을 포함해서 피조물 가운데 연약하고 잊혀진 자들에 대해 함께 아파하는 반문화적인 삶에서, 특히 그의 희생적 죽음에서 절정을 이룬 삶을 통해서 그리스도인들을 위해 자기 비움을 집약적으로 보여주며, 하느님의 본성을 가리키는 손가락임을 보여준다. 여기서 우리는 "타자"를 위해 철저한 자기 비움을 보여주는 살아 있는 인간의 표현을 보는데, 이것은 제자직의 패러다임을 제시할 뿐 아니라 마찬가지로 중요하게 하느님이 누구인지를 우리에게 증언한다.

이처럼 예수 이야기를 자기 비움의 요약으로 분석한 다음에, 우리는 이 이야기가 제기하는 몇 가지 이슈들을 보게 된다. 첫째로, 그 이야기는 자기 비움이 얼마나 넓게 퍼져있는지를 묻는다. 둘째로, 그것은 신약성서 안에 자기 비움이 보다 완전하게 드러나 있는지를 묻는다. 셋째로, 그것은 이 이야기가 우리에게 하느님에 관해 말해주는 보다 완벽한 그림은 무엇인지를 묻는다. 이런 관심들에 대해 더 자세하게 살펴보자.

첫째로, 자기 비움은 오늘날 종교들 속에 넓게 퍼져있다. 예를 들어 불교에서는, 공(空, empitiness, *sunyata*) 개념이 자기 비움과 비슷하다. 그 개념은 모든 집착을 내려놓는 것을 강조하기 때문에, 그 수행자들을 고난으로부터 자유롭게 해주는 것으로 생각된다. 더 나아가, 불교의 '연기'(dependent co-origination)는 모든 개체가 서로 의존되어 있음을 표현하는 강력한 방식이다. 사실상 연기는 혼자 되는 것은 없다고 주장한다. 개체들은 에너지의 근본 활동의 결과이기 때문에, 만물은 자체 안에는 실체가 없지만 서로 의존되어 있다

더 나아가, 프랑스의 철학자 시몬 베유의 "자아 포기"(decreation) 개념 역시 자기 비움(kenoticism)과 공(空, sunyata) 모두와 비슷하다. "[베유는] 그녀가 '자아 포기'라고 부른 것을 실천했는데, 그것은 자기 비움의 한 형태로서, 그것을 통해 그녀는 자기가 줄어들수록 하느님이 자신 안에서 성장하시는 것을 보았다. 자아 포기, 또는 의지의 죽음은 자신의 삶에 대한 통제를 포기함으로써, 자아의 지나치며 끊임없이 자라는 욕망을 하느님이 전복시키실 수 있게 했다. 그 요점은 고행이 아니라 자신을 비움으로써 하느님이 모든 것을 채우실 수 있게 하는 훈련이다."[6]

서구 신학의 무한정한 개인주의는 이제 철없는 것처럼 보일 뿐 아니라 잘못된 것이다. 세상은 우리가 생각하는 것보다 훨씬 더 복잡하며 다양하며, 과학과 종교는 훨씬 더 가까워졌다. 과학과 종교는 이제 증명 가능한 정보와 해석을 결합한 것에 의존하는 것처럼 보이기 때문이다. 희생과 나눔, 상호 호혜성, 죽음과 새로운 생명, 그리고 주고받음은 북아메리카 원주민들을 포함해서 다양한 종교 문화에 넓게 퍼져있다. 그 원주민들은 곰과 연어의 삶의 이야기들이 인간의 상실과 성취의 이야기들에 비유할 수 있는 이야기들이라고 받아들인다. 그 패턴이 비슷한 것은 바로 주고받는 필요성 때문이다. 예수는

---

6) McFague, *Blessed Are the Consumers*, 8.

십자가와 새로운 삶의 관계를 창안한 것이 아니라 세상이 작동하는 방식에 대한 보편적 이야기, 즉 죽음을 통하지 않고는 새로운 생명이 없다는 이야기에 덧붙였던 것이다.

우리가 좀 더 자세히 살펴볼 두 번째 이슈는 신약성서와 초기 그리스도교 안에서 자기 비움의 보다 충분한 그림을 살펴보는 것인데, 이레니우스의 공헌과 바울로가 자기 비움을 표현한 것에 초점을 맞출 것이다. 이레니우스가 하느님처럼 되는 것(deification, 테오시스)이라고 제시한 그 위대한 이야기는 예수의 자기 비움 이야기에서 시작된다. 이레니우스는 본질적인 주제를 덧붙였는데, 그것은 하느님이 인간이 되신 것이 인간이 하느님처럼 될 수 있게 하기 위한 것이라는 위대한 교환이다. 이것은 불행하게도 서방교회 신학에서 강력한 주제가 아니었다. 이것을 소홀히 했기 때문에 우리는 실패자가 되었다. 이 위대한 교환에 대한 동방교회의 입장은 어떻게 우리의 구원이 하느님 자신의 생명에 우리가 참여하는 것을 필요로 하는지를 설명해준다. 동방교회의 이런 선물은 처음부터 인간이 하느님을 닮고 가까운 것이 우리를 잠재적으로 하느님께 끌리도록 타고난 것이라고 상정한다. 따라서 화육은 우리의 죄 때문에 깨어진 하느님과 인간 사이의 관계를 고치기 위한 "두 번째 생각"이 아니라, 하느님이 처음부터 계획하신 것이다. 즉 인간은 (다른 모든 피조물들과 더불어) 하느님의 생명을 살도록 초대받은 것이다. 이처럼 모두가 하느님 자신의 생명에 참여하도록 친밀하고 기쁘게 부르신다는 것은 (서방교회의) 예수에 대한 사법적 이야기(juridical story, 인간의 죄에 대한 심판의 희생제물)의 부정적이며 냉혹한 특성, 즉 죄로 인해 깨어진 인간과 하느님 사이의 갈라진 관계를 수선하는 예수 이야기와는 매우 다른 것이다. 테오시스 교리를 창시한 이레니우스는 우리가 하느님을 닮고 유사하게 창조되었기 때문에, 인간이 하느님을 열망하며 또한 하느님에 의해 인간의 삶이 성취된다는 것을 함축한다고 믿었다.

이레니우스가 뒷받침했던 하느님과 인간 사이의 친밀성은 바울로에게서 볼 수 있는 하느님과 인간의 가까움과 비슷하다. 바울로는 갈라디아인들에게 보낸 편지 2:20에서, 그 신비적 친밀감을 이렇게 유명한 선언으로 표현한다. "이제는 내가 사는 것이 아니라 그리스도가 내 안에서 사시는 것입니다. 지금 내가 살고 있는 것은 나를 사랑하시고 또 나를 위해서 당신의 몸을 내어 주신 하느님의 아들을 믿는 믿음으로 사는 것입니다." 이 비범한 구절에서 바울로는 그리스도의 죽음과 부활을 따르는 새로운 피조물에서 행동하는 것이 정말로 누구인지, 즉 그리스도인지 아니면 자신인지 불분명하다고 주장하는 것처럼 보인다. 예수 이야기뿐 아니라 그 이후 여러분과 나의 이야기들도 형성한 그 핵심 내러티브를 바울로가 이해한 데에는 몇 가지 특징이 있다. 첫째로, 그것은 단지 예수를 모방하는(imitation) 것이 아니라 새로운 출생, 새로운 피조물이 되는 변형(transformation)이다. 따라서 바울로에게 테오시스(神化, deification)는 십자가를 지는 삶일 뿐 아니라 부활의 삶이기도 하다. 바울로는 십자가에만 초점을 맞춘 것이 아니다. 십자가에서는 그리스도가 우리의 죄로 인한 의화(義化, justification, 개신교에서는 십자가 은총에 대한 믿음을 통한 '칭의'나 '득의'로 해석했다)를 수행하시기 때문에, 이런 부정적 의화는 항상 새로 부활한 삶과 함께 파악해야 하기 때문이다.

둘째로, 바울로에게 십자가를 지는 것은 항상 공동으로 십자가를 지는 것이다. 즉 (예수 혼자만 십자가를 지는 것이 아니라) 우리가 우리 자신의 구원에 연루된다. 그래서 "십자가 형태의 테오시스"(cruciform theosis)라고 부를 수 있는 것이다.7) 바울로는 서방교회 신학에서처럼 우리의 죄에 대한 대속(substitutionary atonement)에 초점을 맞추지 않고, 오히려 구원을 모두 포용하며 기쁨이 넘치는 관점에서, 하느님이 모든 피조물에게 신적인 생명을 주심으로써 의도하셨던 친밀성을 재연/회복하는(reenactment of the intimacy) 것으로 파악한다. 따라서 이런 구원 이야기는 예수와 십자가에만 국한되지 않고, 제자들에게도 깊은 의미를 갖는다. 바울로는 자신과 모든 신자 개인들, 그리고 공동체를 그 이야기의 일부로 보기 때문이다. 마이클 로만에 따르면, "바울로에게는 그리스도 안에 있다는 것이 그리스도의 이런 내러티브에 대한 살아 있는 주석이 되는 것이며, 겸비(humiliation, 십자가의 치욕을 당함) 이후의 고양(exaltation, 부활)이라는 원래의 드라마를 새롭게 수행하는 것인데, 여기서 겸비는, 섬기고 순종하기 위해 자신의 권리와 이기적인 유익함을 자발적으로 포기하는 것이다."8) 따라서 그리스도인의 새로운 삶에 대한 바울로의 관점은 십자가(지상에서 삶의 무게와 억울한 짓밟힘을 자기 비움을 통해 함께 나누는 것)와

---

7) Gorman, *Inhabiting the Cruciform God*, 161.
8) Michael J. Gorman, *Cruciformity: Paul's Narrative Spirituality of the Cross* (Grand Rapids, MI: Wm. B. Eerdmans, 2001), 92.

기쁜 부활의 삶(이미 부분적으로 현재 경험하는) 모두를 주목함으로써 완성된다. 따라서 "십자가 형태의 테오시스"가 그리스도 안에서의 새로운 삶의 형태라면, 그것은 십자가 형태(모든 생명체들의 안녕을 위해 지상의 자원들을 서로 나누는 것)의 주제뿐 아니라 기쁨(서로 포용하는 평화와 조화의 순간들로서 장차 부활의 삶을 엿보게 하는 기쁨)의 주제도 갖게 된다.

바울로가 하느님/세상의 내러티브를 이해하는 마지막(또한 원천)은 삼위일체다. 우리는 그 이야기가 삼위일체에서 시작해서 삼위일체로 끝난다고 말할 수도 있다. 삼위일체가 하느님의 본성과 피조물의 본성을 가장 잘 표현해주기 때문이다. 예수의 자기 비움 이야기의 중심적 특징은 그것이 하느님의 본성인 삼위일체를 증언하고 표현한다는 점이다. 삼위일체는 하느님 자신 속에 계신 하느님의 심장이며 본질이다. 그러나 여기서 하나의 중요한 경고가 나타난다. 즉 예수의 자기 비움 이야기는 삼위일체에 대한 서방교회 아우구스티누스의 모델을 가리키지 않는다는 점이다. 그 모델은 인간 개인의 측면들에 근거하여 삼위일체를 인간 개인과 비슷하게 정적이며 본체론적 입장을 뒷받침하기 때문이다. 이런 강조는 서방교회 신학이 하느님을 초자연적 개인으로 보는 관점을 뒷받침한다. 반면에 삼위일체에 대한 동방교회의 입장은 세 "인격"이 항상 서로 사랑하는 활동을 강조함으로써, 삼위일체가 초인간적 존재가 아니라, 보편적이며 사랑하는 **활동**, 즉 삼라만상 안에서 타자들을 위해 능력을 주며 포용하며 자기를 비우는 사랑으로 항상 자기를 표현하는 활동임을 강조한다.[9]

나는 삼위일체에 대한 "서방교회"의 입장과 "동방교회"의 입장이라고 쉽게 꼬리표를 붙여 사용할 것이지만, 두 가지 조건을 언급해야만 한다. 첫째로, 그 두 입장은 역사적으로 내가 주장한 것처럼 분명하게 구별되는 것은 아니지만 차이점을 분명히 강조하기 위해서 그렇게 구별했다. 둘째로, 나는 "개인주의적" 입장을 서방교회와 동일시하고, "자기 비움"(kenosis)을 동방교회와 동일시하지만, 그것은 부분적으로만 사실이다. 그 입장들은 역사적으로 내가 주장하는 것보다 훨씬 더 다양하기 때문이다. 그러나 개인주의적 입장이 서방교회에 매우 깊은 영향을 끼친 것은 사실이다. 내가 "서방"과 "동방"이라고 부른 두 형태는 부분적으로는 역사적으로 근거한 것이며, 부분적으로는 이상적인 형태들이다.

그럼에도 불구하고 이 두 이야기들 사이의 차이는 중요하다. 첫 번째 이야기에서 하느님은 초자연적이며 정적인 존재로서 21세기 과학적 관점에서는 신뢰할 수 없는 것인 반면에, 삼위일체에 대한 두 번째 입장은 진화론과 양자역학과 조화를 이루는 것으로서, 영구적 변화, 에너지, 상호성을 강조한다. 그리스도교는 피조물의 탐욕과 소비문화적 비전에 맞서는 것이어야만 하지만, 지성에 맞서는 것이어서는 안 된다. 다시 말해서, 신학자들은 그리스도교 신앙이 오늘날의 과학과 조화를 이루도록 해석함으로써 제자들이 이원론적 해석(종교적 해석과 세속적 해석)에 강요되지 않도록 해야 할 의무가 있다. 오히려 제자들은 정신의 통전적이며 통합된 삶을 살 수 있어야 한다.

---

9) 신학에서 삼위일체에 대한 이런 두 가지 접근에 대한 논의는 Zizioulas, *Communion and Otherness*, 237을 보라.

비록 의지의 차원에서 이처럼 반문화적인 신앙이 탐욕적인 소비사회와 흔히 반대된다는 것을 인식하지만 말이다.

요약해서 말하자면, 우리가 믿고 우리의 삶에서 따르기로 선택한 예수 이야기가 가장 중요한 이유는 그 이야기가 우리에게 하느님에 관해 말해주기 때문이다. 전통적인 예수 이야기는 낡았으며, 대부분의 사람들에게 믿을 수 없으며, 일방적이며 제국주의적 권력이라는 상처를 주는 견해를 지닌 것인 반면에, 우리가 선택한 예수의 자기 비움 이야기는 하느님의 심장이 모든 피조물에 대한 자기 비움의 자비심(함께 아파하심, self-emptying compassion)이라는 것을 말해준다. 그것은 피조물에게 자유를 주는 하느님의 자기 제한(divine limitation)의 기쁜 이야기이며, 또한 모든 피조물이 최대한 번창하도록 애쓰시는 하느님의 사랑의 이야기다. 전통적인 예수 이야기는 신과 인간의 관계, 즉 인간의 죄로 인해 하느님의 용서를 요구하는 관계라는 부정적 측면에 초점을 맞춤으로써, 적극적 차원이 상당히 결여되어 있다. 반면에 예수의 자기 비움의 이야기는 자기 비움을 주장한다는 점에서 부정적인 것처럼 보이지만, 실제로는 그것이 자기 비움에 대해 이해하는 방식 때문에 적극적이다. 신약성서 비평가 한 사람은 필립비인들에게 보낸 편지 2:5-11에 대해 이렇게 말했다. "만일 그 찬양이 그 원초적 그리스도론의 한 역설을 드러낸다면, 그것은 낮춤/겸비(humbling) 없이는 올림/고양(exaltation)이 없다는 것이며, 비움이 없다면 성취가 없다는 역설이다."[10] 또 다른 비평가는 마르코복음 8장

---

10) David H. Jensen, *In the Company of Others: A Dialogical Christology* (Cleveland: Pilgrim, 2001), 29-30.

35절에 나오는 예수의 말씀에 대해 비슷하게 지적했다. "예수는 그의 삶과 죽음에서 근본적인 법칙을 보편화했는데, 그것은 '자기 목숨을 살리려는 사람은 제 목숨을 잃을 것이며, 나와 복음을 위해 자기 목숨을 잃는 사람은 제 목숨을 구원할 것이다'라는 법칙이다."[11]

하느님의 자기 비움 이야기

"하느님의 참된 얼굴은 예수의 인간적 얼굴 속에 드러난다"[12]는 리처드의 진술을 통해서, 우리는 하느님의 자기 비움 이야기의 핵심 주제를 기억한다. 우리가 이것을 강조하는 이유는 하느님의 자기 비움 이야기는 전통적인 이야기와는 다른 장소에서 시작하기 때문이다. 즉 전통적 이야기는 하느님에서 시작하지만, 하느님의 자기 비움 이야기는 예수에서 시작한다. 이것이 중요한 이유는 신약성서에 나오는 예수 이야기가 우리가 하느님에 관해 알 수 있는 가장 중요한 자료이기 때문이다. 우리는 아무도 하느님을 본 적이 없기 때문에, 어떻게 하느님에 관한 말을 시작할 수 있는가? 그 대답에 대해 신약성서에는 온건한 힌트가 나오는데, 그것이 우리에게 하느님에 대한 교리의 기본을 제공해준다. 사실상 예수의 자기 비움 이야기는 우리의 가장 중요한 주장을 할 수 있게 한다. 즉 "자기 비움은 하느님 자신의 본성을 부인하는 자기 비움의 형태가 아니라, 하느님 자신의 본성 자체인 자기 비움이다."[13] 이 놀라운 진술은 우리 인간이 흔히

---

11) Richard, *Kenotic Christology*, 310.
12) Richard, 211.

배웠다고 생각하는 "자기 비움"(케노시스, 또는 십자가 형태의 자비)이 바로 하느님의 본성이라는 놀라움을 표현하고 있다.

우리가 필립비인들에게 보낸 편지 2:5-11에서 배우는 것처럼, "이 창조적인 하느님은 화육에서 가장 분명하게 드러나신다. 즉 그 하느님은 자신을 타자에 대한 사랑 안에서 드러내심으로써 세상의 모든 고통, 불의, 고난, 비극에 취약하게 되신다."[14] 이 얼마나 놀라운 소식인가! 그 뜻은 하느님이 우리가 두려워해야 하는 절대적이며 추상적이며 전능한 신이 아니며, 오히려 하느님의 모든 활동의 중심은 이 세상과 세상 안의 만물에 대한 매우 비범하며 자기를 비우며 함께 아파하시는 사랑이라는 말이다. 피조물을 위해 "5리를 더 가고" "10리를 더 가고" "셀 수도 없이 더 나아가는 것"이 하느님의 본성이며, 그 본성이 가장 적합하게 표현된 것이 십자가 자체로서, 권능을 완전히 뒤엎어, 권능이란 통제하는 것이 전혀 아니고 진정한 "권능"이란 자기를 비우는 사랑임을 주장하는 것이 십자가다. 어떻게 이것이 가능한가? 전통적 이야기는 권능에 대해 위계적이며 제국주의적으로 이해했지만, 자기 비움은 세상에 능력을 주는 것이 무엇인지에 대해 완전히 다른 종류다. 하느님과 실재 모두에 **정말로 능력을 주는 것**은 새로운 생명이 나타날 수 있도록 하기 위해 (자신의 생명을) 내어주는 자기희생이다. 그래서 진화는 이 역학의 한 버전이며, 하느님의 생명도 마찬가지로 주고받음, 죽음과 새로운 삶, 상호관계와 상호의존을 통해 기능을 수행한다. 진화는 이타주의를 최소

---

13) Richard, 180.
14) Richard, 84.

한으로 표현하지만, 하느님의 자기 비움 이야기는 최대의 이타주의를 표현한다. 이처럼 자기 비움은 실재의 본성, 곧 세계를 사실상 "작동시키는" 것에 역점을 둔다. 그리고 여기서 하느님의 자기 비움 이야기는 "실재"에 능력을 주는 것이 희생적 행동이라는 이상한 반문화적 형태라는 것, 즉 우리가 예수 이야기에서 그 모범적 사례를 보고 또한 피조세계 전체의 진화 속에 암암리에 드러나는 희생적 행동임을 주장한다.

이제 우리는 삼위일체 하느님의 자기 비움 이야기의 핵심에 관해 몇 가지 질문을 숙고할 필요가 있다. 우리는 앞에서 삼위일체에 대한 서방교회(본체 우선)와 동방교회(관계성 우선) 사이의 차이점을 지적했다. 웨슬리 와일드먼은 그 차이점을 이렇게 요약한다. "관계적 존재론의 기본 주장은 단순히 실체들 사이의 관계는 그 실체들 자체보다 존재론적으로 보다 근본적이라는 것이다. 이것과 대조되는 것은 실체들이 존재론적으로 우선하며 관계들은 존재론적으로 이차적이라는 본체론적 존재론이다."15) 삼위일체에 대한 서방교회의 입장은 본체론적 사고(초자연적 하느님)에 공헌했지만, 동방교회의 입장은 관계적 존재론(자기 비움의 하느님)을 강조했다. 서방교회 입장의 뚜렷한 특징은 개인주의다.

그러나 삼위일체는 아마도 그리스도교 교리들 가운데 가장 당혹스러운 것일 것이다. 삼위일체는 보통 당혹스러운 것으로 놀림을 받

---

15) Wesley Wildman, "An Introduction to Relational Ontology," in *The Trinity and an Entangled World*, ed. John Polkinghorne (Grand Rapids, MI: Wm. B. Eerdmans, 2010), 55.

는다. 즉 어떻게 하나가 셋일 수 있으며, 또한 셋이 하나일 수 있느냐? 삼위일체라는 것이 설명하려 하지 않고 그냥 외우는 것이 최선인 불가사의가 되도록 한 것인가? 만일 그렇다면 도대체 왜 우리는 그것을 이해하려고 수고하는가? 그리스도교에는 정말로 삼위일체가 필요한가? 우리는 십자가가 그리스도교 신학의 중심이라고 확증하지 않았는가? 도대체 왜 삼위일체처럼 혼란스럽고 추상적인 문제에 관심을 가져야 하는가?

그 대답은 **삼위일체**보다 더 **중요한 건 없기 때문**이라는 것이다. 예수 이야기가 중요한 것은 "달을 가리키는 손가락"으로서, 하느님에 관해 말해준다. 우리는 이미 삼위일체에 대한 두 가지 해석을 언급했다. 즉 하나는 서방(과 아우구스티누스)의 해석이며, 다른 하나는 동방(과 동방정교회)의 해석이다. 삼위일체에 대한 서방교회의 해석을 간략히 살펴보면 우리의 질문들과 이슈들 몇 가지에 대해 대답해준다. 서방교회 해석의 뚜렷한 특징은 그 **개인주의**다. 아우구스티누스가 삼위일체를 위해 선택한 은유는 한 개체의 세 가지 기능 또는 존재 방식으로서, 성부, 성자, 성령이었다. 동방정교회 신학자 존 지지울라스는 서방의 인간학과 세계관이 삼위일체에 대한 견해에 어떤 영향을 끼쳤는지를 이렇게 묘사한다. "우리 서방의 철학과 문화는 인간에 대해 두 가지 기본적 요소가 결합된 것으로 보았다. 즉 한편으로는 **합리적 개성**이며, 다른 한편으로는 **심리적 경험**과 **의식**이다. 이 결합에 근거해서 서양 사상은 인간을 개인과/또는 개성으로 파악하는 데 도달했는데, 개인/개성은 의식을 중심으로 지적, 심리적, 도덕적 자질을 지닌 단위다."16)

우리 서구인들은 그런 해석이 우리 문화의 공통적 사고와 잘 어울린다고 본다. 인간에 대한 이런 해석의 중심 주제들은 합리적 개인, 심리적으로 내면에 초점을 맞추고 개인적 성취를 높게 평가하는 인간관을 만들었다. 우리는 이런 개인을 서양의 소설들에서 보게 되는데, 서양의 소설들은 개인들(주로 남자들)이 자신들의 정체성을 찾는 것이 중심이다. 오늘날의 소셜미디어는 개인주의적 나르시시즘(개인 블로그와 기록들이 홍수를 이룬다)이 넘쳐난다. 이런 인간관의 뚜렷한 특징은 무슨 대가를 치르더라도 개인적 성취를 이루는 것에 사로잡혀 있다는 점이다. 그것이 소위 아메리칸 드림, 즉 개인들이 자신의 성취를 위해 타인들과 자연 세계에 어떤 결과를 초래하든 개의치 않는 아메리칸 드림의 기초에 깔려 있다.

따라서 이런 입장에서는 삼위일체가 수퍼 개인(a superindividual)이 되어, 그 고립성과 우월성에서 영광스럽지만, 21세기 과학에서는 거의 믿을 수 없다. 이 하느님은 어디에 거하시는가? 그런 초자연적인 존재가 어떻게 낮고 천한 자연계의 피조물들과 관계를 맺을 수 있는가? 하늘의 이 위대한 존재의 입장이나 "성향"은 무엇인가? 왜 도대체 우리가 그런 하느님에 관심을 가져야 하는가? 이런 삼위일체 하느님에게 의식적으로 관심을 가질 사람이 혹시 있을지 모르지만, 그 이야기가 끼치는 무의식적 영향은 우리가 본 것처럼 엄청나다. 그것은 우리의 꿈, 욕망, 목표에 충격적일 정도로 침투해 들어오는데,

---

16) Zizioulas, *Communion and Otherness*, 39.

우리는 그것을 "정상적"이며 바람직한 것이라고 간주한다.

사실상 "개인주의"는 흔히 하나의 해석이라기보다는 하나의 묘사로 통한다. 그러나 "하나의 묘사로 통한다"는 것이 승리인 이유는 우리가 그것을 "진리"로 받아들이면서 살기 때문이다. 다시 말해서, 개인주의가 우리의 개인적 삶과 공적인 삶에 그처럼 철저히 침투한 이유는 대부분의 서양인들에게, 개인주의가 정상이며, 자연스러운 "진리"인 것처럼 보이기 때문이다. 따라서 우리는 "언어"가 얼마나 중요한지를 보게 된다. 인간에게 말은 "단지 말"이 아니다. 오히려 말은 우리의 세계다. 우리는 우리가 살고 있는 세계를 구성(세계관) 한다. 그리고 이 "세계"는 다시 우리를 구성한다. 말의 이처럼 끊임없는 전복적 역할은 우리에게 분명해진다. 따라서 우리가 어떤 말을 사용하면서 사는가 하는 것은 매우 중요하다. 말이 중요한 것은 인간이 다른 동물과 달리 우리가 사는 세상을 (부분적으로) 구성하기 때문이다. 우리는 "실재에 대한 사회적 구성"에 참여한다. 이것을 깨닫는 것이 그처럼 중요한 이유는 사람들이 그것을 깨닫지 못할 경우, 자신들의 견해, 해석, 편견이 진리라고 믿기 때문이다. 그러면 다른 견해를 볼 수 없게 되어, 다른 견해와 타협하는 것이 불가능해진다.

더군다나 이런 개인주의적 세계관은 개인 이외의 우주의 나머지를 생각에서 제외시킨다. 지지울라스가 표현한 것처럼, 간단히 말해서 "사람은 그리스도교의 예배와 영성의 지배적 형태를 단순히 바라보거나, 속죄와 성사(성례전)에 대한 우세한 이론들을 바라보아야 한다. 그럴 경우 인간의 우주적 차원은 사라진다. 인간과 하느님의 관계는 그를 자연으로부터 뽑아내어 자율적인 인간으로 간주하고, 마치 그의 능력과 불가능성이 전체 우주의 존재들과는 상관이 없는 것처럼 생각하게 된다."17) 도널드 트럼프 현상이 강력하게 보여주는 것이 바로 극단적 개인주의(나르시시즘)가 삶의 모든 측면에 침투할 때 어떤 모습인가 하는 것이다. 서구세계는 개인주의가 그처럼 "타락한" 탁월한 사례를 본 적이 없다. 어느 개인도 혼자 존재할 수는 없다. 이것이 바로 오늘날 과학이 우리에게 말해주는 것이다. 그러나 미국의 이야기는 개인적 차원과 공적 차원(자본주의) 모두에서 개인이 혼자 존재할 수 있는 것처럼 주장한다. 이런 세계관은 시도했지만, 실패했다. 트럼프에 대한 미국인들의 경험이 그 실패를 충격적으로 보여준다. 그러나 "하느님의 얼굴"로서 예수의 자기 비움 이야기는 개인주의에 대한 비판을 함축할 뿐 아니라, 하느님과 인간의 삶에 대해 매우 다른 관점을 제시한다.

우리가 동방정교회를 통해 이 다른 관점을 더 배우려 할 때, 우리는 즉각적으로 그 자기 비움의 이야기가 삼위일체에 초점을 맞추고 있음을 깨닫는다. 블라디미르 로스키는 그것을 이렇게 강하게 표현한다. "삼위일체는 동방정교회에게 모든 종교 사상, 모든 경건, 모든 영적 생활, 모든 경험의 흔들림 없는 기초다."18) 따라서 삼위일체에 들어맞지 않는 것을 상상하는 것이 어렵다. 그러나 동방교회의 입장은 "세" 인격에서 시작하지, 개인으로서의 "한" 인격에서 시작하지

---

17) Zizioulas, 211 n9.
18) Vladimir Lossky, *The Mystical Theology of the Eastern Churches* (London: James Clarke, 1957), 65.

않는다. 우리는 삼위일체에 대한 서방교회 모델이 개체에서 시작된 결과를 보았다. 그것은 하느님을 "유일신적 본체," 정적이며, 관계를 맺지 않는 수퍼 존재로 보게 만든다. 그러나 동방교회 삼위일체는 세 인격이 자기를 희생하는 사랑의 활동 속에 서로 관계를 맺는 것에 초점을 맞춤으로써 서방교회 삼위일체와 완전히 다르다. 동방교회의 관점은 어느 존재에 관한 것이 아니라 철저한 관계성의 관점이다. "인격들"에서 시작함으로써 동방교회는 관계를 중심으로 드높인다. "개체"가 그 자신 안에서는 완결될 수 있을지 모르지만, 인격들은 신적인 인격이든 인간의 인격이든, 타자들과의 관계를 통해 정의된다. 그래서 칼리스토스 웨어는 이렇게 말한다. "하느님은 서로 사랑하는 세 인격들의 연합이며, 그 서로의 사랑 안에서 세 인격은 자신들의 특별한 개체성을 잃지 않은 채 전적으로 하나다."[19] 마찬가지로 지지울라스도 이렇게 말한다. "인간은 타자를 통해 정의된다. 존재의 정체성이 오직 다른 존재들, 하느님과 동물들과 나머지 피조물들과의 관계 속에서만 등장하는 존재다. 인간 존재를 본체론적으로 정의하는 것은 거의 불가능하다."[20] 이 요점은 너무 중요하기 때문에 우리는 그것을 강조할 필요가 있다. 동방교회는 사랑하는 관계의 끊임없는 활동(삼위일체)을 그 은유로 삼았기 때문에, 하느님과 인간 존재 모두를 타자에 의해, 그들의 관계에 의해 정의되는 것으로 이해하지, "인간" 또는 "하느님"이라고 부르는 본체에 의해 정의되는 것으

---

19) Kallistos Ware, "The Holy Trinity: Model for Personhood-in-Relation," in Polkinghorne, *Trinity and an Entangled World*, 108.
20) Zizioulas, *Communion and Otherness*, 39.

로 이해하지 않는다. 다시 말해서, 우리는 관계성이 "존재"보다 더 기본적인 것이라고 간주해야만 한다. 왜냐하면 하느님이든 인간이든 존재를 형성하는 것은 철저한 관계성이기 때문이다.

    서방교회 신학과 동방교회 신학 사이의 중요한 두 번째 차이점은 구원관에서 나타나는데, 그 초점을 개인에 맞추느냐 아니면 관계성에 맞추느냐에서 큰 차이가 난다. 서방교회는 주로 개인, 그것도 인간 개인의 구원에 관심을 기울이는 반면에, 동방교회는 피조세계 전체의 안녕(사실상 "신처럼 되는 것")에 관심을 기울인다. 인간 개인은 자신의 죄를 속죄받기 위해 하느님의 개입을 필요로 하지만, 동방교회의 관심의 초점은 우주 전체가 하느님의 생명에 참여하는 데 맞추어져 있다. 서방교회의 구원관은 협소하게 인간에게만 향해 있을 뿐만 아니라, 부정적으로 주로 인간의 죄를 제거하는 데만 관심을 기울인다. 반면에 동방교회의 구원관은 전체 피조세계에 초점이 맞추어져 있을 뿐 아니라 하느님이 자신의 생명을 피조물들과 공유하시는 데 맞추어져 있어서, 포용적이며, 화육적이며 또한 희망적이다. 이런 해석은 철저하며 깊은 차원의 화육을 뒷받침한다. 즉 하느님의 육화는 예수의 짧은 생애 속에 나타났을 뿐 아니라 피조물 전체가 잠재적으로 신처럼 되는 것에도 나타나 있다. 따라서 하느님의 이런 자기 비움(케노시스)은 삼위일체에서 한 "인격"이 생명을 다음 "인격"에게 넘겨주는 데서 볼 수 있으며, 또한 십자가에서 그 죽음과 새로운 생명이라는 똑같은 패턴이 표현된 데서도 볼 수 있다. 삼위일체와 십자가 모두에서, 우리는 케노시스에서부터 테오시스로의 움직임

(하느님이든 인간이든 참된 사랑의 표지인 자기 비움의 사랑으로부터, 전체 피조 질서가 신처럼 되는 것으로)을 본다. 요약하자면, 서방교회에서는 신학의 목표가 개인이 죄로부터 구원받는 것인 반면에, 동방교회에서는 그 목표가 전체 피조물이 하느님 자신의 생명에 참여함으로써 살아가도록 초청하는 것이다.

우리는 이제 하느님의 본성과 우리 자신의 본성에 대한 그리스도교의 두 가지 해석 사이의 차이점들을 깨닫기 시작했으며, 또한 희망적으로 그 차이점들을 음미하기 시작했다. 서방교회에서는 삼위일체가 흔히 당혹스러운 것이거나 이해하지 못하는 것(그래서 서방교회의 많은 신학들에서 큰 역할을 하지 못하는 것)인 반면에 동방교회에서는 삼위일체가 전부다. 지지울라스가 솔직히 표현한 것처럼, "'친교/통교'(communion)의 하느님, 곧 삼위일체 하느님을 말하기에 앞서서 '한 분 하느님'에 관해 말하는 것은 생각할 수 없다." 다른 곳에서 그는 더 강하게 "삼위일체 바깥에는 하느님이 없다"고 말한다. 이렇게 번역된 말이 뜻하는 것은 "존재하는 것과 관계 속에 있는 것은 똑같은 것이 된다"는 말이다. 다시 말해서, 혼자 있는 개인이란 불가능하다. 왜냐하면 우리는 삼위일체로부터 관계가 가장 근본적인 것임을 배우기 때문이다. 또 다시 지지울라스는 그것을 이렇게 잘 표현해준다. "'하느님은 사랑이시다'(요한의 첫 번째 편지 4:16)라는 표현은 하느님이 삼위일체로 존재하신다는 뜻으로서, 즉 인격으로 존재하시는 것이지 본체로 존재하는 것이 아님을 뜻한다." 마지막으로 지지울라스는 이것이 왜 중요한지를 이렇게 요약한다. "따라서 사랑은 존재의 자격을 말하는, 즉 이차적 특성이 아니라, 최고의 존재론적 술어가 된다."[21] 이것이 가져오는 차이점을 과장하기는 어렵다. 즉 그것은 사랑이 하느님의 "이름"이라는 뜻이며, 또한 하느님은 어떤 종류의 "존재"가 아니라 사랑 자체라는 뜻이다. 또한 그것은 더 나아가 하느님(삼위일체로서)이 사랑을 정의하신다는 뜻으로서, 우리는 이것을 예수의 자기 비움(자기희생적) 활동을 통해서 알 수 있다. 마크 매킨토쉬는 이 해석의 중요성을 이렇게 표현했다. "하느님의 숨겨짐은 세 신적인 인격이 서로에 대한 사랑에서, 그리고 우리와 모든 피조물에 대한 사랑 안에서, 스스로를 내어주시는 모습, 즉 우리의 심장을 멈추게 만들고 숨을 쉬지 못하게 만드는 그 세 인격의 자유와 관계되어 있다. 우리가 정말 이해할 수 없는 것이 바로 이것이다."[22] 이것이 뜻하는 것을 우리가 흡수하는 것이 매우 중요한데, 그것은 전체 우주를 관장하는 것이 중립적 존재(분명히 사악한 존재는 아니다)가 아니라, 반대로 그 자체 안에서, 또한 피조세계 전체에 걸쳐서 끊임없이 사랑하는 활동이라는 점이다. 그리스도인이 된다는 것은 하느님 자신의 생명에 참여한다는 뜻이며, 이것은 영원한 자기희생적 사랑의 삶에 참여한다는 뜻이다. 이것은 무엇보다 우주의 "심장"이 자기를 내어주는 사랑이라는 뜻이다. 이 얼마나 놀라운 일이며, 믿음의 축복인가! "실재"는 중립적이거나 사악하다는 우리의

---

21) John D. Zizioulas, *Being as Communion: Studies in Personhood and the Church* (London: Darton, Longman & Todd, 1985), 17, 40, 86, 46.
22) Mark A. McIntosh, *Mystical Theology: The Integrity of Spirituality and Theology* (Oxford: Blackwell, 1998), 194. 정연복 역, ≪신비주의 신학≫, 다산글방, 2000.

가장 깊은 두려움에 대한 대답은 이처럼 사랑이 하느님의 이름이라는 점이다.

이제 우리는 삼위일체를 하느님과 우리 자신 모두의 본성을 위한 패턴으로 본 결과의 마지막 문제인 제자직 문제에 이르렀다. 웨어는 그 문제를 이렇게 적절하게 표현했다. "삼위일체의 한 이콘으로서, 내가 진실로 나 자신이 되는 것은 내가 타자들의 눈을 보면서 그들이 나의 눈을 들여다보도록 허락할 때뿐이다."23) 사실상 타자의 눈을 들여다보는 것은 강렬한 경험이며 자주 우리의 뇌리에 떠오르는 경험으로서, 우리의 상태가 어떠한지, 즉 "나는 나 자신이 되기 위해서 너를 필요로 한다"는 것을 경험하는 순간이다. 특히 우리가 다른 동물의 눈을 들여다볼 때, 우리의 자아는 사회적이라는 것을 인정하게 된다. 즉 인간은 자아중심적(egocentric)이 아니라 외부 존재 중심적(exocentric)이다. 우리가 인간이 되는 것은 내면의 존재로 후퇴함으로써가 아니라 외부를 향해서 세상과 타자들을 직면할 때다. 우리가 자기 비움이 인간에게 무슨 뜻인지를 고려할 때, 우리는 또 다시 서방과 동방의 입장 차이에 놀라게 된다. 동방에서는 내면의 자아로 후퇴하지 않는다. 그와 반대로, 매킨토쉬가 말한 것처럼, "내가 나의 이웃을 위해 사랑 안에서 나 자신을 내어줄 때보다 더 나 자신이 된 적은 없다."24) 이 한 문장은 우리가 주목할 필요가 있는 유일한 것일 수 있다. 이 문장은 우리가 누구이며 무엇을 해야 하는지를 아는 데서 이웃 사랑을 중심 위치에 올려놓는다. "네 이웃을 사랑하라"는 단

---

23) Ware, "Holy Trinity," 126.
24) McIntosh, *Mystical Theology*, 216.

순한 명령에서, 우리는 하느님의 계획을 볼 수 있다. 즉 "모든 것 속에 들어 있는 하느님의 뜻과 계획은 하느님이 타자 안에서 기뻐하시며, 셀 수 없을 정도로 자기를 나누어주시는 일 속에서 기뻐하시는 것으로 특징지어진다."25) 또는 또 다른 주석자가 요약한 것처럼, "'친교/통교 안의 인격들'로 드러나신 하느님은 우주의 중심에서 전적으로 나누어주시는 개인적 생명을 계시하신다."26)

한편으로는 사랑이 우주의 중심에 있으며 또한 하느님은 한없는 자기 나누심을 통해 기뻐하신다는 것을 우리가 기뻐하면서도 믿을 수 없어 한다. 마찬가지로 이웃을 사랑하라는 명령은 비교적 단순하고 직설적인 명령처럼 들린다. 그러나 그것이 무슨 뜻인지를 우리가 좀 더 깊이 생각하면, 즉 그리스도인의 신앙의 기본적 원리는 하느님의 자기 비움에 대한 응답으로서 **자기를 내려놓는 것**(the displacement of the self)임을 깨닫는다면, 그것이 우리에게 얼마나 큰 도전인지를 인식하게 된다. 우리가 "자기를 내려놓는 것"이라는 말에 망설이게 되는 이유는 죄를 우리 자신의 자아(ego, or self)에 초점을 맞춘 것으로 이해할 때, 자아를 내려놓는 것이 가장 어려운 일임을 깨닫기 때문이다. "소유"(possession)가 죄이며, "자기를 내려놓음"(giving the self away)이 의로움이다. 우리에게 요청되는 것은 바로 우리의 정체성의 중심에 있다. 인간의 정체성이 (흔히 서양이 주장하듯이) 혼자서 내

---

25) Mark A. McIntosh, *Discernment and Truth: The Spirituality and Theology of Knowledge* (New York: Crossroads, 2004), 58.
26) Patricia A. Fox, *God as Communion: John Zizioulas, Elizabeth Johnson, and the Retrieval of the Triune God* (New York: Michael Glazier, 2001), 54.

적인 발전을 통해 도달하는가, 아니면 반대로, 타자를 위해 자기를 내려놓음을 통해 인간의 (진정한) 정체성에 도달하는가?

후자의 경우라면, 우리가 자기 비움의 행동에서 버림받지 않을 것이라고 우리를 확신시키는 것은 무엇인가? 여기에서 찾아볼 수 있는 단서는 우리가 이웃을 위해 자기 비움의 행동을 할 때, 우리 자신의 자아의 "보호"를 제거함으로써, 그 공백을 하느님 자신의 생명이 채울 것이라는 믿음을 실천하는 것이다. 자기 비움을 실천함으로써 우리는 신적인 생명에 참여하라는 하느님의 초대에 적극적으로 응답할 수 있다. 만일 하느님이 존재가 아니라 타자를 위한 완전한 사랑이라면, 우리는 우리 자신의 힘으로 이웃을 사랑할 필요가 없다고 말할 수 있다. 오히려 하느님이 그 이웃을 사랑하시며, 다른 모든 생명체를 사랑하시기 때문에, 우리는 주고받는 우주적 댄스에 가담하도록 초대받는 것이며, 그 우주적 댄스는 동시에 삼위일체의 활동으로서, 다른 차원에서는 진화의 활동이기도 하다. 따라서 우리는 여기서 삼위일체와 생물학적 진화 모두에서 등장하는 숨겨진 진리를 보게 되는데, 그것은 죽음과 새로운 생명의 패턴, 자기희생적 사랑이 새로운 형태의 생명을 낳는 패턴이다. 우리는 우리의 작은 에고를 포기함으로써 희생과 새로운 생명이라는 신적인 우주적 댄스에 가담하도록 부름받고 있다.

그리스도인들이 진화의 모든 기묘한 점들이나 삼위일체 해석의 얽히고설킴을 모두 알 필요는 없다. 사실상 학자들의 이런 작업에 지나치게 초점을 맞추면 일반인들이 알 필요가 있는 요점을 애매하게 만들 수 있다. 중요한 요점은 우리가 혼자 살 수는 없다는 것이다. 사실상 종교(그리스도교)와 과학 모두가 우리에게 말해주는 것도 똑같은 것이다. 즉 "개인주의"는 잘못된 이야기인 반면에, **철저한 상호관계성**(radical interrelationship)은 과학과 대부분의 종교 이야기들 모두의 중심에 있다는 점이다. 우리는 마침내 삼위일체를 해석하는 두 가지 방법, 즉 서방교회의 방법과 동방교회의 방법을 요약할 수 있게 되었다. 삼위일체에 대한 이 각각의 해석은 예수에 대한 서로 다른 이야기들에서 비롯되었다. 서방교회의 버전에서는 그 이야기가 모든 인류의 죄를 위해 죽은 개인, 그래서 그 예수가 가리키는 하느님은 전능하시며 기후비상사태조차 통제하실 수 있는 하느님이다. 반면에 동방교회의 예수 이야기는 "달을 가리키는 손가락"에 관한 이야기다. 예수의 가르침과 죽음에서 드러난 자기희생적 사랑의 이야기는 삼위일체를 가리키며, 희생과 나눔과 상호의존성의 우주적 댄스를 가리킨다. 만일 이 동방교회 전통의 "하느님"이 기후비상사태에 참여하신다면, 그 하느님의 사랑이 우주의 별들을 움직이시는 것처럼, 인간들로 하여금 모든 생명체들이 번창하도록 하신 하느님의 계획에 참여하도록 부르시는 하느님이실 것이다. 따라서 어느 정적이며 이신론적인 하느님(deistic God)이 밧줄을 내려보내서 기후비상사태의 결과들로부터 인간들을 마술적으로 구원하시지는 않는다. 오히려 우리는 우주 안에서 **모두가** 번창하기를 원하시는 하느님의 의도를 성취하려는 그 사랑의 능력에 가담하도록 초대받고 있다. 아니 **부름받**고 있다.

2장

기후비상사태를 위한 포스트모던 통찰들

　새로운 세계관과 더불어 포스트모더니즘이 다양한 측면들로부터 우리에게 다가옴으로써, 우리는 기후비상사태에 직면한 전환점에 대해 대답하려는 우리의 시도에서 그리스도교에 대한 자기 비움의 관점과 동행할 풍부한 통찰력들을 얻게 되었다. 포스트모더니즘의 이런 공헌은 깊고 폭넓은 것으로서, 우리의 위치를 자연 "바깥"으로부터 "안"으로 바꾸는 것에서부터, 그에 따른 인식론(우리가 어떻게 아는가)과 존재론(우리는 누구인가) 모두의 변화에 이르기까지 폭이 넓다. 이것은 우리의 기본적 세계관과 우리의 행동 모두에 영향을 끼치는 뿌리깊은 변화다. 우리는 티모시 모턴(Timothy Morton)의 "생태사상"과 캐런 바라드(Karen Barad)의 "행위적 실재론"(agential realism)을 통해 포스트모더니즘이 어떻게 "이 세계에서 우리가 누구인가"와 "우리는 어떻게 세계를 아는가"에 대한 관점을 변화시켰는지를 살펴보려 한다. 그다음에 우리는 자기 비움의 신학과 기후비상사태라는 우리의 연구와 연관된 포스트모더니즘의 통찰력을 요약할 것이다.

"이 세계에서 우리는 누구인가"(티모시 모턴)와
"우리는 세계를 어떻게 아는가"(캐런 바라드)

티모시 모턴의 "생태 사상"이 지적하는 것처럼, 우리는 자연 "바깥에" 있다고 상상하는 입장, 그래서 자연 위에 "초월적"으로 존재한다고 생각하던 관점에서부터, 솔직히 전적으로 자연 "안에" 있다는 관점으로 바뀌었다.1) 그래서 우리 외부의 실재로서의 "자연"은 사라졌다. 그런 생각은 만물의 구조 속에서 우리의 위치에 관한 위험한 환상이다. 우리가 이런 거짓말에 속아서 사는 정도까지, 지구 위에서 풍성한 삶을 살 수 없는 이유는 우리가 세상을 책임지고 있으며 관리할 수 있다고 믿기 때문이다. 자본주의는 우리의 잘못된 생각과 거짓되며 위험한 사고의 한 사례다. 자본주의는 엄청난 부의 불균형과 지구의 철저한 파괴를 초래했다.

반면에 "생태 사상"은 우리가 지구 안에서 전체적으로 연결되어 있으며, 지구에 완전히 속해 있기 때문에 물고기가 물이 무엇인지를 설명하려는 것과 같다는 것을 인정한다. 불교도들은 "연기"(緣起, dependent co-arising)라는 표현을 사용해서 만물이 어떻게 공존을 통해 생성되는지를 제시한다. 즉 혼자 "존재하는" 것은 아무것도 없다. 따라서 진화에서도 생명체들은 환경에 "적응"하는 것이 아니라 환경과 더불어 진화한다. 진화 역사에서 이 시점에 존재하는 우리는 지구의 150억 년 진화 역사에서 가장 복잡하고 미묘한 산물이다. 진화의

---

1) Timothy Morton, *The Ecological Thought* (Cambridge, MA: Harvard University Press, 2010).

그 오랜 역사를 통해 물질의 작은 조각으로부터 시작해서 지구 위의 모든 복잡하고 다양하며 놀라운 생명체들로 진화가 이루어졌다. 우리들 각자와 각 부분은 우리의 창자 속에 있는 박테리아로부터 맞부딪칠 수 있는 엄지손가락과 우리의 엄청난 뇌에 이르기까지, 수백만 년 동안 그 최초 물질 속의 작은 돌연변이들의 산물이다. 진화의 가장 복잡한 사례로서 우리는 다른 모든 것들처럼 지구 "안에" 있다. 지구를 다스리며 지구보다 우월하다고 생각하는 우리는 실제로 지구의 가장 놀라운 산물이며, 또 매우 취약한 산물이다. 우리의 진화는 그처럼 놀라운 것이기 때문에, 우리는 마침내 우리의 창조자(지구)를 우리가 창조한 것으로 상상할 수 있게 되었다. 즉 우리는 지구 행성의 그림을 우리 마음속에 간직하고, 지구를 통제하는 것이 우리의 능력 안에 있다고 상상할 수 있게 된 것이다. 그것은 마치 아이가 스스로를 자신의 부모라고 믿는 것과 같다. 우리가 한 스푼의 물질로부터 현재의 실재로 등장하게 된 이야기는 너무 느리고, 복잡하며, 신비하고 놀랍기 때문에, 우리는 그것을 믿는 게 어렵다. 우리의 엄지손가락을 살펴보기만 해도 그렇다. 인간의 그 뚜렷한 특징 하나가 수십억 년을 거쳤다는 것은 우리 능력으로는 상상하기 어렵다. 그러나 우리가 지구 안으로부터 육체를 입게 되었다는 것을 정말로 상상할 수 있으려면, 그 수십억 년의 진화 과정을 이해해야만 한다.

진화의 핵심은, 이원론들이 없이 연속적인 이야기라는 것과 서로 연결된 것들 사이의 수많은 희미한 가장자리를 갖고 있는 이야기라는 것을 주장하는데, 이것은 우리의 표준적 해석과는 철저히 다르다.

단지 성별과 성적 취향을 생각해보라. 남성과 여성, 이성애자와 동성애자 등으로 엄격히 구분하기보다 진화는 우리가 모두 서로 다른 방식과 다른 정도로 남성적이며 여성적이고, 이성애적이며 동성애적이라고 말한다. 마찬가지로, 인간에게만 독특하다고 생각했던 특징들, 즉 생각하고, 슬퍼하고, 놀고, 공감하는 등의 특징들은 다른 동물들에게서도 발견된다. 인간은 예외적인 존재라는 생각과 생명체들 사이의 철저한 이원론적 구분은 의문시되고 있다. 그래서 마틴 부버가 나무를 "당신"으로 부르거나, 아이가 호랑이 놀이를 하는 것은 단순한 환상도 아니며, 단지 원시적 행동도 아니다. 우리 자신에 대한 이런 잘못된 생각이 최고점에 달한 것은 인간 개인을 진화적인 성공의 전형으로 본 계몽주의의 해석이었다. 이런 인간관은 우리의 참된 위치와 정반대되는 것으로서, 그것이 분명히 드러난 것이 바로 기후비상사태의 재난을 통해서다. 이런 21세기 현상 앞에서 우리가 느끼는 무력감은 우리로 하여금 우리의 잘못된 자기 이미지를 인정할 수밖에 없도록 만든다. 우리는 지구 행성의 맨 꼭대기를 차지한 우리 자신의 '셀피'를 찍어왔지만, 이제는 죽음으로 곤두박질치는 우리 자신을 구하려고 애를 쓸 때 우리의 발은 비틀거릴 뿐이다.

그래서 우리가 여러 세기 동안 이 지구 행성은 우리의 것으로서 우리가 마음대로 꺼내어 쓸 수 있으며, 지구는 우리에게 끝없이 식량과 거처를 제공한다는 거짓말 속에서 살아왔기 때문에, "생태 사상"을 받아들이는 것이 왜 그렇게 어려운지를 이해할 만하다. 우리는 이제 심지어 최고의 환경론적 해석, 즉 다른 생명체들은 단순히 우리의 복지를 위해 존재하는 것이 아니라는 해석조차 적합하지 않다는 말을 듣고 있다. 실제로 포스트모더니즘은 우리가 다른 피조물들과 하나의 공동체로서 더불어 살고 있는 것이 아니라, 하나의 종이접기(origami, 질 들뢰즈의 주름 사유), 또는 그물 모양의 조직으로서, 또는 뿌리와 싹이 서로 연결되어 있는 세트로서 살고 있다고 말한다. 우리가 이제 따라야 할 모델들은 위계적인 것이 아니라 수평적인 것이며, 왕국의 모델이 아니라 민주주의 모델, 심지어 다른 모든 피조물, 특히 우리의 도덕적 관심 영역 안에 있는 감각 능력이 있는 피조물을 포함하는 생명주의(biocracy) 모델이어야만 한다.

그러나 "생태 사상"은 그처럼 안락하고 조화로운 종류의 관계가 아니다. 그것은 유기체의 모든 부분이 그 위치가 있으며 전체의 안녕에 기여한다는 모델에 근거한 것이 아니다. 오히려 그것은 차이점들을 통한 "연결주의"(connectionism)로서, 진화 이야기에서 미시적 돌연변이들이 우리 모두를 법칙과 우연의 복잡한 혼합을 통해 서로 연결해주는 것이다. 우리가 진화에서 보는 종류의 연결들은 우리의 상상을 뛰어넘는 방식으로 이루어지는 수십억, 수십조의 돌연변이들로 구성된 것으로서, 우리를 다른 존재들과 다른 사물들과 연결시켜준다. 그런 상호의존성은 몸의 모든 세포 차원까지 내려간다. 우리들 각자가 46억 년의 지구 역사에서 "창조된" 과정은 중심, 설계, 목표가 없는 과정이다. 그뿐 아니라 우리가 "생태 사상"에 관해 더 많이 알수록, 만물이 포함되며, 심지어 우리의 배설물도 포함되었음을 깨닫게 되며, 또한 사실상 오늘날처럼 인구가 밀집된 소비주의 자본주의 사회에서도 우리를 에워싸고 있는 것이 끔찍할 정도로 우리가 버린 쓰레기들이라는 것을 깨닫게 된다. 모턴이 주장하는 것처럼, 우리의 의식이란 "골 때리는 것이며," 또한 T. S. 엘리엇이 주장했던 것처럼, 인간은 실재의 상당 부분을 감당할 수 없다. 그런 점에서 "생태 사상"은 영국의 낭만시에 나오는 상쾌한 오르막과 내리막길일 뿐 아니라 모든 도시가 쏟아낸 쓰레기 더미이기도 하다.

물론 이 방향으로 나아가는 것이 함축하는 것은 엄청나다. 우리가 먹는 것에서부터, 토지에 대한 주장, 교육 내용과 방법, 금융에서의 정의 등등 엄청나다. 우리가 지구 행성의 소유자들이 아니라 가장 궁핍한 점령자들이라고 생각한다면, 지구 위에서의 우리의 생활방식의 모든 측면을 깊은 차원에서 변화시키지 않겠는가? 또한 그렇게 생각을 바꾸면, 신에 대한 우리의 이해, 즉 수퍼맨을 확장시킨 것에서부터 무엇이 성스러운 것인지에 대한 우리의 이해 역시 바뀌지 않겠는가? 모턴은 그렇게 생각을 바꾸는 것이, 최소한 우리로 하여금 서양의 마초(macho)와 같은 하늘의 신에서 벗어나서, 보다 감수성이 예민하고 개방적이고 함께 아파하며 희생적인 신의 모습으로 바꾸도록 해야만 한다고 주장한다. 만일 우리가 우리들 자신의 모델과 하느님의 모델이 서로 연관된다고 믿는다면, 즉 우리는 하느님의 형상으로 만들어졌으며, 하느님은 우리들 자신의 모델에 근거해서 이해된다고 믿는다면, 이 두 가지 이슈는 항상 함께 고려해야 한다. 따라서 우리가 하느님을 상상하는 방식과 우리들 자신을 상상하는 방식은 위험한 이슈들이며 조심해서 다루어야만 한다. 우리는 적어도 하느님이 초자연적이며 멀리 계시며, 혼자 고립된 존재로서, 세상에 의해 영향을 받지 않으시고 세상을 통제하시는 분이라고 생각하기보다는 오히려 우리들 자신이 하느님 안에서 (아마 세상을 하느님의 몸으로 이해하여) 살고 움직이는 존재로 생각하지 않겠는가? 우리의 목표는 이 세상 안에서 우리가 누구인지를 다시 상상하려는 것이며, 내가 제안하는 출발점은 우리가 세상 안에서뿐 아니라 하느님 안에서 살아가고 있다는 점이다.

우리는 지금까지 우리가 "자연 안에" 존재한다는 점을 살펴보았지만, 캐런 바라드의 행위적 실재론(agential realism)은 극단적인 입장의 앎, 행동, 존재 이해에 맞서서 어느 정도의 객관성을 유지하려는 시도다. 바라드는 순진한 실재론(naive realism)과 사회적 구성주의(social constructivism) 모두를 거절한다. 그녀의 담대한 논증을 한 문단으로 요약하면 다음과 같다. "요약하자면, 우주는 행위 주체 안에서 나타나는 행동(agential intra-activity)으로 생성된다.2) 일차적 존재론적

---

2) 역자주: 페미니스트 물리학자 캐런 바라드(1956-)는 어떻게 물리학을 통해 반핵운동과 반파시즘운동, 생태 위기, 성차별주의, 제국주의 폭력에 책임적으로 참여할 수 있겠는가 하는 문제에서 출발했다. 그녀는 양자물리학의 통찰에 근거해서 사회정의 문제에 접근한다. 그녀에게 "만남은 개체보다 앞서며 관계는 주체보다 앞선다. 우리는 독립된 실체가 아니라 오직 관계 안에서만 존재하고 생성된다는 뜻이다"(박신현, 2023:v). 즉 "바라드는 존재의 기본 단위를 독립된 사물이 아닌 '현상'이라고 본다." 행위 주체(agency)가 미리 분리된 채 존재하는 것이 아니라, 그들의 관계 안에서부터 등장한다고 본다. 그녀는 상호작용(inter-action, 독립적 개체 사이의 상호작용)과 내부작용(intra-action, 서로 얽힌 행위 주체들의 관계성 안에서 일어나는 현상)을 구분한다. 예를 들어, 코로나19 팬데믹은 코로나 바이러스의 행동이 아니라, 코로나 바이러스와 인간의 관계 안에서 일어나는 현상이다. 상호작용(inter-action)으로 보면, 감염자와 비감염자로 나누어 책임성을 피하게 만들지만, 내부작용(intra-action) 현상에서 보면, 그 책임성을 모두가 진다. 우

단위는 '물체들'이 아니라 현상이다. 역동적인 위상적 재구성/얽힘/관계성/(재)조정 현상이다. 그리고 일차적인 의미론의 단위들은 '말'이 아니라 물질적으로 종잡을 수 없는 연습들로서 그것을 통해 경계들이 구성된다. 이 역동성이 행위 주체(agency)다. 행위 주체는 세상의 한 속성이 아니라 지속적인 재구성이다."[3] 여기서 우리는 주체와 객체의 철저한 분리와 여타 형태의 이원론을 부정하는 실재관을 본다. 바라드가 말하는 "내부의 외부"(exteriority within)는 데카르트의 "외부/내부"(주체 대 객체, 인간 대 세계) 모델을 거부하고, 만물이 "내부"에 있지만, 일정한 정도의 "객관성"을 구하는 것으로 대체하는 그녀의 입장을 요약하는 말이다. 그녀는 이원론과 정지상태(stasis)에 반대하고, "운동 안에서의 분화"(differentiation in motion) 형태를 선호한다. 그녀는 우리가 어떻게 내재적 실재론을 갖고도 여전히 변화와 책임성 모두를 위한 위치를 유지할 수 있겠는가 하고 묻는다. 행위적 실재론은 모든 종류의 행위 주체들(인간과 비인간, 산 것과 죽은 것)이 세상을 구성하지만, 완전히 세상에 의해 흡수되지는 않는다고 말한다. 사실상 바라드가 상상하는 내재주의(immanentalism)는 똑같음(reflection)보다는 차이점(diffraction)에 의존한다. 그녀의 실재관이 작동하는 전체 "구조"는 차이점으로서, 차이점이 없다면 아무것도 "발생하지" 않는다. 그러나 인간이나 어느 다른 주체

리가 인위적으로 만든 경계선들을 허물어버릴 수 있게 된다. 박신현, 《캐런 바라드》, 컴북스캠퍼스, 2023. https://www.youtube.com/watch?v=v0SnstJoEec

[3] Karen Barad, "Posthumanist Performativity: Toward an Understanding of How Matter Comes to Matter," *Signs* 28, no. 3 (Spring 2003):818.

도 실재를 전체적으로 구성하거나 통제하지 않지만, 인간은 실재에 의해 전적으로 결정된다. 우리는 세상 안에서 행위 주체(따라서 책임성)를 갖고 있으며, 또한 세상을 위해 행위 주체를 갖고 있다.

중요한 것은 우리 자신이 실재 "안에" 있다고 상상하려고 노력하는 것이다. 우리는 실재를 구성하는 데 도움을 줄 뿐 아니라 우리가 실재의 산물이기도 하다는 점이다. 우리는 실재의 플레이어인 동시에 산물이다. 세계가 끊임없이 변화하는 내재적 관점에서 "내부의" 직무로서 우리는 그 중요한 플레이어지만, 유일한 플레이어는 아니며, 더군다나 점차 취약해져 가는 플레이어다. 바라드의 실재에 해석을 묘사하는 것이 아마도 불가능한 이유는 우리가 너무나 철저하게 그 실재 속에 뿌리내리고 있기 때문일 것이다. 그러나 머리에 떠오르는 하나의 유비는 범재신론(panentheism)을 하느님/세계의 관계에 대한 한 모델로 보는 것이다. 그 모델에서는 세계와 인간이, 세계를 품어 안으시는 하느님 안에 있지만, 하느님과 동일하지 않으며, 또한 하느님으로 환원되지도 않는다. 하느님과 세계는 본래 서로 얽혀 있지만(entangled), 하느님과 세계는 서로 분리되어 있기도 하다. 하느님과의 관계에서 세계(특히 우리 인간들)는 결코 하느님과 떨어져 바깥에 있지 않으며, 하느님을 "묘사할" 수도 없다. 마찬가지로, 행위적 실재론을 이해하는 첫 걸음은 우리가 "서 있는" 곳을 바꾸는 것, 즉 우리가 세계를 구성하며 우리가 세계에 의존되어 있다고 상상하는 관점을 바꾸는 것이다. 바라드는 우리에게 세계 바깥에서, 세계에 관해(세계가 무엇이며, 누가 책임이 있는가 등등) 말하는 특권적(그러나 잘못된) 입장에서 벗어나, 우리들 자신을 전적으로 실재 안에 위치시켜서, 우리들과 세계에 관한 매우 다른 관점을 갖고 세계를 대하라고 말한다. 세계 안에서 우리들과 기타 중요한 주체적 플레이어들 사이의 유일한 차이점은 우리가 자의식을 갖고 있다는 점이다. 즉 우리는 우리가 알고 있다는 것을 안다. 그리고 우리가 아는 것의 출발점은 우리의 관점이 세계에 관해 알 수 있는 매우 드문 특권(그 영광과 그 끔찍한 공포들 모두를 알 수 있는 특권)을 주지만, 그렇다고 해서 그것이 세계 안에서의 우리의 위치를 바꾸지는 않는다. 즉 우리의 위치는 다른 모든 것들처럼 세계 안에 있다.

요점은 우리가 실재를 이해하는 데서 주체/객체 인식론과 존재론에 충성하는 것을 극복하는 일이다. 우리의 목표는 실재에 대해 정적이며 본질론적이며 본체론적 관점에서부터 벗어나, 항상 변화하는 실재, 즉 외견상의 주체와 객체(바라드가 말하는 "현상")가 만들어지고 다시 해체되는 실재에 대한 관점으로 바꾸는 것이다. 이런 실재관에서 플레이어들은 인간들뿐만이 아니라(단순히 "살아있는" 인간들만이 아니라) 차이를 만드는 모든 것이다. 이것은 행위 주체가 활짝 열렸다는 뜻이다. 즉 변화를 일으키지 않는 것이 무엇이 있다는 말인가? 따라서 우리는 항상 연속성을 다루고 있다. (주체, 개체 등은 세계를 구성하지만, 항상 서로 다른 방식으로, 또한 다른 정도로 구성한다). 이처럼 수정된 관점은 만물이 생성되는 중에 있다(becoming)고 본다. 행위 주체가 인간이거나 의식적 존재일 필요는 없다. 왜냐하면 행위 주체에 포함되는 것은 중요한 것들, 차이를 일으키는 것들 모두

이기 때문이다. 그래서 이런 사고방식에서는 확고한 주체가 없지만, 서로 다른 방식, 서로 다른 정도로 세계의 건설에 참여하는 현상이 있다. 모두가 주체들이며, 모두가 객체들이다. 따라서 행위적 실재론은 서로 다른 종류의 행위 주체가 실재를 창조하고, 세계를 창조하는 것에 대한 적절한 용어다.

만일 우리의 내부적 장소를 받아들이면, 우리는 자아에 대해, 다른 생명체들에 대해, 다른 물질 조각들에 대해 말하는 모든 것에 큰 영향을 끼칠 엄청난 점프를 하게 된다. 우리가 어디에 서 있는지에 대한 생각을 가장 먼저 바꿔야만 한다. 즉 우리가 세계의 가장 높은 언덕 위에 서서, 우리 이외의 나머지 것들의 바깥에 있는지, 아니면 우리가 상상할 수 있는 가장 철저하게 얽혀 있는 상태로, 세계 안에 뿌리를 박고 있는지에 대한 생각을 바꿔야만 한다. 그렇게 바꿀 때만 비로소, 우리는 세계에 관해, 그리고 세계 안에서 우리가 누구인지에 관해, 보다 흥미롭고 독특한 방식으로 말할 수 있는 유사한 묘사들, 유비들, 관점들을 찾을 수 있다. 우리는 행위 주체들이지만, "기후비상사태"와 같은 다른 바람직하지 않은 것들도 행위 주체들이다. (그런 것들은 자기들이 플레이어인지 모를 테지만, 확실히 플레이어들이다). 우리의 인식론적 특권은 플러스이기도 하고 마이너스이기도 하다. 즉 그 특권은 우리가 높은 산의 봄철 아침에 벚꽃이 만발한 것에 대해 환호하도록 허락하지만, 그러나 이 아름다움이 끝날 것이며 또한 우리들도 끝나게 될 것임을 인식하게 만든다. 존재의 기쁨과 공포와 더불어 사는 것이 독특한 인간 경험이다.

결론

포스트모던 관점의 모델을 요약하면서, 나는 질 들뢰즈(Gilles Deleuze)의 종이접기(origami) 그림을 제시하려 한다. 여기서는 똑같은 재료를 반복해서 사용하며 수십억 개의 서로 다른 물질 형태로 디자인된다. 이 모델에서 우리는 세계와 그 모든 접기와 펼치기, 똑같은 재료를 재사용하여 서로 다른 복잡한 형태와 방식으로 이용되는 것을 본다. 우리의 세계관은 위계적, 본체론적, 주체/객체의 이원론적인 세계관이 아니라 연속적으로 빌려오고 나누는 상호의존성, 죽음과 새로운 생명의 연속적 세계관이다. 우리는 우리 자신이 지구의 지배자들이거나 가장 높은 존재들이 아니라, 생명주의(boicracy)의 한 부분, 즉 만물을 포함하며, 따라서 민주주의에서처럼 만물이 타고난 가치와 "권리들"을 갖고 있는 생명주의의 한 부분으로 생각해야만 한다. 다시 말하지만, 우리의 특별한 합리성 때문에 우리는 독특하게 만드는 것은 우리의 책임성에 대한 인식이다. 우리는 수십억 번의 "종이접기" 행성을 이룬 지구 안에서 살고 있는 피조물임을 깨닫게 된 유일한 피조물이다. 우리는 지구를 소유하지 않으며 통제하지도 않는다. 그러나 우리는 지구가 어떻게 펼쳐지고, 또한 그 울타리 안에 누가 포함되는지에 대해 적어도 어느 정도까지는 영향을 끼칠 수 있다.

포스트모던 관점을 요약하는 또 하나의 방법은 제인 베넷(Jane Bennett)의 니케아 신조에 대한 해설이다. "나는 하나의 물질 에너지가 보이는 사물과 보이지 않는 사물의 창조자임을 믿습니다. 나는 이 다원적 우주(pluriverse)를 관통하는 것이 지속적으로 작업하는 이질적 종자들(heterogeneities)임을 믿습니다. 나는 인간 이외의 몸들, 힘들, 형태들의 생기(vitality)를 부인하는 것은 틀렸다고 믿으며, 또한 세심한 인간 중심주의 과정을 통해서, 살아 있는 물질과의 만남이 인간의 (지구) 정복에 대한 나의 환상을 억제시키고, 삼라만상의 공통적 물질성을 강조하며, 행위 주체가 더 폭넓게 분포되어 있음을 드러내며, 자아와 그 이해관계를 새로 설정하게 만든다는 것을 믿습니다."[4]

끝으로, 인간에 대한 보다 수수한 관점에서 포스트모더니즘을 요약하자면, 인간이 21세기에 눈을 크게 뜨고 지구 위에서 살아간다는 것이 어떤 느낌인가? 그것은 모든 차원과 방식에서 철저한 관계성처럼 느껴진다. 관계성은 포스트모더니즘의 일차적 특징이다. 더군다나 그 관계성은 우리 인간이 아는 것에 참여함으로써 "내부에서" 일어나는 관계성이다. 즉 우리는 아는 것과 행동하는 것 모두에서 철저하게 지구에 뿌리박혀 있다. 우리는 일차적으로 "개인들"이 아니라 공동체 안에서만 존재하며, 또한 우주적 차원과 미생물 차원, 그리고 양자 차원에서 상호관계성 안에 존재한다. 우리는 흔히 다른 생명체들과 "눈을 맞대고" 관여할수록 더 많은 경이감과 경외감을 느끼며, 이 세계가 얼마나 복잡하며, 다양하며, 풍성한 세계인지를 깨닫는다. 우리는 점차 지구 위에서 우리의 취약성(심지어 폐기 가능성)을 인식하지만, 우리는 기후비상사태에 대한 인식이 높아질수록 지구의

---

4) Jane Bennett, *Vibrant Matter* (Durham, NC: Duke University Press, 2010), 122.

상태에 대한 책임감도 더 깊이 인식하게 된다.5) 우리는 더 이상 지구의 가장 중요한 생명체 종자가 아니다. 다른 모든 생명체들은 단지 우리의 "대상들"로서 열등한 존재들이 아니다. 무엇보다 우리 인간은 우리의 세계 안에 철저히 뿌리내리고 있는 존재들이며, 한 가지 독특한 점은 우리가 자의식적이라는 점이다. 우리는 우리가 알고 있다는 것을 알며, 또한 우리가 아는 것은 우리가 전적으로 진화의 산물이라는 것이다. 그러나 그 진화의 패턴은 죽음을 통해 새로운 생명이 생성되는 패턴이다. 그리스도교를 포함해서 어떤 종교들은 이런 자기희생의 모델을 지구가 번성하며 개인이 성취하는 길로 삼고 있다.

---

5) 역자주: 점차 악화되는 기후재난을 목격하면서 젊은이들의 "기후 불안"과 "기후 트라우마"는 분노, 슬픔, 절망, 무력감, 죄의식과 함께 정신건강에 큰 영향을 끼치는 것으로 조사되었다. 캐롤라인 히크만의 조사(2021)에서도 세계 젊은이들의 64%는 미래를 위한 기후 대책에 태만한 정부에 대해 "배신감"을 느낀다고 답했다. 기후위기는 젊은이들의 미래 생존과 직결된 실존적 문제이기 때문이다. https://www.thelancet.com/journals/lanplh/article/PIIS2542-5196(21)00278-3/fulltext. 특히 집단행동에 참여하지 않는 학생들의 우울증이 높은 것으로 조사되었다. 이런 기후 불안은 현실을 정확하게 파악하고 있다는 점에서 정신적으로 건강한 징후이지만, 심리적 방어기제로 작용하여 기후위기에 "귀를 닫아버림으로써" 행동의 가장 큰 장애물 가운데 하나가 되고 있다. 기후 불안 전문가들이 조언하는 것은 (1) 좌우를 막론하고 대다수 사람들이 기후위기 완화 정책에 동의하기 때문에, 자신의 불안을 이웃들과 솔직히 나눔으로써 불안을 해소하며 유대관계를 돈독히 쌓고, (2) 지역의 문제만이 아니라 전 지구적 위기에 대한 정보를 공유함으로써 거시적 관점에서 지역사회의 행동 방향을 찾고, (3) 구체적인 공동체 활동, 예컨대 공동체 텃밭 활동이나 기후 행동 시위 등 집단행동에 참여하는 것이 우울증과 스트레스를 줄이고 회복력을 키우는 방법이며, 실제로 기후재난을 겪을 때 서로 도울 수 있는 길이라고 말한다(*The Guardian*, 2023/11/16).

3장

신과 인간의 관계적 존재론

　(인간이 자연세계의) "바깥에" 존재한다는 입장에서부터 "안에" 존재한다는 입장으로 바뀐 것을 받아들이고 난 후에는, "안에" 존재한다는 것이 초월과 내재에 대한 포스트모던 관점에서 어떤 차이를 가져오는지를 파악해야만 한다. 그것은 하느님과 세계에 대한 전통적인 초자연주의적 이해로부터, 초월이 철저하게 내재적인 것이 되는 관점, 특히 세계는 하느님 안에 있으며, 또한 하느님은 세계 안에 화육하신 것으로 이해하는 관점으로 바뀌는 것이다. 세계 안에서 "초월이 내재적인 것이 되는" 점을 파악하기 위해서, 우리는 "경이"(메리 제인 루벤슈타인), "찬미"(장 뤽 낸시), "신의 유혹"(카르멘 매켄드릭)을 살펴볼 것이다. 그리고 "안에" 존재한다는 입장이 가져올 변화를 파악하는 이 장의 끝에서 우리는 "나무와 말하기"(스테파니 카자)를 살펴볼 것이다. 전체적으로 이 장은 우리의 위치가 자연세계 "바깥에" 있다고 보는 근대적 관점에서부터 "안에" 있다고 보는 관점으로 바뀔 때 나타날 많은 변화들에 대한 연구다.

경이, 찬미, 그리고 신의 유혹

우리가 "어디에" 서 있는지에 대한 티모시 모턴과 캐런 바라드의 도전적인 통찰들에서부터, 이제 우리는 이 자연세계 "안에" 있다는 새로운 관점을 통해 "무엇을" 파악하게 되는지를 살펴볼 것이다. 우리는 세 사람의 포스트모던 사상가들이 공헌한 것을 간단히 살펴봄으로써 어떻게 그들이 초자연주의에 대한 우리의 관심으로부터, 이 지상에서의 인간의 존재에 대한 경이(wonder)와 찬미(adoration)와 신의 유혹(divine enticement)에 대한 우리의 응답으로 관심을 돌리는데 도움을 주는지를 정리해보겠다. 지난 몇십 년 이전에는 서구의 철학이 주로 언어에 초점을 맞추었는데, 영국에서 도덕적 의도에 대한 간단한 문장이나 언어의 폐쇄적 세계(말은 단지 말을 가리킬 뿐이다)를 다양하게 분석하는 것이었다. 그러나 특히 유럽 철학에서는 방향 전환이 있었으며, 그 철학자들과 더불어 "경이"를 되찾았다. 따라서 철학에서 현재 진행되는 것, 특히 존재의 아름다움과 끔찍한 공포 모두에 대한 철학의 관심에 대해 신학자들도 큰 관심을 기울이고 있다. 철학은 그 고대의 파트너인 시와 종교에 되돌아왔는데, 우리가 살펴보려는 세 사상가들도 이 방향으로 나아가고 있다. 즉 루벤슈타인과 경이, 낸시와 찬미, 매켄드릭과 신의 유혹이 그것이다. 이런 사고는 그리스도교의 화육론처럼, 평범한 것 속에 자리잡고 있는 비범한 것에 초점을 맞추는데, 평범한 것에도 불구하고 비범한 것이 아니며, 평범한 것과 떨어져 있는 비범한 것도 아니다. 이런 "새로운 영성"은 우리의 주의를 다른 세계로 향하게 하는 것이 아니라, 오히려 이 세계를 더욱 깊이 파고들어 가도록 충고한다. 따라서 화육의 교리를 더 폭넓게 해석할 여지를 열어준다. 즉 한 사람 나자렛 예수에게 국한된 것이 아니라, 인간과 그 너머 전체 삼라만상을 포함하는 것이다. 이 세계 안에서 성스러운 것에 초점을 맞추는 것은 인간이 하느님과 더불어 일하는 자기 비움의 신학을 위한 문을 열어준다.

루벤슈타인, 낸시, 매켄드릭이 작업한 것은 이 세계의 문과 창문을 열어주어, 하느님과 세계 사이의 관계에 대한 새로운 은유들과 모델들에 관한 상상력 넘치는 사고를 독려한다. 이 사상가들 각자는 무한/유한의 관계에 대한 통찰력을 더욱 많이 갖게 해준다. 그 세 사람 모두에게, 자아는 관계 속에서의 자아일 따름이다. 따라서 "함께 함"이 "자아"에게 결정적이며, 또한 사실상 불교의 "연기"라는 용어는 서양철학의 어느 용어보다 더 정확하게 존재론을 묘사한다. 다시 말해서, "더불어 있음"(withness)은 존재의 본질이다. 그러므로 "케노시스" 또는 자기희생적 존재는 유일한 존재인 것이다. 자기를 비우는 사랑은 존재에 "덧붙여진" 것이 아니라 애당초 존재를 정의하는 것이다. 여기서 우리는 진화의 생명/죽음의 공생 패턴과 연결되는 것뿐 아니라, 나자렛 예수의 삶과 죽음에서의 자기 비움과도 연결되는 것을 본다. 다시 말해서, 상호의존성을 강조하는 이 새로운 세계관은 그리스도교 신학을 수정하기 위해 이상적이다. 즉 우리가 자연세계 어디에서나 발견하는 행동 형태로서의 희생과 새로운 생명이라는 방향으로 그리스도교 신학을 수정하기 위해 이상적이다.

이 세 사람의 사상가에게는 시각보다 촉각이 "더불어 있음"에서 일차적이며 중심적이다. 나는 다른 글에서, 그 중요성을 이렇게 표현했다.

포유동물이 갓 태어난 새끼에게 처음 하는 일은 그것들을 어루만지는 일이다. 어미는 새끼들을 핥아줌으로써 새끼들의 삶에 필요한 유대관계를 형성한다. … 인간들은 다른 감각이 없어도 생존할 수 있지만, 촉감 없이는 생존할 수 없었다. 우리를 만져주고, 우리가 만질 수 없다면, 심지어 우리가 존재한다는 것을 알 방법이 없다. 예를 들어, 내가 어디에서 시작되고 어디에서 끝나는지, 나는 누구이며, 누구가 아닌지를 알 방법이 없다. … 우리가 삼라만상 가운데서 누구인지, 자아에 대한 우리의 이해가 시각이 아니라 촉각에서 시작한다면 (실제로 자아의 경험이 그렇듯이), 우리는 자아에 대해 기본적으로 다른 인식을 갖게 되었을 것이다. 자아에 대한 서구의 주체-객체 이원론을 포기하면, 생태적 자아(ecological self), 관계적 자아, 타자와 떨어져 별도로 존재할 수 없는 자아가 드러나게 된다. 자아에 대한 그런 인식은 관계적이며 반응하는 인식이다. 관계를 형성하기로 결정하는 것은 개인주의적 자아가 아니라, 태아로 존재할 때부터 관계에 의해 창조된 반응하는 자아일 것이다. 그것은 자아에 대한 추상적이며 합리주의적 인식(나는 생각한다, 고로 나는 존재한다)이 아니라, 자아에 대한 구체적이며 몸을 입은 인식(나는 만져지고 또 만지기 때문에, 나는 존재한다)이다.[1]

그러나 플라톤 이래로, 시각이 인간의 인식론에서 특권적 기능을 차지해왔다. 그 결과, 서구에서 촉각보다 시각에 초점을 맞춤으로써, 우리는 지식을 먼 거리에서, 만지는 일 없이, 얻게 되었다. 사실상 우리는 타자를 보면서, 타자는 우리를 볼 수 없도록 "숨을" 수 있다. 시각은 우리의 모든 기능에서 가장 멀리 있는 것이며, 심지어 청각은 화자와 청자를 요구한다. 루벤슈타인이 말한 것처럼 "사고 작용은 세상에 대한 이 혼란스러운 감촉을 직접 분별하는 것이며, 또한 아무리 강조해도 지나치지 않는 점은 우리의 생각이 그 감촉 너머에 있지 않다는 점을 유념하는 것이다. 시각을 통해 타자를 본 것은 언제나 그 파악된 타자가 다시 자아의 응시 속으로 스러지지만, 그와 달리 촉각을 통해서는 모든 존재 사이에, 또한 그 존재들 안의, 나의 것으로 전유할 수 없는 무한한 타자성을 드러나게 만들어, 자아의 자기 입장을 (부질없는 것으로) 막아선다." "세상은 만물을 감촉하는 것 이외에 다른 것이 아니다." 루벤슈타인은 "내재적 초월"(trans-immanence)을 말하는데, 초월적인 것이 내재하는 것 속에 깊이 펼쳐진다는 뜻이다. 따라서 경이(초월)의 장소는 일상(내재)이다. 루벤슈타인은 "일상의 낯설음"(the strangeness of the everyday)을 가리키는데, 그것은 우리에게 경외감과 돌봄뿐 아니라 충격과 공포 모두를 열어준다. 근대성은 과학 기술에 초점을 맞추어 경이감을 죽이지만, 이처럼 경이감은 새로운 가능성들, 즉 부정적 가능성(충격과 공포)과 적극적 가능성(경외와 돌봄) 모두의 새로운 가능성들로 이끄는 돌파구

---

1) Sallie McFague, *Super, Natural Christians: How We Should Love Nature* (Minneapolis: Fortress, 1997), 91-92.

를 열어준다. 이처럼 우리의 세상인 감촉의 관계적 네트워크는 이중적 가능성을 열어주는 것이기도 하다. 즉 "충격은 (우리의 생각을) 무너뜨리지만, 경외는 (세상을) 의미가 통하게 만든다."2)

이처럼 루벤슈타인의 중요한 초점이 촉각에 의지한다는 점에서, 존재론이 아니라 윤리에 초점이 맞추어져 있다. 루벤슈타인은 훌륭한 유대인으로서 하느님에 대한 "믿음"이 아니라 이웃에 대한 "사랑"에 초점을 맞춘다. 이처럼 환대의 법이 그녀의 성찰을 지배한다. 그녀는 "성인들"이란 "무조건적 환대"를 실천하는 사람들로서, 선한 삶을 사는 것으로 요약된다고 말한다. 그녀는 자신의 책 마지막에서 "더불어 있음" 또는 관계성에 대한 가장 가까운 표현으로서 어떻게 숨 쉬는 것을 배울 것인지를 설명한다. "인간적으로 말하자면, 공기는 자아를 매우 온전한 자아로 만든다. 내가 숨을 쉬는 한, 나는 다른 어느 누구가 아니라 나 자신이다. 동시에 숨쉬기는 본질적으로 자아를 다른 모두에게 열어준다. 숨을 쉴 때마다, 타자를 들이쉬고 내쉼으로써 매 순간 자기 안의 타자이며 타자로서의 자기(others-in-self-as-other)가 된다. … 모든 날숨에서, 생명체는 스스로를 다른 생명체 속으로 좋든 나쁘든 들여보낸다." 책 전체를 요약하는 마지막 문장은 이렇다. "아마도 경이 속에 사는 것은 단지 숨쉬기를 배우는 문제일 것이다."3)

루벤슈타인의 "경이"로부터 우리는 장 뤽 낸시의 "찬미"로 넘어

---

2) Mary-Jane Rubenstein, *Strange Wonder: The Closure of Metaphysics and the Opening of Awe* (New York: Columbia University Press, 2008), 123, 23, 128.
3) Rubenstein, 195, 196.

가는데, 찬미는 초자연적인 하느님 이해에서 벗어나, 초월을 내재로 보는 관점으로 바꾸는 또 다른 시도다. "혼이 깨어나는 형태는 찬미다"라는 루드비히 비트겐슈타인의 말을 인용하면서 시작하는 낸시의 책은 그 인용문으로 요약된다. 낸시는 이 세상에 대한 찬미로 초자연적 하느님을 대체한다는 점에서 루빈슈타인의 "경이"를 넘어서는 또 다른 걸음이다. 이 문장은 혼이 "하느님"을 찬미하기 위해 깨어나는 것이 아니라, 단지 우리의 세상을 찬미하기 위한 것임을 말한다. 낸시는 초월에 대해 전적으로 내재적 의미를 부여함으로써 그리스도교 교리들을 "해체한다." 낸시는 책의 마지막 문단에서 찬양에 대한 아우구스티누스의 관점을 말한다. 즉 그는 찬양이 두 번 기도하는 것이라고 말하는데, 그 두 번째는 단순히 모든 기대를 넘는 "할렐루야" 외침으로서, 인간과 모든 새들과 매미들이 하늘을 향해 경배하는 소리다. "세상은 모든 '자연'을 통해 '인간'에 이르기까지 경배한다." 그것은 구원 없이도, 신 없이도, 다른 세상 없이도 바치는 경배며 인사다. 낸시가 표현한 것처럼, "찬미는 우리들 자신이 이 세상에 존재한다는 것을 인식하는 환희이며 동작이다."4)

우리는 지금 초월과 내재를 새롭게 상상하는 여러 시도를 숙고하는 중인데, 특히 오늘날의 초자연주의적 신 이해를 비판하고, 우리의 세상에서 초월을 발견하는 방법을 찾기 위해서다. 낸시의 입장은 단지 무신론의 또 다른 형태인가? 다음과 같은 그의 말에서 그렇게 생

---

4) Jean-Luk Nancy, *Adoration: The Deconstruction of Christianity II*, trans. John McKean (New York: Fordham University Press, 2013), 1, 64, 62.

각할지 모르겠다. 즉 "다른 세계, 저 너머의 세계는 없다." "찬미는 (우리를 위해) 열려 있는 것에 대해 … 아무것도 붙잡지 않는 것에 있다." "세계는 우리의 세계다. 그 자체 이외에는 아무것에도 열려 있지 않다. 초월적인 것은 그 자체의 내재성 안에 있다."[5]

그러나 다음과 같은 그의 말을 우리는 어떻게 이해해야 하겠는가? "이 존재는 의미가 있거나 의미이며, 또한 이 존재와 더불어 세상 전체가 서로에게 '경배한다'는 점에서 의미를 만든다. 아침의 태양, 흙을 뚫고 나오는 식물이 우리에게 '인사말'을 전하지 않는가? 동물의 눈길은 어떤가?"[6] "동물의 눈길"—여기서 멈추고 그 눈길을 성찰해보자. 낸시는 우리가 다른 종자와 접촉하는 희귀한 순간을 다시 경험하도록 요청한다. 다른 동물의 눈을 들여다보고, 다른 의도와 목적을 지닌 다른 주체적 생명체를 인식하는 그 충격적이며 놀라운 경험을 말이다. 더 나아가 "흙을 뚫고 나오는 식물" 역시 그 나름의 방식으로 그 자체를 생성하는 현존을 느끼게 해준다. 우리가 그처럼 살아있는 세계에 주목하고 또한 우리의 마음을 열면, 그것은 인사말을 하며 "경배한다." 이것은 우리가 존재의 또 다른 살아 있는 중심과 조우하는 것으로서 우리 자신이 자연과 얽혀 있음을 발견하는 신비한 영향이다.

포스트모더니즘의 가장 중요한 통찰 가운데 하나는 행위 주체에 대한 우리의 인식이 확장되는 것이다. 그것은 북미 원주민들이 말하는 "우리의 모든 관계"로 요약되는데, 그것은 세상의 모든 생명체를

---

5) Nancy, 12, 15, 20.
6) Nancy, 18.

뜻한다. 그것은 우리의 존경과 도덕적 관심의 한계 속에 더욱 많은 타자들을 포함시키고, 그 타자들이 우리의 주의와 자비를 요구하는 행위 주체들로 간주하는 훈련이다. 낸시는 그것을 이렇게 잘 표현했다. 우리가 모든 존재들에게 지고 있는 사랑의 빚은 단순히 그 존재들의 타고난 가치 때문이다. 다시 말해서, 사랑은 정의이며, 또한 사랑은 사고방식이다. 사랑은 단순히 감정이 아니다. 결론은 보편적인 사랑이 요청되지 않는 것은 아무것도 없다는 점이다. 다른 어떤 것이 존재한다는 것과 모든 생명체는 존재의 필수품에 대한 권리를 갖고 있다는 것을 인식함으로써, 우리가 도달한 "불가능한" 결론은 어디에도 배제할 선은 없다는 것, 즉 모두가 환영받는다는 것이다. 우리가 무엇을 주목할 때, "우리가 '주체'라고 믿는 무엇인가와 눈을 맞출 때" 조심해야만 한다. 이것은 경고하는 말이다. 주체는 항상 조용히 머물지 않으며, 객체로 간주되는 걸 받아들이지 않기 때문이다.

본질적인 것은 모두가 모두와 보편적으로 공존하며, 부르고 반응하며, 서로 응답할 책임이 있다는 것이다. 이것은 그리스도교의 중심적 교리들의 관점에서 어떻게 설명될 것인가? 악(evil)은 단수의 "나"는 없으며 오직 타자들과의 "우리"의 삶(생명)이 있을 뿐이라는 것을 거절하는 것이다. 즉 우리가 자기를 내어주는 사랑에서 서로에게 응답할 때 "우리는 모든 존재 사이의 관계에서 우리 자신이 된다."[7] 죄(sin)는 인간이 자신에게만 폐쇄된 상태다. 따라서 남은 것은 서로 만지고, 나누고, 인사하고, 서로 돌보는 일이다. 낸시는 **창조와 구원**

---

7) Nancy, 43.

을 말하는데, 이 용어들은 하느님이 우리를 위해 하시는 일에만 사용했던 용어들이지만, 이제는 우리가 서로를 위해 하는 일에 사용한다. 그러나 우리는 혼자가 아니다. 하느님은 이처럼 모두에게 사랑하는 행동을 하도록 능력을 주시는 "더불어 계신"(with) 분이다. 따라서 또 하나의 그리스도교 용어인 계시(revelation)는 어떤 은밀한 정보를 드러내는 것이 아니라, 세계의 현존에 대해 깨어나는 것이다. 즉 계시는 타자에 대해 항상 열려 있는 개방성을 유지한다. 더군다나 육화(incarnation)는 "감각으로서의 육체 자체," 다시 말해서, "몸은 혼의 사건"이거나 "혼은 자신을 세계 바깥에 유지하지 않으며, 그 가운데 열어놓는다."8) 따라서 부활은 두 번째 삶이 아니라, 완전히 수평적이 된(이 세상 안에 실현된) 수직적 삶(천상의 삶)이다.

낸시가 그리스도교 교리들을 해석한 것은 상상력이 넘치며 참여적인 해석이지만, 우리에게 많은 것을 요구한다. 우리는 과거의 "두 세계"(초자연/자연, 초월/내재의 세계) 대신에 이 세계로 대체하는 것을 받아들일 수 있는가? 그는 윌리엄 포크너의 소설 ≪한 수녀를 위한 진혼가≫(Requiem for a Nun)에 나오는 아름다운 구절을 인용하는데, 거기서 주인공은 "나는 믿어요"라고 말한다(무엇인가를 믿는 것이 아니라 그냥 "믿어요"다). 이것이 무슨 뜻인가? 메시아가 오셔서 우리를 구해줄 것을 믿는 것이 아니라 "단순히 우리들 자신이 이 세상에 존재한다는 것을 인식하는 환희이며 동작"을 찬미하는 것이다. 이것을 그는 우리가 상상할 수 있는 가장 큰 축하 외침과 함께

---

8) Nancy, 53.

온다는 점에서 성적인 몰아경에 비유한다. 즉 단순히 이 모든 아름다움과 끔찍함 가운데 여기에 존재하면서, 모두에게 평등과 정의를 줄 과제를 안고 있는 환희인 것이다.9) 단순히 여기에 존재하는 기쁨이다. 우리가 그런 기쁨을 누리는가?

카르멘 매켄드릭은 루벤슈타인이나 낸시와는 다르게 보다 적극적인 관점을 제시한다. 즉 "세상을 신의 유혹에 대한 신호(sign)로"10) 보는 관점이다. 우리는 지금까지 초월과 내재를 연결시켜, 초자연주의적, 두 세계 사고방식을 벗어날 포스트모던 전략들을 다양하게 살펴보았다. 우리는 루벤슈타인이 우리에게 깨어나 이 세계의 경이에 대해 깨어 있으라고 요청한 것에서 시작해서, 낸시의 주장, "즉 '하느님'은 모든 존재들 사이의 관계를 뜻하는 하나의 이름이며, 따라서 가장 강력한 의미에서 이 세계를 뜻하는 이름이다"11)라는 주장을 살펴보았다. 이제 우리는 매켄드릭을 살펴볼 것인데, 그는 아우구스티누스와 같은 선상에서 "세계는 신의 유혹에 대한 신호"임을 말한다. 우리는 여기서 이 세계에 대해 깨어나는 것에서부터 이 세계를 하느님의 신호, 성사(성례전), 상징으로 보는 것으로 전진하고 있음을 볼 수 있다. 초월은 사라지지 않았다(초월에 대한 초자연주의적 해석은 사라졌다). 초월은 이제 이 세계 안에 뿌리를 내렸고, 육화되었으며, 우리는 이 세계 안에 넌지시 드러난 초월을 "읽어내도록" 요청받고 있다.

---

9) Nancy, 62.
10) Karmen MacKendrick, *Divine Enticement: Theological Seductions* (New York: Fordham University Press, 2013), 138.
11) MacKendrick, 30.

매켄드릭은 아우구스티누스의 ≪고백록≫(*Confession*)에서 자신이 지지하는 "주의를 기울이기" 형태를 본다. 그것은 고전적 가톨릭의 성사(성례전)적 관점으로서, 이 세계는 그 모든 사랑스러운 존재들의 형태 속에 신의 유혹으로 가득한 풍성한 세계라는 관점이다. 아우구스티누스는 "그러나 어떤 의미에서 나는 하느님을 사랑할 때, 빛, 멜로디, 향내, 음식, 포옹을 사랑한다. 영혼 속의 그 빛, 목소리, 향기, 음식, 포옹을 사랑하는 것은 어떤 장소도 전부 담을 수 없는 그 빛이 내 영혼에 비칠 때, 그 목소리를 어느 시간도 나에게서 빼앗지 못하고, 어느 바람결도 흩어버리지 못하는 향기를 숨 쉬고, 먹는다고 해서 줄어들지 않는 음식을 내가 먹고, 결코 채워지지 않는 포옹의 충만감 속에서 나는 사랑한다. 이것이 내가 나의 하느님을 사랑할 때 내가 사랑하는 것이다"[12]라고 말했다. 세계는 그 아름다움을 통해 그 창조주의 이름을 부르는데, 단순하거나 직접적인 방법이 아니라 유혹하는 신호들을 통해서다. 이런 신호들의 네트워크를 통해서, 우리는 하느님이 세계 "안에," 그리고 "사방에" 계심을 느낀다. 이런 감각은 우리를 세계로부터 끌어내는 것이 아니라 더욱 완전히 세계 속으로 이끄는 부르심에 대한 인식이다. 아우구스티누스의 신학이 중요한 것은 세계라는 서로 얽힌 구조 안에서 하느님을 보기 때문이다. 하느님이 세계 안에 "정확히 우리의 질문들, 우리의 탐구, 우리의 기쁨을 영원히 초대하시는 분으로서 '거하신다.'"[13] 말씀이 육신

---

12) Augustine, *The Confessions of St. Augustine*, bks. 1-10, trans, F. J. Sheed (New York: Sheed & Ward, 1943), 176-77. 선한용 역, ≪성 어거스틴의 고백록≫, 대한기독교서회, 2019.
13) MacKendrick, *Divine Enticement*, 8.

이 되시는데, 단지 말이 육신이 되는 것이 아니라, 신학은 "유혹적 인식론," 즉 심지어 음식과 섹스까지 포용하는 종류의 앎이다. 아우구스티누스의 신호들의 세계는 메마르고 지적이며 영적이며 협소한 세계가 아니라, 우리가 상상할 수 있는 가장 충만하며 무르익고 풍성하며 매우 유혹적인 세계다. 매켄드릭은 "세계를 하느님이 쓰신 대로 읽는다는 의미는 그 읽는 독자가 신적인 욕망이 끌어당기는 힘(취소할 수 있는 힘)에 끌려간다는 뜻이다"[14]라고 주장한다. 하느님은 제안하시고, 우리는 응답한다. 하느님과 세계의 관계를 이처럼 이해하는 것은 세상의 모든 특수한 것들(가장 미천한 민달팽이를 포함해서)을 통해서 우리가 깨어나고, 주의를 기울이고, 세계 안에서 하느님을 읽어내도록 우리를 끊임없이 초청하시는 하느님을 믿는다는 점에서 강한 힘이 있다. 왜냐하면 하느님은 세계 안에 계시며, 더 좋게 표현하자면, 세계는 하느님 안에 있다.

　우리는 인간이 세계 "안에" 있다는 티모시 모턴의 주장에서부터 상당히 먼 길을 걸어, 매켄드릭이 아우구스티누스와 같은 선상에서 세계는 하느님 안에 있다는 주장까지 살펴보았다. 우리는 모더니즘의 초자연주의적이며 이원론적인 세계를 떠나서, 그 대신 하나의 세계로 바꾸었다. 그 하나의 세계는 하느님의 한 신호인 세계다. 그러나 포스트모더니즘은 단순히 아우구스티누스의 성사(성례전)주의로 되돌아간 것이 아니다. 사실상 다른 포스트모던 사상가들은 양자 이론에 영향을 받아 이제까지 우리가 살펴본 것보다 훨씬 철저하게 인

---

14) MacKendrick, 7.

간이 세계 안에 뿌리내고 있다고 주장한다.

나무들과 이야기하기

우리가 자연 "안에" 서 있다는 우리의 새로운 위치와 함께 자연의 다른 모든 요소들을 받아들이면, 우리는 "나무들과 더 가깝게" 느끼는 것이 당연하다. 사실상 우리가 "나무들과 이야기할" 수 있을 정도로 충분히 가깝게 느낀다. 이것이 생뚱맞다(또는 유치하다)고 생각되지 않는다면, 당신은 이미 포스트모더니즘에 전형적인 "앎"과 "행동" 속으로 크게 도약한 것이다. 이런 입장을 멋지게 실천하는 이들이 있다. 나는 특히 리처드 넬슨의 ≪내 안에 있는 섬≫(*The Island Within*)과 제인 베넷의 ≪소로의 자연≫(*Thoreau's Nature*)를 추천한다. 티모시 모턴의 "생태 사상"이 인간 대 자연에 관한 것이 아니라, 인간을 포함해서 모든 생명체들의 철저한 상호의존성에 관한 것임을 주의깊게 살펴보고, 또한 캐런 바라드가 주체 대 객체 이분법을 포함해서 모든 이원론을 해체하는 것을 파악한 후, 이제 우리는 당황하지 않은 채 "나무와 이야기할" 수 있게 되었을 것이다. 우리는 이제까지 새로운 세계관의 개념적 부분에 초점을 맞추었다. 이제 우리는 그 새로운 세계관이 어떻게 느껴지는지를 물을 수 있다. 예를 들어, 우리는 생명주의(biocracy)가 나무, 산, 새, 심지어 민달팽이에게조차 살아갈 "권리"와 번창할 "권리"를 주는 지구적 정부의 올바른 형태라고 상상할 수 있는가? 우리가 정말로 다른 모두를 포함시킬 수 있는가?

도대체 세계는 누구의 것인가?

우리가 포스트모더니즘에서 주목했던 가장 중요한 통찰력 가운데 하나는 세계가 살아 있다는 주장이다. 따라서 우리는 철저하게 변화해야만 한다. 우리는 더 이상 세계가 우리들만 살아 있는 주체이며, 우리 이외의 나머지 모든 것은 우리가 사용할 객체로서 구성된 것이라고 생각해서는 안 된다. 이제 우리는 세계를 구성하는 많은 주체들과 우리가 서로 다른 방식으로 관계를 맺고 있음을 인식해야만 한다. 모든 생명체들과 관계를 맺고 있다고 인식하는 것은 이런 많은 타자들과 관계를 맺는 서로 다른 기술들을 배우는 일이다. 가장 중요한 변화 가운데 하나는 그 다른 생명체들에 대해 서로 다르게 "느끼는" 일이다.

스테파니 카자(Stephanie Kaza)는 그녀의 책 ≪경청하는 가슴≫(*The Attentive Heart*)에서, 우리가 선(Zen) 형태의 명상을 하면서 나무를 상징이나 자원이 아니라 "당신"(마틴 부버의 표현처럼)으로 바라볼 것을 제안한다. 이것은 나무를 나-당신 관계의 한 당사자로 볼 수 있다는 뜻이다. 나무들에 "관해" 말하는 것이 아니라 이 타자들과 "더불어" 말하고 또한 이 타자들"에게" 말한다는 뜻이다. 어떻게 이런 일이 가능한가? 티모시 모턴이 비판하는 것처럼, 우리가 이 타자들을 우리 자신의 에고 속에서 "소비하는" 낭만적 소비주의에 빠져들지 않은 채, 이런 일이 어떻게 가능한가?

카자는 "그냥 앉아 있는" 일, 타자로서의 나무와 더불어 현존하는 수행을 요청한다. 나무들에 대한 그녀의 입장이 분명히 드러나는 것은 그 책의 첫 문장의 문법 구조를 통해서다. "처음 나무를 알게 만든 것은 내가 아이였을 때 뒤뜰에 있던 큰 사과나무였다."15) 나무가 관계를 주도했음을 주목하라. 즉 나무가 그녀를 알게 만들었다. 카자는 또 나무들을 자신의 "매일의 동무들"이라고 말한다. 그녀는 자신의 학생들이 "환경이 모든 것임을 깨닫게 되었다. 환경은 단지 우리가 사는 곳이 아니다. 환경은 우리가 살아 있는 이유 자체다."16)

이것이 우리에게 필요한 변혁이며, 우리의 새로운 과학이 우리의 실재에 대해 말해주는 것이다. 즉 "자연"이 없다면 우리는 존재할 수조차 없을 것이라는 점이다. 그러나 나무와 우리의 관계를 감상적인 방식으로 이해하지 않는 것이 중요하다. 우리는 단지 "나무를 껴안는 사람들"이 아니다. 비록 나무들과 다른 동물들을 "매일의 동무들"로 생각하는 어린이들의 본능을 깊이 이해하는 것이 훌륭한 출발점이기는 하지만 말이다. 도대체 왜 어린이들을 위한 훌륭한 책들은 거의 모두 동물들에 관한 책인가? 어린이들이 다른 사람들보다 동물들과 더 편안하게 느끼는 것이 "자연적이기" 때문인가? 그 이유가 무엇이든 간에, 우리들 대부분은 이처럼 다른 생명체들과 동일시하는 감각을 잃어버렸다(그리고 우리의 문화는 그런 동일시를 "유치한" 태도라고 치부하도록 조장한다). 우리는 카자가 요청한 것처럼, "나무들과 서로 존경하는 관계"를 발전시킬 필요가 있다. 이런 실천에서 중요한 단계들은 다음과 같다.

---

15) Stephanie Kaza, *The Attentive Heart: Conversations with Trees*, ill. Davis TeSelle (New York: Ballantine, 1993), 3.
16) Kaza, 7.

1. 첫 번째 단계는 사물들을 그 자체로 인식하는 단계다. 산은 산이며, 나무는 나무다. 이 산이며, 이 나무다. 타고난 가치와 특수한 특징을 지닌 타자로 이해하는 심미적 순간이 첫 단계다. 창세기에서 하느님이 자연 속에 각 피조물을 만드신 후에 그것이 좋다고, 너(인간)를 위해 좋은 것이 아니며 심지어 나(하느님)를 위해 좋은 것이 아니라, 그냥 좋다고 말씀하신 것과 비교해보라.
2. 두 번째 단계는 특정한 나무들의 삶을 더욱 깊이 들여다보는 단계다. 그 나무들이 인간 활동에 의해 희생자가 된 것과 동시에 인간의 활동을 형성하는 점을 파악하는 단계다. 구체적일 필요가 있다. 훌륭한 자연주의자는 특정한 나무의 습성에 대해 여러 페이지에 걸쳐 세부적으로 깊이 묘사할 수 있다(예를 들어, 존 뮈르의 기록들이 그렇다).
3. 세 번째 단계는 나무와 인간 사이의 얽힌 관계, 즉 두려움, 죽임, 고난의 이야기들을 담아 "절망, 탐욕, 그리고 무력감"의 파도 속에 격정적으로 표현하는 단계다. 우리의 경청하는 마음을 더욱 깊이 실천하기 위해 진화의 통찰들과 우리가 육신으로 이루어진 몸을 갖고 있다는 것, 심지어 나무들 역시 살아 있는 물질로 만들어진 몸(우리의 몸과 다른 몸)을 갖고 있다는 것을 음미할 필요가 있다.
4. 마지막 단계로서, 이 모든 단계의 절정은 더욱 크고 깊은 내적인 의식과 나무들을 음미함으로써 현재 지구의 나무들이 끔찍하게 파괴되는 시대에 나무들과 관련하여 더 나은 결정을 내리는 단계다. 목표는 우리의 "매일의 동무들"인 나무들과 더 깊이 대화를 나

누는 것이다.

포스트모던 사상가들의 다양한 통찰의 도움을 받아서 우리는 이 세계 안에서의 우리 자신에 대한 과거의 생각들에서 벗어나 새롭게 방향을 설정하려고 노력하는 중이다. 이처럼 생각을 바꾸는 작업이 쉽지 않은 것은 당연하다. 이 작업이 항상 좋게 느껴지는 것은 아니다. 모턴이 말한 것처럼, "의식은 골 때리는 것이다." 우리는 안락한 것을 포기하도록 요청받고 있다. 우리가 세계의 중심이며, 따라서 우리가 사태를 책임지고 있다고 우쭐하게 만드는 생각 대신에, 우리가 세계의 중심이 아닐 뿐 아니라 모든 피조물 가운데 가장 의존적이며 취약한 존재들이라고 생각하도록 요청받고 있다. 다른 한편으로는 이런 관점과 이런 실천이 우리에게 살아 있는 세계를 열어준다. 그것은 멋지고 다양한 삶을 살아가는 주체들로 가득한 세계다. 현재는 우리만 유일한 주체로서, 죽은 것처럼 보이는 세계에서 우리는 외롭게 살아간다. 우리는 지루하고 소비지향적인 세계에서 살아가는 것을 끝내도록 요청받고 있다. 그런 생활 대신에 흥미진진하고 살아 있는 세계, 우리의 상상을 넘는 의도, 행태, 선물을 지닌 다른 주체들로 가득한 세계를 살아갈 것을 요청받고 있는 것이다. 우리는 정말로 우리 이외의 세계의 나머지 것들과 더불어 살도록 초대받고 있다. 우리가 이런 초대를 받아들일 것인가?

4장

친구 하느님과 세상의 친구들인 우리들

　우리가 자기 비움의 본성과 넓이를 더욱 깊이 성찰하면서, 우리는 그것이 단지 실재를 아는 한 방식일 뿐 아니라 그것을 살아내는 한 방식이기도 하다는 주장을 깨닫게 되었다. 어떤 비판자들이 논평한 것처럼, "자기 비움이 실재의 궁극적 성격과 어떤 식으로든 조화를 이룰 때만 비로소 자기 비움이 결코 어리석음이 아닌 것으로 간주될 수 있다."1) 우리는 자기 비움이 나눔, 주고받음 같은 개념들과 비슷하다는 점에서 진화 과학과 일치하며, 또한 새로운 생명은 타자들의 죽음을 통해서만 가능하다는 큰 진실과 일치한다는 것을 지적했다. 마찬가지로 자기 비움은 그리스도교 신학의 중심과도 일치한다. 즉 삼위일체 안에서 끊임없이 한 "인격"으로부터 받고 또한 다른 "인격"에게 주는 행동과도 일치한다. 이제까지 과학과 종교 모두에게 결정적인 입장, 보다 정확하게는 진화 과학과 자기 비움의 그리스도교에 결정적인 입장을 확립한 후, 우리는 이제 자기 비움에 대한

---

1) Nancy Murphy and George F. R. Ellis, *On the Moral Nature of the Universe* (Minneapolis: Fortress, 1996), 174.

이해를 더욱 깊게 하기 위해, 하느님을 친구로 생각하는 모델이 지금과 같은 기후비상사태 시대에 하느님의 행동을 설명하기에 적절하다고 주장하려 한다. 우리는 이것을 예증하기 위해서 아서 맥길(Arthur C. McGill)과 리차드 카니(Richard Kearney)가 제시한 우정의 자기 비움 신학(kenotic theologies of friendship)을 간단히 살펴볼 것인데, 이 두 신학자 모두 기후비상사태와 관련성이 있다.

자기 비움과 친구 하느님 모델

하느님과 세계의 관계를 표현하는 가장 중심적이며 강력한 관계적 모델들 중에서, "친구" 모델은 가장 풍부하며 매우 많은 것을 암시하는 모델이다. 이런 주장이 매우 이상하게 들리는 이유는 부모나 연인과 비교할 때, 친구는 생물학적 연결성이 없기 때문이다. C. S. 루이스가 주장한 것처럼, "그것[생물학적 연결성]이 생존할 가치를 주는 것 중 하나다."[2] 아리스토텔레스 이래로, 많은 사람이 그의 말, 즉 "다른 모든 선한 것들을 지녔다 하더라도 친구들이 없다면 아무도 살기로 선택하지 않을 것이다"[3]라는 말에 동의했다. 그러나 친구가 부모와 연인보다 우세한 이유는 손등으로 치면서 말해주는 이상한 칭찬 때문이다. 루이스는 우리가 하느님을 아버지나 남편으로 부르는 데 주저할 필요가 없는 이유는 "오직 정신이상자만 그런 모델

---

2) C. S. Lewis, *The Four Loves: The Much Beloved Exploration of the Nature of Love* (New York: Harvest, 1960), 103.
3) Aristotle, *Nicomachean Ethics*, ed. and trans. John Warrington (London: J. M. Dent & Sons, 1963), 1155a.

을 문자적으로 받아들일 것이기 때문이다. 그러나 만일 우정을 이런 목적으로 사용한다면, 우리는 상징을 그 상징화된 사물과 착각하게 될 것이다."4) 다시 말해서, "친구"는 하느님을 뜻하는 매우 적절한 은유이기 때문에 묘사로 오해될 수 있을 정도다.

따라서 세상에 대한 하느님의 사랑과 또한 그 사랑에 대한 우리의 응답을 표현하는 강력한 후보로서, 친구는 칸트가 주장한 것처럼 애정과 존경으로 이루어져 있어서, 인간의 모든 사랑 가운데 "가장 자유롭고 가장 상호적이며, 가장 어른답고, 가장 기쁘며, 가장 포용하는 관계다. 우정은 절친으로부터 파트너에 이르기까지, 단지 우리의 사적인 즐거움만을 위해서가 아니라 우리의 공적 삶의 행동을 위해서도 새로운 감수성을 갖는 데 최고로 적합한 것임을 드러낸다."5)

칸트가 주장한 친구 사이의 애정과 존경은, 부모의 사랑이 갖는 강렬함과 잠재적 개인주의와 큰 차이가 있음을 보여준다. 부모의 눈은 항상 아이에게 고정되어 있다. 또한 연인들의 눈은 항상 상대방을 바라보는 데 사로잡혀 있다. 그러나 우정 모델은 하느님이 세상과 그 모든 피조물을 미학적으로 사랑하심을 암시한다. 즉 그 모든 피조물의 독특성을 깊이 이해하시면서 사랑하신다. 우정은 사랑 가운데 가장 순수하며 "사심이 없는" 사랑으로서, 각각의 생명체 자체의 진가를 이해하며, 그 다양성과 특수성이 세계에 무엇을 공헌하는지를 이해하는 사랑이다. 마찬가지로 친구 모델을 통해, 우리가 하느님을 사

---

4) Lewis, *Four Loves*, 124.
5) Sallie McFague, *Models of God: Theology for an Ecological, Nuclear Age* (Minneapolis: Fortress, 1987), 178.

랑하도록 부름받는 이유는 하느님이 하느님이시며 또한 우리의 사랑과 사실상 우리의 찬미를 받으실 가치가 충분하신 분이기 때문이다.

신약성서에는 친구 모델이 두 군데 나온다. 마태오복음 11:19에는 예수가 "세리와 죄인의 친구"로 나오며, 요한복음 15:12-15에는 예수가 제자들에게 그들이 더 이상 종이 아니라 친구라고 말씀하시면서, "친구를 위하여 제 목숨을 바치는 것보다 더 큰 사랑은 없다"고 가르치신다. 여기서 우리는 자기 비움의 주제를 분명하게 보는데, 제자직의 삶의 열쇠로서, 타자들을 위해 희생하는 친구들이 되도록 요청하기 때문이다. 또한 여기서 우리는 친구들이 세계 현실을 직시하고 공동의 목표(지구의 안녕이 그런 목표임이 분명하다)를 향해 앞으로 나아가도록 부름받고 있다는 사실도 분명히 볼 수 있다. 부모는 아기를 바라보며, 연인은 서로를 쳐다보지만, 친구는 손을 맞잡고 공동을 목표로 연대하여 앞으로 나아간다. 여기서 우리는 포용성과 공적인 관심 모두가 크게 강조되는 것을 본다. 즉 우리는 누구와도 친구가 될 수 있다. 심지어 산, 도서관, 정원, 조직과도 친구가 될 수 있다. 우정은 배타적인 것(나의 절친)으로 볼 수도 있지만, 성별, 젠더, 피부색, 국적, 장애, 재산, 가난 여부와 상관없이 연대할 수 있는 사람들도 가리킬 수 있다.

우정은 오랫동안 세속 문학에서 박수갈채를 보냈던 것이지만, 그리스도인들에게는 우정이 삼위일체 모델에서 중심이라는 점에서 특히 중요하다. 시몬 베유가 표현한 것처럼, "순수한 우정은 삼위일체에게 속한 원래의 완벽한 우정의 이미지이며, 하느님의 본질 자체다."6) 우정을 매우 충분하게 표현한 것은 삼위일체에 대한 동방교회의 해석이다. 삼위일체에 대한 서방교회의 개인주의적 본체 해석 대신에 동방교회의 삼위일체 사이의 댄스와 같은 관계적 관점은 자기 비움을 잘 예시하며 표현해준다. 서방교회의 관점은 철저한 유일신론(따라서 하느님의 형상으로 지음받은 우리들 자신에게 반영된 개인주의 역시)을 강조하지만, 그와 달리 동방교회의 관점은 세 "인격"을 강조함으로써 우리로 하여금 하느님을 정적인 본체가 아니라 끊임없이 주고받는 활동으로 이해하도록 돕는다. 이런 삼위일체 이해에서는 존재하는 것과 관계를 맺는 것이 동일하게 되며, 따라서 삼위일체를 떠나서는 하느님이 없으며, 하느님의 성격은 사랑 안에서 끊임없이 주고받는 행위임을 드러낸다.

자기 비움은 우정 모델을 통해 가장 잘 표현될 뿐 아니라, 그 전형적인 제의(ritual)는 밥상 친교(table fellowship), 모두가 기본 생필품(식량 등)을 나누는 것임을 보여준다. 예수를 왕으로 본 과거 이야기에서 성만찬(성찬례)은 속죄에 대한 대속 이론(예수 안의 하느님이 우리의 죄를 지심으로써 우리를 위해 영생을 얻게 하신다)에 적합하지만, 여기서는 빵과 포도주가 "동무들"("빵과 함께"를 뜻한다)이 하는 일을 상징한다. 그는 지구와 그 모든 피조물의 안녕을 위해 함께 일하는 데서 자신들의 에너지를 새롭게 하기 위해 함께 식사를 나눈다. 우정의 연대와 그 포용성과 환대는 십자가와 부활에 대한 자기

---

6) Simon Weil, *Waiting for God*, trans. Emma Craufurd (New York: Harper & Row, 1951), 208. 이세진 역, ≪신을 기다리며≫, 이제이북스, 2015.

비움의 관점에서 잘 표현되는데, 위르겐 몰트만은 그것을 이렇게 말했다. "하느님 나라에서 먹고 마시는 것이 바로 부활한 자들이 친구를 맺은 모두와 더불어 예상하는 것이다."7) 오늘날과 같은 기후비상사태와 그것과 함께 초래된 극단적인 불평등의 시대에 기본적 자원을 서로 나누는 것을 자기 비움의 행동으로 보는 것은 우리들에게 가장 중요한 헌신이다. 그것은 지구의 자원을 불공평하게 많이 소유한 사람들에게 진지한 희생적 행동을 하도록 요청하는 것이다. 그것은 아마도 우리 앞에 놓여 있는 가장 진지한 행동 요청일 것이다.

기후비상사태는 우정의 또 다른 성격을 필요로 한다. 즉 하느님과 세계에 대한 모든 모델들 가운데 가장 어른다운 모델을 필요로 한다는 말이다. 하느님을 아버지로 보는 모델은 그리스도인들이 좋아하는 모델 가운데 하나로서, 우리를 영원히 "자녀들"로 남아 있도록 만들어, 기껏해야 우리의 전능한 아버지에 대해 감사하게 만들지만, 우리가 지구의 번창을 위해 공헌할 것이 별로 없도록 만든다. 심지어 하느님에 대한 제국적 모델(주님, 왕, 주인 등)은 우리의 복종을 요구하지만, 우리가 지구의 자원을 나누기로 **결정할** 수 있는 유일한 생명체라는 점에서 마땅히 우리의 책임인 것을 우리에게서 박탈한다. 요약하자면, 하느님과 세계 사이의 우정 모델은 우리 시대에 필요한 하느님과 인간 사이의 관계에 대한 어른다운 성격을 강조한다는 점에서 특히 강력하며 적절하다. 우리가 예수의 친구라고 불린다는 요한복음의 말씀은 우리가 그를 선택한 것이 아니라 그가 우리

---

7) Moltmann, *Crucified God*, 73.

를 종이 아니라 친구로 사랑하는 것처럼 우리도 서로 사랑하게 선택하심으로써, 그가 우리를 위해 자신의 목숨을 바친 것처럼 우리도 서로를 위해 목숨을 바치도록 하신 것임을 뜻한다(요한 15:12-16).

하느님을 일차적으로 친구의 모델로 보아 분석한 것은 현재와 같은 기후비상사태 시대에 하느님과 세계 사이의 관계의 특성(포용, 애정, 존경, 자기희생, 파트너십의 특성)을 표현하는 모델로 분석한 것으로서, 이를 통해 우리가 나아갈 방향을 볼 수 있다. 그 "방향"은 "어른다움"을 향한 방향이다. 즉 우리 자신의 삶과 지구의 상태를 가장 진지하게 고려하는 것이다. 우리가 이제 살펴볼 두 개의 신학은 모두 "어른"의 신학이다. 즉 그 신학들은 우리 인간이 역사의 무대에 올라가, 현재 가장 강력한 생명체 종자이며, 또한 다른 방식으로 살 것을 결정할 수 있는 유일한 존재로서 우리의 역할을 감당할 것을 요구한다. 이 신학들에서는 하느님이 우리로 하여금 어른들로서 기후비상사태의 원인과 응답 모두를 다룰 수 있는 역할을 감당하도록 부르신다. 우리는 더 이상 아이들처럼 "아빠"를 바라보면서 우리의 행동의 결과들로부터 우리를 구원하거나 보호해주시기를 기다릴 수 없다. 그러나 이것은 우리가 지구의 문제를 우리 힘으로 해결하도록 남겨졌다는 뜻이 아니다. 그와 반대로, 하느님은 우리 인간을 "친구"로 부르시는데, 이것은 분명히 하느님과 우리들 자신 모두에 대해 전혀 예상하지 못했던 놀라운 은유다. 우리가 지적한 것처럼, 우정은 타자에 대한 "사심없는" 애정과 존경을 함축하며, 그 타자가 우리의 필요나 욕망과 상관없이 존재할 타고난 권리를 인정하는 것이다. 따라서 우정 관계의 기초는 타자의 "안녕"인데, 심지어 어느 정도 자신을 희생하면서도 타자를 위하는 것이다. 따라서 타자를 위한 희생적 사랑으로 그리스도교를 해석하는 자기 비움의 해석은 오늘날과 같은 기후비상사태 시대에 절실히 필요한 친구와 동역자라는 "강력한" 어른들의 모델일 수 있다. 물론 자기 비움의 그리스도교에 명백한 종류의 "능력"은 타자를 위한 희생적 사랑이며, 이것은 전통적 그리스도교에서의 일방적이며 통제하는 능력과는 매우 다른 모델이다. 아서 맥길의 "가난의 삶"(life by poverty)과 리차드 카니의 "신 이후의 신"(God after God)은 연약함의 신기한 "능력"의 사례들로서, 십자가에서 죽은 예수의 "자기 비움의 사랑" 속에 요약된 능력이다.

소유의 삶 또는 가난의 삶

아서 맥길은 하버드대학교 신학자로서 회중교회 소속인데, 20세기 중반에 잠시 탁월한 경력을 가졌다. 그는 젊어서 죽었지만 많은 추종자들이 있었다. 그는 기후비상사태 시대를 위해 그리스도교의 복음을 실행가능하도록 해석하는 우리의 주제에서 중요한 신학자다. 그는 자기 비움 신학의 핵심을 유창하고 강력한 언어로 풀어냈다. 몇몇 논평가들은 독자들이 맥길의 글을 읽을 때 맞게 될 위험성을 말한다. 예컨대, 그의 첫 마디는 "당신의 죽음이 당신의 인생에서 정말로 당신의 유일한 것임을 생각해본 적이 있는가?"[8] 하는 것이다. 또

---

[8] Arthus C. McGill, *Sermons of Arthur C. McGill: Theological Fascinations*, ed. David Cain (Eugnen, OR: Cascade, 2007), 1:100.

다른 글에서 그는 이것을 더 확대시켜서 "나의 죽음은 나 자신의 개인적 전기의 절정 사건이다"9)라고 말한다. 도대체 왜 이처럼 죽음에 초점을 맞추는가? 첫째로, 단순한 이유는 죽음이 인간의 지평에서, 또한 우리가 아는 것 중에서 가장 무서운 사건이며, 우리는 자신의 죽음을 알면서 살아가는 유일한 피조물이기 때문이다. 대부분 종교는 죽음에 관한 이런 인간의 질문에 대답하려는 시도이며, 사실상 그리스도교의 일반적 버전은 직접적 대답을 준다. 즉 예수가 모든 인간의 죄에 대한 책임을 지시고 십자가에서 대속을 이루심으로써 우리에게 "영생"을 보증하셨다는 대답이다.

그러나 맥길은 우리로 하여금 그렇게 쉽게 빠져나가지 못하게 한다. 그는 우리가 두 가지 생활방식, 즉 소유의 삶(living by possession)과 가난의 삶(living by poverty)에 직면해 있다고 주장한다. 즉 "우리 자신에 의존하는" 삶이냐, 아니면 하느님과 타자들에 전적으로 의존하는 삶이냐에 직면해 있다고 가르친다. "가난의" 삶은 "하느님과 타자들에 전적으로 의존하는" 삶으로서, 이런 삶이 우정에 대한 탁월한 묘사인 것은 요한복음 15:12-13의 말씀("내가 너희를 사랑한 것처럼 너희도 서로 사랑하여라. 이것이 나의 계명이다. 친구를 위하여 제 목숨을 바치는 것보다 더 큰 사랑은 없다.")에 근거한다. 이 구절에서는 하느님의 사랑과 인간의 사랑 모두를 우정으로 묘사한다. 즉 우리가 거짓된 소유의 삶(죄)을 포기하지 않으면, 우리는 결코 진정한 삶, 즉 하느님과 타자들로부터 주어지는 생명을 경험하지

---

9) Arthur C. McGill, *The Uncertain Center: Essays of Arthur C. McGill*, ed. Kent Dunnington (Eugene, OR: Cascade, 2015), 149.

못할 것이다. 또한 "하느님의 생명"은 삼위일체로서, 서로 간에 희생하는 사랑과 끊임없는 사랑의 행동을 통해 별들을 운행하시며 우리의 지구 행성과 우리 자신의 삶을 인도하신다. 따라서 맥길의 주장에는 놀라운 뒤틀림이 있다. 맥길은 "죽음은 생명을 타자들에게 소통하는 절차다"10)라고 주장하기 때문이다. 진화론에서 새로운 생명이 타자들의 죽음 위에 형성되는 것과 비슷한 방식으로, 우리에게 자기 비움(자기를 희생하는 삶)은 진정한 생명의 길로서, 우리 자신과 타자들 모두에게 진정한 생명의 길이다. 이처럼 삼위일체와 진화에서 자기 비움 곧 자기를 희생하는 사랑의 비슷한 패턴이 중심적이다.

그러나 맥길은 죽음을 생물학적 의미에서 말하지 않는다. 오히려 그는 우리가 우리 스스로를 구원하려는 끊임없는 시도, 우리 자신의 능력으로 살려는 시도에 대해 죽기를 요청한다. 그가 관심을 쏟는 죽음은 이것이다. 즉 "예수는 죽지 않는다. 정말이다. 예수는 우리를 양육하기 위해 자신의 목숨을 내려놓는다. … 따라서 우리가 이미 받은 목숨을 내려놓는 일, 타자들 안에서 생명이 태어나도록 우리의 목숨을 내려놓은 일은 완전히 없어진다는 의미에서 죽는 것이 아니라, 생명을 창출한다는 의미에서 죽는 것이다."11) 다시 말해서, 예수와 그의 제자들은 단순히 여분이 남아서 내어놓은 것이 아니라 철저히 자신들의 골수까지 내어준 것임이 분명하다. 우리가 생명을 주는 것이며, 진화에 따르면 밀알 하나는 타자들을 양육하기 전에, 자신이

---

10) McGill, *Sermons*, 1:78.
11) Arthur C. McGill, *Death and Life: An American Theology*, ed. Charles A. Wilson and Per M. Anderson (Eugene, OR: Wipf & Stock, 1987), 75.

죽어야 한다. 우리는 변해야만, 새로운 정체성을 얻게 되는데, 우리가 지금 갖고 있는 정체성이 아니라, 주고받으며 결코 독립적이지 않은 우주적 패턴에서 생겨나는 새로운 정체성을 얻게 된다. 우리는 하느님과 타자들로부터 우리가 진정한 삶에 필요한 양분을 받아야만 우리의 "황홀한 정체성"을 얻는데, 이것은 타자들로부터 받는 정체성이다. 이것이 실재에 대한 철저하게 관계적 이해라는 점은 말할 필요조차 없다. 즉 실재가 작동하는 방식은 나누고, 받고 주며, 죽고 새로 태어나는 것이다. 사실상 "내가 존재하는" 것은 "당신이 존재하기" 때문이며, 또한 이것은 우주 안의 모두 "당신의 것"을 뜻한다. 따라서 "이웃을 사랑하는 것"은 단지 멋진 종교적 가르침이 아니라 실재가 작동하는 방식이다.

따라서 그리스도교의 이 이야기에서 예수는 "모든 걸 하시지 않는다." 오히려 모든 차원에서, 그러나 서로 다른 방식들로, 죽음에 의존하는 새로운 생명의 패턴이 유지된다. 그렇기 때문에, 우리는 결코 우리 자신의 소유(재산, 명성, 또는 권력)에 의해서 "우리 자신의 힘으로" 살아갈 것을 바랄 수 없다. 오히려 우리는 우리의 가난, 우리의 궁핍함을 받아들여야 하며, 또한 우리가 다른 존재들을 먹여야 하듯이, 다른 존재들도 우리를 먹이도록 해야 한다. 다시 말해서, 우리는 모두가 어른들이며, 서로 우정을 맺고 있어서 깊고 희생적 차원에서 주고받는 관계임을 받아들여야 한다. 이것이 실재의 모든 차원에서 유지되는 관계인 것이다. 그러나 심리적으로는 우리가 이것을 좋아하지 않는다. 우리는 강해지고, (우리의 여분을) 타자들에게 "주는" 독립적인 존재이기를 원하지, 하느님과 타자들로부터 "받는" 곤궁하며 의존적인 존재들이 되기를 원하지 않는다. 맥길은 그리스도교 교회들이 사람들로 하여금 받아야만 하는 것보다는 오히려 줄 수 있는 것을 강조함으로써 사람들을 혼란스럽게 만들었다고 믿는다. "다시 말해서, 예수가 요청하는 것은 우리가 비이기적인 사람들이 되는 것이 아니라, 비우고, 궁핍하며, 우리 자신이 허약하게 되는 것이다."12) 맥길이 이 놀라운 뒤틀림을 가장 강력하게 표현한 것 가운데 하나는 그가 선한 사마리아인을 분석한 것이다. 우리들 대부분은 사마리아인과 동일시한다(그를 "선한" 사람이라고 부른 것은 그가 누군가를 위해 지나치게 선한 행동을 한 때문이다). 그러나 맥길은 그 비유를 올바로 해석하는 방식은 독자가 시궁창에 빠진 비참한 사람이며, 또한 예수는 거의 죽음에 이른 사람에게 생명을 주는 사마리아인이라고 주장한다.13)

　이것은 충격적이다. 그리스도인들은 서로 사랑하고, 자신의 관대함을 나누고, 타자들을 도와야 마땅한 게 아닌가? 맥길은 결론적으로는 그렇다고 말하지만, 우선 먼저, 우리가 재물, 명성, 선행 등을 통해 스스로를 구원하려는 노력을 포기해야만 한다고 가르친다. 그는 그런 사람들을 "청동 인간," 즉 성공과 청결, 건강과 아름다움, 영원한 젊음이라는 꿈의 세계에 사는 사람들이라고 부른다. 이런 사람들은 모든 것이 좋은 것처럼 가장한다. 맥길은 이런 사람들에 대해 "나는 그들이 자신들의 악몽, 야만성, 부패와 광기, 이 세상의 모든

---

12) McGill, *Sermons*, 1:37.
13) 예를 들어, McGill, *Death and Life*, 81 이하를 보라.

고난에 대한 슬픔을 어디에 지니고 있는지에 대해 상상할 수가 없다"14)고 말한다. 금메달을 따기 위해, 또는 최고의 사무실을 얻기 위해 서로 경쟁하는 개인들의 아메리칸 드림은 이런 삶의 방식의 달콤한 측면이다. 어두운 측면은 노년기에 나타난다. 자신의 "소유물"이 서서히 사라졌을 때다. 노년기는 가난이 자연스럽게 된다는 점에서 무소유의 한 교훈이다. 더 이상 전화가 걸려오는 일이 거의 없고, 자신의 외모는 쭈그러들고, 명성이 희미해진다. 맥길의 결론은 "오직 죽음에 이르러서야 비로소 소유에 의한 모든 인생 전략에서 벗어나 순수해진다"15)는 것이다.

가난의 축복은 가난이 공감을 불러일으키며, 모두가 "부족함"을 인식하게 만드는데, 이것이 자기 비움의 삶의 핵심이다. "만일 당신이 부족함을 부인하면, 당신은 서로에게 줄 수도 없고 받을 수도 없으며, 하느님으로부터도 받을 수 없다."16) 아래에 인용한 C. S. 루이스의 말은 받고 주는 패턴의 본질을 우주적 차원과 지구적 차원, 그리고 개인적 차원에서 벌어지는 "게임"을 통해 파악한다.

자아라는 황금사과는 거짓 신들에게 던져짐으로써 분쟁을 일으키는 사과가 되는데, 거짓 신들이 그걸 서로 뺏으려고 달려들기 때문이다. 거짓 신들은 거룩한 게임의 첫째 규칙을 몰랐는데, 그것은 모든 선수들이 수단 방법을 다 해서 그 공을 터치한 다음에는 즉시

---

14) McGill, 26.
15) McGill, *Uncertain Center*, 136.
16) McGill, *Death and Life*, 86.

넘겨주어야만 한다는 것이다. 공을 손에 들고 있는 것이 발견되면 잘못이다. 계속 붙잡고 있으면 죽음이다. 그러나 눈으로 쫓아가기에는 너무 빨리 공이 선수들 사이에서 날아다니자, 지존자 자신이 그 소란한 게임을 주도하시기로 하고, 당신 자신을 영원히 당신의 피조물들에게 주시고, 그 말씀의 희생을 통해 다시 당신 자신에게 돌아오게 하시자, 실제로 그 영원한 댄스가 "천국을 하모니와 더불어 졸음이 오는 것으로 만든다."17)

우리는 이제 우리의 새로운 삶, "황홀한" 정체성(우리가 자신들의 밖으로부터 받는 정체성) 속으로 더 깊이 들어갈 준비가 되어 있다. 맥길은 이렇게 말한다. "예수의 기이함은 그가 자신에게나 타인들 앞에서나 단순히 자신이 소유한 실재, 그 자신의 자아인 순간이 없기 때문에, 하느님을 인식하기 위해 특별히 주의를 기울일 필요가 있다는 사실에 있다. 예수는 자신을 아는 데서, 하느님의 활동이 자신의 존재 조건을 구성한다는 것을 알고 있다. 그는 결코 자신의 존재를 소유하지 않는다. 그는 계속해서 자신의 존재를 받고 있다."18) 여기서 맥길은 아우구스티누스와 비슷하다. 즉 자신을 아는 데서, 나는 하느님을 알며, 하느님도 나를 아신다. 우리는 끊임없이 하느님과 타자들로부터 우리 자신을 받고 있다. 맥길은 이렇게 계속한다. "우리는 사랑을 경험한다. … 우리가 이 사랑을 경험하는 것은 일차적으

---

17) C. S. Lewis, *The Problem of Pain* (London: Fontana, 1957), 141. 이종태 역, ≪고통의 문제≫, 홍성사, 2018.
18) Arthur C. McGill, *Dying unto Life: On New God, New Death, New Life*, ed. David Cain (Eugene, OR: Cascade, 2013), 63-64.

로 우리 자신을 경험하는 관점에서, 또한 우리 자신들 안에서 경험하는 관점에서다. 그리고 우리가 우리 자신을 거저 받은 즐겁고 계속적인 선물로 경험할 때, 우리는 … '감사하는 마음'으로 가득찬다. … 하느님은 나의 존재의 매 순간마다 끊임없이 나와 관계를 맺고 계신다. 나 자신 안에서(하느님의 사랑을 나 자신이 받으면서), 나는 감사함이 기본적이며 계속되는 감정이라고 느낀다."[19] 여기서 우리는 문제의 핵심에 도달했다. 즉 진정한 삶, 참된 삶은 우리 스스로 우리 자신의 관점에서 만들려고 노력하는 나르시시즘적인 삶이 아니라, 오히려 참된 삶은 우리가 매 순간마다 타자들로부터 받는 삶이다. 이것은 영적인 경험이 아니며, 틀에 박히지 않은 종교적 경험이 아니다. 오히려 이것은 우리의 평범한 삶에서 가장 기본적인 감사함이다. 맥길은 더 나아가 이렇게 말한다. "우리는 궁극적으로 하느님으로부터, 또한 즉각적으로는 세계로부터 받는다. 그리고 우리는 매일 아침마다 새롭게 받는다. 우리는 모든 것을, 즉 공기, 음식, 친구들, 세계를 새롭게 받는다. 내 생각에는 바로 이런 이유 때문에, 예수와 신약성서에서 감사함이 항상 기본적인 느낌인 것이다."[20]

여기서 맥길은 바울의 사상과 매우 비슷하다. 자기를 "소유한" 적이 없는 사람은 자기를 잃어버릴 것을 두려워할 필요가 없다. 이제 참된 자유가 가능하다. 자신을 구원하려는 부질없는 노력을 포기함으로써 자유롭게 자신을 내어줄 수 있게 되는 것은 우리들 각자가 (하느님을 포함해서) 타자들이 주는 선물 덕분에 살아가기 때문에

---

19) McGill, *Death and Life*, 51.
20) McGill, *Uncertain Center*, 112.

기쁘고 자유로울 수 있다. 그러나 자기 비움의 신학은 단지 받는 것에만 연관된 것이 아니다. 우리 인간 각자는 받고 주는 보편적 패턴(다른 모든 존재는 본능적으로 그렇게 한다) 안에서 살아갈 결정을 의식적으로 해야만 한다. 이것은 펫목의 가장자리에서 살아가는 것을 뜻한다. 아무도 결코 자신을 소유하지 못하며, 끊임없이 타자들로부터 생명을 받아야만 하기 때문이다. 맥길이 인정한 것처럼, 이것은 "충격적으로 비현실적인 교리"다. 우리는 생명을 얻기 위해 우리의 목숨을 내어줄 것을 요청받기 때문이다. 우리는 맥길이 선한 사마리아인의 비유를 해석한 것을 기억한다. 즉 그리스도가 요청하는 종류의 사랑은 "본질적으로 타자의 필요를 위해 자기를 내어주는 활동이다."21) 우리가 이런 활동을 끝없이 할 수는 없다. 그래서 맥길은 하느님이 항상 선한 사마리아인이며 우리는 시궁창에 빠진 곤경에 처한 자들이라고 해석한다.22) 맥길이 가리키는 것은 그리스도인의 삶이 단지 "그리스도를 본받는 것"이 아니라, 오히려 하느님 자신의 자기희생적 능력을 받음으로써 하느님 자신의 생명에 참여하는 것인데, 그 이유는 우리가 결코 우리 자신의 힘으로 "모든 이웃을 사랑할" 수는 없기 때문이다. 즉 "예수가 주시는 생명은 하느님 자신의 생명이라고 믿는다." 예수는 막강한 주님을 드러내지 않고, 자기를 내어주는 친구를 드러낸다. 맥길은 이렇게 설명한다. "한 사람이 하느님의 생명 안에서 서로 나누면, 그의 진정한 생명은 하느님을 찬미하는

---

21) Arthur C. McGill, *Suffering: A Test of Theological Method*, with a foreword by Paul Ramsey and William F. May (Eugene, OR: Wipf & Stock, 1982), 53, 55.
22) McGill, *Sermons*, 1:141 이하.

데 자신을 봉헌하는 행동에서 발견되며, 또한 그의 이웃을 섬기는 것을 통해 하느님께 순종하는 데서 발견된다. 십자가는 그런 찬미의 봉헌이 자아를 실제로 내려놓는 것과 관련됨을 보여준다. 그것은 자신의 소유를 내어주기(dispossession), 정체성의 상실과 관련된다."23)

만일 예수가 막강한 주님이 아니라 자기를 내어주는 사랑을 드러낸다면, 우리는 신들에 관해 말하는 것인가? 맥길은 이 질문을 보다 정확하게 정의하면서, "신들에 관한 질문은 힘(능력)에 관한 질문 이외에 다른 것이 아니다"라고 말한다. 보다 구체적으로 힘의 문제는 말 대 행동의 문제를 불러들인다. 맥길은 이렇게 말한다. "예수는 말하기 위해 온 것이 아니라 죽기 위해 왔다. 그것이 하느님의 말씀이다. 말하는 행동으로서가 아니라 자기를 내어주고 자기를 소통하는 행동으로서의 하느님 말씀이다. 왜냐하면 그 행동은 말이 결코 초래하지 못하는 것을 초래하기 때문이다. 그것은 우리가 몸을 지닌 존재임을 함축한다. 그것은 우리의 구체적인 실제 삶이 타자들의 생명 속에 있음을 함축한다."24) 힘에 대한 맥길의 이해는 화육적(성육신적)이다. 하느님의 능력이 연약함 속에 알려졌을 뿐 아니라(결국 그리스도인들에게 "하느님의 얼굴"은 비천한 떠돌이 목수이다), 새로운 삶을 살도록 초대하시는 하느님의 초대에 대한 우리의 응답도 몸으로 구체화된다. 맥길이 말하는 것처럼, "하느님이 힘(능력)을 정의하시지, 힘이 하느님을 정의하는 것이 아니다."25) 이것이 뜻하는 것은 우

---

23) McGill, 2:23, 95.
24) McGill, 1:92, 94 (강조는 저자의 것).
25) McGill, *Dying unto Life*, 145.

리가 새로운 삶에서의 능력을 이해하기 위해서는 예수의 이야기를 보아야만 한다는 것이다. 맥길은 "예수가 정상적 관점에서는 완전히 연약하게 보였기 때문에, 능력에 대한 우리의 모든 생각과 반대되는 충만한 능력을 보여주었다"26)고 말한다. 그 차이점은 지배하는 힘과 양육하는 힘 사이의 차이점이며, 또한 "**양육한다**"는 것은 일상적인 의미에서 먹인다는 뜻이다. 모든 점에서 화육론(incarnationalism)은 무엇보다 몸을 위한 음식을 뜻한다. 이것에는 낭만적이거나 영적인 것이 없고, 단지 말로만 하는 것도 없다. 오히려 그 중심은 **생명을 나누는 행동**이다. 그것은 행동이며, 또한 자기를 내어주는 것과 관련된 행동이며, 예수가 자신의 몸을 타자들에게 준 것처럼, 자신의 **몸을 주는** 행동이다. 맥길은 요약하면서, "나는 전능하신 양육자 하느님을 믿는다"27)고 말한다. "전능하신 양육자"("웅장한 유모"?)라는 말은 처음에 어리석게 보이는 말이지만, 분명히 지배적인 힘(권력)에 대한 모든 이해를 뒤집어엎는다. 얼마나 어색하며, 얼마나 뜬금없고, 얼마나 연약한가! 헨델의 "할렐루야 합창"에 나오는 하느님의 영광스러운 모든 특성("주님들 중의 주님이시며 왕들 중의 왕이신 하느님")에 도대체 무슨 일이 벌어진 것인가?

"전능하신 양육자"를 언급한 것은 맥길이 우리의 새로운 삶과 우리가 하느님께 완전히 의존되어 있음을 표현한 것에 대해 더욱 깊이 이해할 수 있게 한다. 그는 요한복음 6:56("내 살을 먹고 내 피를 마시는 사람은 내 안에서 살고 나도 그 안에서 산다")을 인용한 후에,

---

26) McGill, *Suffering*, 60.
27) McGill, *Dying unto Life*, 141.

이렇게 덧붙인다. "예수의 죽음은 본질적으로 또한 문자적으로 우리를 양육하는 사건이기 때문에, 그것은 먹고 마시는 것을 통해서만 표현될 수 있다."28) 얼마나 다행인가! 이것은 성만찬을 이해하기 위해서는 우리가 먼저 그 문자적 의미, 즉 그것이 친구들 사이의 양육하는 식사라는 의미를 보아야 한다고 주장한다. 예수의 "살"과 "피"에 대한 일반적 해석은 예수가 우리를 죄로부터 구원하기 위해 죄값이나 처벌을 겪은 것이 십자가를 대속으로 해석하는 기초라는 해석이다. 그러나 우리가 "살"과 "피"를 문자적으로(친구들 사이의 음식), 그리고 은유적으로(타자들에게 생명을 내어준) 해석하면 어떻겠는가? 이것은 그리스도교가 생명의 필수품(식량, 거처, 깨끗한 공기와 물, 교육 등)을 깊이 감사한다는 뜻이다. 우리는 항상 생명의 필수품을 나누는 친구들의 식탁을 유념해야 하며, 또한 자주 그 식탁으로 모여야 한다. 이것이 바로 그리스도교 화육론의 큰 그림이며 중심에 있는 것이다. 즉 하느님은 전체 피조물을 사랑하시며 먹이신다. 그 작은 그림, 즉 이런 결단을 세상에서 실천하는 과정은 우리의 생명을 타자들의 안녕을 위해 내어주는 것이다. 맥길은 매우 분명하게 말한다. 진화의 규칙은, 동물 차원의 모든 먹이사슬에서 어떤 유기체는 죽음으로써 다른 유기체에게 양분을 준다는 규칙을 유지한다는 것을 말이다. 다음의 진술을 통해 맥길은 그 과정의 핵심과 그 대가를 요약한다. "죽음은 생명의 마지막이며 피할 수 없는 소통의 표지다. 이웃을 사랑하는 사람은 단순히 어떤 것을 그냥 느끼지 않는다. 그는

---

28) McGill, 70.

구체적으로 또한 기꺼이 자신의 생기를 이웃을 위해 내어준다. 이것은 그가 오늘이 아니라면 언젠가는 결국 죽는다는 말이다. 이것은 피할 수 없는 진실이다. 그가 타자를 위해 자신의 에너지와 재능을 내어줄 때, 그는 자신의 실체 가운데 어떤 것을 상실한다. 결국에는 그의 현재 생명을 잃게 될 것이다."29) 다음의 간단한 말은 타자를 사랑하는 상급과 대가 모두를 담고 있다. "나는 타자들 안에서 내가 창출하는 것이다. 내가 주는 것이 내가 존재하는 것이다."30) 우리가 하느님의 생명으로부터 참된 생명과 황홀한 정체성을 얻으려면 그 대가를 치러야 한다. 즉 우리가 자신 속의 생명을 내려놓아야만 그 생명을 타자들에게 넘겨줄 수 있다.

그리스도교의 핵심에 대한 맥길의 해석은 참된 삶이 하느님과 타자들로부터 온다는 믿음이며, 또한 이 삶은 타자들을 섬기기 위해 자아를 내려놓는 것이라는 믿음이다. 그리스도교 신학에서 우정의 모델이 가장 핵심인 것으로 표현된 곳은 요한복음 15:13이다. "친구를 위하여 제 목숨을 바치는 것보다 더 큰 사랑은 없다." 이것은 예수의 생애와 삼위일체의 활동 모두를 요약한 말씀이다. 즉 친구들 사이의 자기희생적 사랑은 우리가 기후비상사태의 위기를 직면하여 필요로 하는 하느님과 세계의 관계에 대한 모델이다. 이 모델의 연관성, 즉 "친구들"(우주의 모든 차원에서 활동하는 모든 행위 주체들) 사이의 주고받는 우주적 댄스라는 연관성에는 두 가지 중요한 특성이 있다. 첫째로, 인간을 포함하여 모든 친구는 그 우주적 댄스 "안에" 있으

---

29) McGill, 69-70.
30) McGill, *Sermons*, 1:119.

며, 항상 지구 행성의 진화라는 가장 큰 쇼에서 파트너들로 참여한다. 우리는 또한 이 "쇼"가 "사랑"을 향하는 경향이 있다고 믿는다. 즉 그 우주적 댄스는 모든 친구에게 타자들을 위한 자기희생이라는 기이한 활동을 통해 주고받도록 격려한다는 말이다.

신 이후의 신의 회복

리차드 카니가 쓴 ≪재신론: 신 이후 다시 신에게 돌아감≫ (*Anatheism: Returning to God after God*)은 "형이상학 없는 언약의 과정"으로 부를 수 있거나, 보다 정확하게는 단지 형이상학에 대한 암시로 볼 수 있는 신학적 과업이다.31) 존재론적 주장은 하느님이 오고 계시며, 오실 것이며, 오실 수 있다는 것이지만, 오직 친구인 우리들이 하느님이 오시도록 도울 경우에만, 우리가 세상에서 사랑과 정의를 증언함으로써 언약의 목표를 유지하는 경우에만 그렇다는 주장이다. 하느님과 인간들 사이의 관계는 초대와 응답, 하느님이 제공하시는 가능성과 이런 가능성들을 우리가 인생의 소명으로 받아들이는 것 위에 형성된다. 따라서 하느님과 인간들은 세상의 안녕을 위한 언약의 파트너들(또는 친구들)로서 맺어진다. "우리가 하느님을 기다린다면, 하느님은 우리를 기다리신다"32)라고 카니는 말한다. 하느님은

---

31) Richard Kearney, *Anatheism: Returning to God after God* (New York: Columbia University Press, 2011). 김동규 역, ≪재신론≫, 갈무리, 2021.
32) Richard Kearney, "Re-imagining God," in *Transcendence and Beyond: A Postmodern Inquiry*, ed. John D. Caputo and Michael J. Scanlon (Bloomington: Indiana University Press, 2007), 9.

우리가 대단한 무엇이 되기를 기다리시는 것이 아니라 카니가 작은 것들이라고 부르는 것(친구들이 서로를 위해 하는 것), 마치 친구가 식량과 거처를 갖도록 확인하거나 목마른 사람에게 물 한 컵을 주는 것과 같은 작은 것을 하기를 기다리신다. 이것이 시작으로서 온갖 다양한 차원에서 나눔과 희생의 "자기 비움" 행동으로 이끌 수 있다.

우리가 이런 방식으로 살 수 있다고 카니가 낙관하는 이유는 우리들 때문이 아니라 하느님에 대한 그의 이해 때문이다. 그는 이렇게 말한다. "그런 신성은 우리가 성스러운 삶을 '살 수' 있도록 '만드실 수' 있으며, 또한 신적 존재를 비존재[즉 우리들]로 비우심으로써 재생(rebirth)이 더 충만한 존재, 즉 더욱 충만하게 살아 있는 삶 속에 일어나도록 허락하신다."33) 이처럼 카니는 하느님의 실제 능력이 우리에게 능력을 부여하시는 것(능력에 대한 자기 비움의 이해), 즉 우리로 하여금 하느님과 더불어 타자들을 위해 일하는 언약의 파트너들이 될 수 있게 만드시는 능력이라고 주장한다. 따라서 하느님은 "연약하실" 수 있지만, 우리가 강한 것은 하느님의 능력과 사랑이 우리 속에 부어지고 있기 때문이다. 이것이 카니가 뜻하는 구원이다. 예수는 타자들을 위해 신적인 생명을 부어줌으로써 십자가에서 그 절정을 이루었다. 따라서 "불가능한 것이 가능하게 되었다." 또는 우리는 그것을 가능하게 만드는 것을 받기 때문에 같은 방식으로 응답할 수 있다.34)

따라서 리차드 카니가 ≪재신론≫에서 말하는 것은 일반적 의미

---

33) Kearney, *Anatheism*, 80-81.
34) Kearney, 183.

의 신 죽음이 아니라 특정한 신의 죽음이다. 초자연적이며 멀리 있는 존재-신학의 신(God of ontotheology)이다. 이 신이 죽어야만 우리는 자기희생적 삶의 하느님을 믿을 수 있다. 그는 마이스터 에크하르트가 하느님에게 "자신에게서 하느님을 제거해 달라"고 드린 기도를 인용한다. 즉 "종교의 하느님, 형이상학과 주관성의 하느님은 죽었다. 그 빈 자리는 십자가의 설교와 예수 그리스도의 하느님을 위한 자리가 되었다." 카니는 포스트모더니즘이 형이상학과 초자연주의에 대한 비판을 통해 우리로 하여금 타자들을 위한 자기희생적 사랑의 하느님에 대한 전통적 깊은 믿음으로 되돌아가게 한다고 주장한다. 그는 디트리히 본회퍼의 주장, 즉 그러한 능력 주심이 없다면 그의 세대는 나치즘의 악에 저항할 수 없었을 것이라는 주장을 언급한다. 카니는 이렇게 말한다. "간단히 말해서, 신의 죽음은 생명의 하느님을 탄생시켰다. … 하느님의 연약함에 대해 인간의 강함이 응답한다."[35] 이것은 새로운 휴머니즘이 아니다. 실제로 그것과는 거리가 멀다. 그러나 그것은 근원적으로 세속적이며 이 세상적이다. 왜냐하면 본회퍼가 말한 것처럼, 오직 완전히 세상 속에서 살 때만, 우리는 신앙을 갖는 걸 배우기 때문이다. 즉 "한 사람의 그리스도인을 만드는 것은 종교적 행동이 아니라, 세속 세계 안에서 하느님의 고난에 참여하는 것이다."[36] 휴머니즘과 달리, 이것은 가장 철저한 자기 비움과 자기희생의 삶이다. 그것은 마치 본회퍼와 같은 사람들이 "신 이후의 신의 회복"(a recovery of God after God)을 요청한 것과 같다.

---

35) Kearney, 63, 69.
36) Kearney 70에 인용된 본회퍼.

이것은 결코 신의 죽음을 요청하는 것이 아니라, 분명히 예수 그리스도가 그 길을 몸으로 살아낸 것처럼, 우리가 어떻게 우리의 인생을 살 것인지에 대해 근본적인 변화를 요청하는 것이다. 그리스도가 우리에게 제공하는 것은 "두 번째 자기 비움의 행동(첫 번째는 신성이 육신 속으로 내려오신 행동)을 통해 그 자신의 개인적 생명을 내어주심으로써 타자들에게 생명을 주신 것"37)이다. 이것은 우리 죄를 위한 속죄로 그리스도의 희생을 이해한 전통적 그리스도론과는 철저히 다른 패러다임이다.

카니는 전통적 관점을 요약하면서, 성만찬은 그리스도의 사역을 교회가 경축하는 것으로서 성만찬을 통해 우리는 그의 몸과 피를 먹음으로써 그의 속죄하는 죽음에 들어간다는 주장이라고 요약한다. 카니는 다르게 주장하는데, "성만찬을 우리 몸으로 먹는 것은 하느님을 우리의 육신 안에 회복하는 것이며, 초월을 세계의 몸의 심장 속에 심는 자기 비움으로서, 우리 너머의 하느님 대신에 우리 아래에 계시는 하느님이 되시는 것으로 해석한다."38) 따라서 카니는 하느님과 인간 모두의 "존재"가 고립된 존재로 있는 철저한 개인주의에서 벗어나, 하느님과 인간 모두의 "존재"를 친구들로서 "더불어 있는 존재"(being-with)로 보는 패러다임으로 바꿀 것을 주장한다. 우리가 자기 비움의 상호의존성을 떠나서는 아무것도 아니지만, 하느님 역시 그렇다는 것이 삼위일체의 자기 나눔의 댄스에서 드러난다.

화육하신 하느님은 완전히 몸을 입기 위해 우리를 필요로 하시는

---

37) Kearney, 76, 77.
38) Kearney, 91.

것처럼 보인다. 카니가 지닌 건강한 가톨릭의 성사(성례전)적 감수성은 하느님을 어디에서나 보며, 특히 멸시받는 이들, 천한 존재들, 특수한 것과 세부적인 것들에서 본다. 이런 자기 비움의 그리스도론은 승리주의적인 것이 아니다. 그것은 우리가 부름받았을 때, "여기에 저희가 있습니다"라고 대답한 대로 따르는 패러다임이기도 하다. 하느님을 이렇게 이해하는 것은 우리에게 큰 부담을 안겨주는 것이 사실이다. 우리는 하느님의 친구가 될 준비가 되어 있는가? 우리가 마침내 인간으로서 감당해야 하는 것은 분명히 "어른" 역할일 것이다. 그러나 카니에게 하느님은 무능력한 것처럼 보일 수 있지만, 하느님이 피조물 속에 자신을 비우셨다는 그의 육화(성육신) 이해를 볼 때, 하느님의 사랑의 이런 내재성이 세계에 능력을 주시는 바로 그 원천이 아닌가? 그러나 하느님과 세계 사이의 언약을 강조하는 카니는 우리의 응답을 요구한다. 즉 "죽음의 수용소 이후에도 여전히 믿을 수 있는 유일한 메시아는, 오시기를 원하셨을 테지만 오실 수 없었던 이유가 인간들이 그 거룩한 낯선 이를 존재하도록 초대하는 데 실패했기 때문이다."[39]

요약하자면, 나는 카니의 해체주의적 신학(deconstructive theology)이 기후비상사태 시대에 그리스도교적이며 연관성이 있는 신학이라고 매우 만족스럽게 생각한다. 그는 그리스도교의 두 측면의 균형을 유지하고 있는데, 가톨릭의 성사적이며 화육적 (긍정하는) 측면과 개신교의 예언자적이며 언약적이며 우상타파적 (부정하는) 측면이

---

[39] Kearney, 61.

다. 대부분 해체주의자들은 "개신교" 측면과 더불어 작업을 한다. 사실상 해체주의는 (그 용어가 암시하듯이) 모든 이데올로기에 대한 칼 바르트의 부정(Nein!)의 또 다른 버전이거나, 어떤 상징에 대해서도 절대성을 거부하는 폴 틸리히의 개신교 원리의 또 다른 버전이라고 말할 수 있다. "예스"라고 말하는 것보다 "노"라고 말하는 것이 쉽다. 특히 적절하고 최소한 겸손하며 작은 자기 비움의 "예스"를 말하는 것은 쉽지 않다. 그리스도인의 믿음은 그 둘 모두를 말하는 것이라고 나는 믿는다. 해체주의가 우리에게 상기시키는 것은 우리의 "예스"가 작고 정직해야만 한다는 것이다. 카니는 이런 권고를 고수한다. 그러나 그는 "예스"를 말하되, 우리가 가장 작은 자를 먹이고 입힐 때 우리 안에 몸으로 오시는 분이 초대하는 잔치에 우리가 초대받고 있다는 것에 대해 "예스"라고 말한다. 잔치가 벌어지는 것은 우리가 하느님을 도와 하느님이 되시게 할 때다. 따라서 예수의 몸과 피가 우리를 위한 빵과 포도주로 변하는 "화체"(transubstantiation) 교리는 우리가 억압받는 존재들의 필요를 섬기는 파트너들이 되게 하는 "변형"(transformation)이 된다.

나로서는 이 언약의 과정신학을 비판하기 어렵다. 그것은 개신교 신학과 가톨릭 신학 모두의 특징을 갖고 있다. "성사를 통해 매일의 거룩함으로 되돌아가는" 것은 은유적인 "∽으로 보기," 카니가 "신비주의적 범재신론, 곧 하느님이 모든 존재 안에 계신다는 입장"[40] 이라고 부른 것에서, 개신교와 가톨릭 신학 대부분을 넘어선다. 나는

---

[40] Kearney, 85, 100.

이것이 개인적으로 연관성이 있으며, 성서적으로 건강하고, 또한 세상에 대한 성사(성례전)적 사랑과 세상을 구하라는 예언자적 요청에서, 기후비상사태를 포함해서 정의와 사랑의 행동을 위한 강력한 동기를 부여한다고 생각한다. 그러나 우리는 이것을 받아들일 준비가 되어 있는가? 아우구스티누스는 우리가 응답할 수 있으려면 이미 "은총" 가운데 있어야만 한다고 주장하지 않았는가? 즉 하느님이 우리의 도움을 요청하실 뿐 아니라 우리의 응답에서도 우리를 선도하셔야만 하는 이유는 우리가 스스로의 힘으로는 무력하기 때문이다. 전통적인 그리스도교 신학은 은총이 우리로 하여금 응답할 수 있게 만든다고 말한다. 형이상학적 과정신학은 하느님이 가능성들로 우리를 유인하셔서 우리가 성취할 수 있게 하신다고 말한다. 카니는 하느님이 문을 두드리시고, 두드리시고, 또 두드리시는 것은 우리가 응답하기를 희망하시기 때문이라고 말하는 것 같다. 카니가 말하는 것처럼, 마르코 10장의 말씀, 즉 우리에게는 그것이 불가능하지만, 하느님께는 모든 것이 가능하다는 말씀을 인용하는 것으로 충분할 것이다. 우리는 그 대답에 동의할 수 있지만, 여전히 우리가 친구들로서 그 앞에 우리 스스로를 열어야만 한다는 것을 깨닫게 된다. 이런 딜레마에 빛을 비춰주는 것은 카니가 쓴 또 다른 논문 "하느님의 욕망"(Desire of God)인데, 이 논문에서 카니는 우리의 욕망과 우리의 책임감이 모두 우리로 하여금 하느님의 문 두드리심을 듣게 만드는 하느님의 흔적들, 또는 하느님의 재촉이라고 주장한다.[41] 우리는 그저

---

41) Richard Kearney, "Desire of God," in *God, the Gift, and Postmodernism*, ed. John D. Caputo and Michael J. Scanlon (Bloomington:

럼 초월을 넌지시 비추는 흔적들, 즉 이야기들, 약속들, 언약들, 그리고 선행들을 필요로 하는데, 그런 흔적들은 우리의 약한 의지가 어른들처럼 문을 열고 하느님이 주시는 능력인 자기 비움의 사랑을 받아들이는 것을 가능하게 만드는 흔적들이다.

나는 카니에 대해 처음 논평했던 글에 초점을 맞춤으로써 이 글을 마무리하려 한다. 그의 하느님은 그분 앞에서 우리가 춤을 추고 노래하며 기도할 수 있는 하느님이다. 이 하느님은 결코 오시지 않는 분이 아니라 항상 오시는 분이며, "결코 끝나지 않는 아침"으로 우리를 초대하시는 분이다. 카니는 이렇게 말한다.

> 마지막으로 하느님 나라에 대한 최종적인 종말론적 시적 이미지, 곧 잔치에 초대하시는 것으로 마치겠다. 주님은 "내가 문 밖에 서서 문을 두드리고 있다. 누구든지 내 음성을 듣고 문을 열면 나는 그 집에 들어가서 그와 함께 먹고, 그도 나와 함께 먹게 될 것이다"(요한의 묵시록 3:20)라고 말씀하신다. 이 종말론적 잔치의 약속에서 위대한 것은 아무도 배제되지 않는다는 점이다. [신 죽음] 이후의 가능성의 하느님(the Post-God of *posse*)은 단지 두 번 두드리시는 것이 아니라 첫 번, 아니 무한하게 끊임없이 두드리신다. 열리지 않은 문이 없을 때까지, 어느 피조물도 아무리 작고 사소하더라도 춥고, 배고프고, 목마르고, 돌봄을 받지 못하고, 사랑을 받지 못하고, 구원을 받지 못하는 일이 없을 때까지 끊임없이 두드리신다.

Indiana University Press, 1999), 112-45.

이후의 하느님은 우리가 그 메시지에 우리 자신을 열고, 그 문자가 영이 되고, 말씀이 육신이 될 때까지, 계속해서 문을 두드리시며, 부르시며 또한 세상을 구원하신다. 이 메시지는 무엇인가? 하느님 나라에 초대하시는 것이다. 하느님 나라가 무엇인가? 그 나라는 이들 가운데 가장 작은 자에게 주는 냉수 한 컵이며, 굶주린 이들과 노숙자들에게 주는 빵과 물고기와 포도주이며, 좋은 식사와 (우리가 약속받은) 아침 이른 시간까지 지속되는 행복한 시간이다. 결코 끝나지 않는 아침까지.42)

---

42) Kearney, "Re-imagining God," 62-63.

5장

케노시스, 테오시스, 포스트모더니즘의 관점에서 전개하는 그리스도교 신학

이 마지막 장에서 우리는 먼저 자기 비움(케노시스)의 그리스도교 신학이 기후비상사태를 다루는 데 적합한 세 가지 중요한 이유를 살펴볼 것이다. 그리고 이런 시대에 포스트모던 자기 비움의 세계관이 도움을 주는 다른 이유들도 살펴볼 것이다. 첫째로 우리는 구원을 "테오시스"(theosis, deification)로 보는 동방교회 신학을 분석할 것인데, 이것은 기후비상사태를 위해 우리들에게 필요한 도구를 갖추게 해줄 것이다.[1] 그다음에 우리는 두 개의 간략한 단락으로 마칠 것이다. 하나는 기후비상사태에서 인간의 역할에 관한 단락이며, 다른 하나는 기후비상사태와의 전쟁에서 우리가 "적"(enemy)이라는 점에서 인식할 필요가 있는 희망으로서의 하느님에 관한 단락이다.

---

1) Stephen and Vladimir Kharlamov, ed., introduction to *Theosis*를 보라.

자기 비움의, 포스트모던 해석이 필요한 이유

전통적 그리스도교의 이야기가 기후비상사태를 다루는 데 효과적이지 않은 중요한 이유는 그 생각과 세계관이 낡았기 때문이다. 21세기의 세계관을 받아들이지 않는 이야기는 어느 것도 설득력이 없다. 이 책에서 우리는 현대의(modern) 세계관과 현대 이후 포스트모던 세계관을 비교하고 대조시키면서 그 둘이 매우 다르다는 것을 발견했다. 중세나 18세기의 그리스도교 이야기, 또는 심지어 현대의 생각을 계속 말하는 것의 문제는 그것들이 오늘날의 문제에 직면했을 때 작동하지 않는다는 점이다. 종교적 이야기가 당시의 과학으로부터 거리가 멀 경우에는 설득력이 없으며, 또한 이것은 우리에게 진화와 그것이 구체화하는 삶의 희생적 패턴을 인식해야 한다는 뜻이다. 우리는 이제까지 그리스도교 이야기를 자기 비움의 관점에서 해석하는 것이 새로운 생명은 타자들의 죽음과 연관되는 진화적 실재를 인식하는 것임을 보여주었다. 우리는 이런 패턴을 자연 속의 모든 곳에서 발견하지만, 십자가에서 예수의 자기 비움은 이 패턴을 요약할 뿐만 아니라 그의 제자들에게 하느님 자신의 생명에 참여함으로써 십자가 형태의 삶을 사는 길을 보여준다. 이 이야기는 우리가 예수를 "모방해야" 한다는 것이 아니라, 오히려 예수처럼, 우리가 하느님 자신의 생명에 참여함으로써 우리 자신의 실재를 얻고 능력을 얻게 된다는 것을 제시한다. 바로 이런 이유 때문에, 삼위일체는 사랑의 활동 안에서 계속적으로 주고받는 상호적 패턴으로서, 그리스도교 믿음의 중심이다. 우리는 우리 자신의 힘으로 자기희생적 삶을 살 수 없다(심지어 성인들조차도 그렇게 주장하지 않는다). 오히려 우리는 타자들에게 끊임없이 사랑으로 능력을 부여하시는 하느님 자신의 생명에 참여해야 한다. 자기 비움의 그리스도교는 기후비상사태에서 효과적일 수 있는 유일한 이야기는 분명 아니다. 그러나 그것은 21세기에 설득력을 지닌 하나의 이야기다. 인간은 살아낼 이야기를 가져야만 하며, 아무 이야기도 갖지 못하는 것보다는 낡은 비효율적 이야기에 향수처럼 매달리기 십상이다. 내가 하는 말은 자기 비움의 세계관에서 그리스도교 이야기를 말하는 것이 그리스도교에 대한 매우 설득력 있을 뿐 아니라, 우리가 기후비상사태와 직면하여 연관성이 매우 높은 세계관이라는 말이다.

전통적 그리스도교 이야기를 자기 비움과 포스트모던 관점에서 재해석해야 하는 두 번째 이유는 그 전통적 이야기가 개인에게 중심을 두고 있는 반면에, 자기 비움의 포스트모던 해석은 철저하게 관계적이라는 점 때문이다. 불행하게도 오늘날 서구의 많은 세계관은 극히 개인주의적이다. 우리가 "인간"을 상상할 때, 우리는 공동체를 생각하는 것이 아니라, 남성, 백인, 교육받고, 근육질에 몸매가 날씬한 서구의 패권적인 개인을 상상한다. 우리가 칭찬하는 이런 개인들은 모든 역경을 극복하지만, 사회적 안전망을 필요로 하는 수백만 명의 궁핍한 사람들에 대해서는 거의 관심을 갖지 않는다. 18세기 계몽주의가 개인의 가치에 대해 생각했던 것은 개인을 사회의 위계질서와 신화 밑에 묻어버린 중세 세계관과 대조해서 진정한 해석의 선물이었다. 우리 포스트모던 시대의 사람들은 계몽주의가 개인의 중요성을 구출한 것을 통해 엄청난 이득을 얻었다. 특히 여성들이 이득을 얻었지만, 모든 인간은 현대가 개인의 권리에 초점을 맞춘 것에 대해 감사해야만 한다. 그러나 이런 초점은 "자아"를 나르시시즘적으로 강조하는 것과 더불어 하나의 강박관념이 되었지만, 이제는 낡은 것이다. 비록 소셜미디어에 몰두하는 이들은 아직 그런 사실을 모르고 있지만 말이다.

포스트모던 관점은 모던 관점과 정반대다. 기후비상사태가 세계가 직면한 최대의 도전이 된 시대에 우리는 통전적이며 철저히 관계적이며 상호의존적이며 공동체적인 관점을 필요로 한다. 포스트모던 사상가들이 모더니티를 비판한 첫 번째 비판은 개인이 혼자 존재할 수 있다는 그 부조리한 믿음이다. 우리는 애당초 어머니의 태 속에서부터 전적으로 어머니(또한 어머니를 보호하고 양육하는 이들)에게 의존하며, 결코 혼자 존재하지 않는다. 사실상 탯줄은 우리의 인생 전체를 가리키는 은유다. 즉 우리는 미시적으로 또한 거시적으로 우리의 행성과 그 모든 자원과 체계에 의존되어 있다는 말이다. 심지어 단 1분 동안만이라도 지구에서 벗어나면 우리의 목숨이 위태롭게 된다. 우리가 숨 쉬는 것이 철저하게 지구 안에서만 가능하기 때문이다. 지구로부터 독립해 있다는 생각은 위험한 것이 아니라면 "농담"에 불과하다.

그런 생각이 위험한 이유는 우리가 특히 화석연료를 비롯해서 천연자원을 너무 많이 사용해서 지구가 황폐하게 된다 하더라도, 우리는 잘 살 수 있다는 신화를 안겨주기 때문이다. 우리가 지금 필요로 하는 것은 주기의 선물들에 대한 감사와 지구를 건강하게 유지하기 위해 우리가 모든 일을 하려는 의지인데, 이런 것은 개인주의라는 신화에 기초할 수 없는 것이다. 사실상 우리는 "철저한 관계성"을 실천할 필요가 있다. 우리로 하여금 그런 생각을 하도록 도와주는 것은 모든 생명체들의 상호의존성을 상정하는 이야기로서, 우리의 정신과 감정과 행동에 그 생각을 구체화하도록 돕는 것으로 가치가 있는 것이다. 우리가 생각과 행동에서 "개인주의"를 내면화했던 것과 비슷한 방식으로 우리는 철저한 관계성을 구체화할 필요가 있다. 물속의 물고기들? 태 속의 아기들? 나무의 뿌리? 종이접기? 우리는 이런 이미지들로 우리 자신을 상상할 필요가 있다.

그리고 이런 생각은 우리가 우리의 이야기를 자기 비움의 포스트모던 방식으로 바꿔야 하는 중요한 마지막 이유를 생각하게 만든다. 그것은 우리가 서 있는 "입장"이다. 즉 우리는 자연 "바깥"에 있는가, 아니면 "안에" 있는가? 이것은 아마도 우리에게 가장 어려운 변화일 것이다. 우리가 계속해서 우리 자신을 "바깥"에 있는 실재라고 생각하는 한, 우리는 주체/객체 인식론을 고수하기 마련인데, 이런 인식론은 항상 인간이 자연의 가장 높은 위치에 있다고 생각하도록 만든다. 우리는 "주체들"로서, 지구의 나머지 것들은 우리에게 유용하거나 아니면 쓸모없는 "객체들"로 업신여긴다. 우리는 기후비상사태가 지구의 자연과 미래에서 하나의 강력한 플레이어(주체)라고 인식하기 전까지는, 이 위기에 대해 결코 진전을 볼 수 없을 것이다.

티모시 모턴의 평생 과업은 어떻게 사람들로 하여금 지구 바깥에, 또한 지구 위에 있다고 상상하는 것에서부터, 철저히 지구 안에 있는 우리의 올바른 장소로 옮겨놓을 것인가 하는 과업이었다. 단지 우리가 다른 장소에 있다고 상상할 수 있다고 해서 실제로 우리가 그 장소에서 살 수 있는 것은 아니다. 우리의 상상력은 우리 마음속에 세계를 창조할 수 있는 잠재력으로서, 우리를 다른 동물들과 구분시키는 독특한 특징 가운데 하나다. 그렇다고 해서 우리가 다른 동물들보다 우월하다는 뜻은 아니며, 지구 행성이 우리의 명령대로 따라야 한다는 뜻도 아니다. 하느님과 인간의 관계를 위해 가장 매력적이며 생명력 있는 모델 가운데 하나는 우리가 하느님 "안에서" 살아간다고 상상하는 것이다. 하느님은 우리 위에, 우리와 떨어져 계신 분이 아니지만, 완전히 하느님 "안에서" 살아가는 우리들보다 여전히 "더 크신" 분이다. 이 모델이 매력적인 이유는 화육적이며 공동체적이며 철저하게 관계적이며, 또한 철저한 의존성뿐 아니라 그 따스함과 안전함의 모델인 어머니의 포궁(자궁)을 상기시켜 준다.

이런 중요한 이유들 때문에 자기 비움의 포스트모던 신학은 기후 비상사태에 적합한 세계관이다. 즉 그것은 오늘날의 과학과 일치하며, 모든 상황에서 철저하게 관계적인 사고와 행동을 격려하며, 우리의 적합한 입장은 지구 "안에" 있지만, 우리의 상상력을 통해 "바깥의" 빛을 지닌 입장이라는 것을 주장한다. 신학의 과제 가운데 하나는 우리 시대를 위해 그리스도교에 대한 해석들을 살피는 일이다. 내가 크고 분명하게 말하는 것은 현대의 그리스도교 이야기는 개인에 대한 우선성과 하느님/세계의 관계에 대해 이원론적이며 위계적이며 가부장적 모델에 기초한 것으로서, 틀렸을 뿐 아니라 위험한 이야기라는 점이다. 그 이야기는 인간 존재 편에서는 (오늘날의 자본주의처럼) 남성적, 위계적, 이원론적 행동을 격려할 뿐 아니라, 무모한 자원 개발을 독려한다는 점에서 지구를 황폐하게 만드는 모델이기도 하다.

또한 포스트모던 사상이 기후비상사태를 다루기에 적합한 사상이라는 데에는 또 다른 많은 이유들이 있다. 아마도 이런 이유들 가운데 종교적 담론을 위해 가장 중요한 이유는 포스트모던 사상의 중심적 특징인 경이와 경외감으로 되돌아가는 것이라고 생각한다. 그것은 초월을 하늘로부터 땅으로 이동시키는 데 도움을 준다. 내재적 초월(immanental transcendence)이라는 포스트모던 감각은 그리스도교 공동체에게 그 성사(성례전)적 전통을 상기시켜주는 것이다. 하나는 땅에 있고, 다른 하나는 하늘에 있는 두 정적인 존재 대신에, 포스트모더니즘은 하느님이, 우리가 매일 걷는 똑같은 땅 위에 화육하신 분으로 상상한다. 이 세계는 생생하게 살아 있다. 세계는 미시적으로 (딱정벌레를 해부할 때의 복잡성) 경이로운 장소이며, 거시적으로도 (밤하늘의 무수한 별들) 경이로운 곳이다. 세계는 기계와 같은 원자들로 이루어진 것이 아니라 매 순간마다 우리에게, 또한 지구에게 영향을 끼치는 수십억 개의 주체들로 이루어져 있다. 따라서 아이들이 나무와 이야기할 준비가 되어있고 다른 동물들을 의인화시킬 준비가 되어있는 것은 원시적인 것도 아니며 틀린 것도 아니다. 오히려 그것은 숲을 보면서 "목재가 얼마나 나올 것인가"를 계산하는 현대인들보다 훨씬 더 "올바로" 관계맺는 방법일 것이다.

더 나아가 그것은 우리의 마음 속에 "생생하게 살아있는" 이런 이미지를 통해, 우리가 "행위적 실재론"(agential realism)을 더욱 잘 이해할 수 있으며, 우리가 지구에서 만나는 복잡하며 포용적인 행위 주체들을 더 잘 이해할 수 있다는 뜻이다. 또한 우리는 아마도 오늘날 기후비상사태 시대에 더욱 자주, 더욱 강력하게 발생하는 폭풍과 홍수와 같은 "자연적" 사건들에 대한 책임성을 더욱 기꺼이 받아들이게 될 것이다. 아마도 우리는 지구 위에 사는 우리들 자신에 대해 보다 겸손한 입장을 갖게 되어, 우리가 모든 것을 안다고 주장하거나 모든 것을 고칠 수 있다고 주장하지 않고, 지구 행성 자체에 "귀를 기울이는 일"뿐 아니라 어떤 사건에 대해 오랜 세월 연구한 사람들에게 귀를 기울이게 될 것이다. 포스트모더니즘의 선물 가운데 하나는 자연 속에는 이원론(dualism)이 없으며 오직 지속성(continuities)만 있다는 주장이다. 따라서 우리는 더 이상 인간 공동체를 엄격한 인종과 성별로 분리시킬 필요가 없다. 포스트모던 시대를 사는 우리들은 이원론이 아니라 "차이점들"을 경축한다. 즉 흑인이나 백인이 있는 게 아니라 색깔의 연속성에 따른 피부색의 차이가 있을 뿐이다. 마찬가지로, 인간은 전적으로 남성적이거나 여성적인 것이 아니라, 오히려 성적인 선상(sexual line)에 많은 단계가 있을 뿐이다.

따라서 포스트모더니즘의 여러 통찰은 우리가 시작한 지점, 곧 시각이 아니라 감촉이 우리의 기본적 기능이라는 점으로 되돌아가게 한다. 우리는 뒤로 물러나 세계를 우리 마음대로 조사하고 부리는 것이 아니라, 오히려 그 포궁(자궁)에서 나와 점차 지구 행성 속으로 들어가는 길을 더듬어 찾는데, 처음에는 촉각을 통해서다. 우리는 한 단계씩 세계를 연결시켜, 마침내 촉각 대신 청각과 시각을 통해 더욱 추상적이지만 몸과 덜 연결된 앎의 방식을 배워간다. 그러나 우리는 결코 몸으로 구체화된 우리의 근원적 실재를 떠나지 못하며, 우리가 지구와 촉각을 통해 관계를 맺을 때 더욱 행복하게 느낄 뿐 아니라, 우리가 지구 "안에서" 지구를 알고 사랑하게 될 때, 기후비상사태에 대해 보다 현명하고 더 효과적으로 반응하게 된다.

인간의 삶과 기후비상사태의 목표인 테오시스

테오시스(deification), 또는 하느님의 생명에 참여하는 일은, 우리가 기후비상사태의 도전에 직면해서 하느님의 능력을 받는 것을 가능하게 해준다. 그러나 이런 주제가 "서방교회 그리스도인들"의 귀에 이상하게 들리는 이유는 인생의 목표나 구원을 보통 예수에 초점을 맞추어 이해하기 때문이다. 즉 예수가 세상의 모든 죄를 짊어지고 사람들을 위해 십자가 위에서 처벌을 받아 죽었기 때문에, 우리들은 자유롭게 되었다고 믿기 때문이다. 그러나 "동방교회"의 관점은 여러 면에서 매우 다르다. 첫째로, 동방교회 신학에서는 구원에 두 단계가 있다. 케노시스(자기 비움)와 테오시스(하느님처럼 되는 것)이다. 서방교회의 관점은 보통 십자가와 속죄에서 끝난다. 테오시스는 인간의 참여와 관련된다. 우리도 자기 비움의 삶을 살아야 하기 때문이다. 심지어 예수가 세상에 대한 자기희생적 사랑을 드러내기 위해 자신의 목숨까지 내놓았던 것처럼, 우리들도 "이웃"(지구 행성)을 위해 마찬가지로 살도록 부름받았다. 여기서 우리는 구원의 두 단계, 즉 첫 단계로 십자가 형태의 사랑과 두 번째 단계로 하느님에 참여하는 삶, 또는 하느님과의 우정 속에 살아가는 삶의 테오시스 단계를 거친다. 서방교회 구원론에서는 오직 한 단계만 있는데, 그것은 우리의 죄가 제거되는 "부정적인" 단계다. 동방교회 구원론의 두 번째 단계는 하느님과 친밀한 관계 속의 기쁨을 허락한다. 왜냐하면 우리가 하느님에 참여하기 전에는 "하느님이 사신 것처럼" 살 수 없기 때문이다. 사실상 동방교회 신학은 여러 방식으로 테오시스를 표현하는데, 하느님을 모방하는 삶, 하느님의 본성을 우리가 취하는 삶, 하느님의 내주하심(indwelling) 가운데 사는 삶, 하느님에 의해 변형되는 삶, 그리스도와 일치하는 삶, 우주가 최종적으로 신처럼 되는 것 등이다.

동방교회 사상의 두 번째 차이점은 그 기본적 신학이 그리스도론을 위한 환경으로 작용한다는 점이다. 마크 매킨토쉬가 표현한 것처럼, 올바른 삶 또는 테오시스는 "실재를 하느님과의 친교/통교 안에 참여하는 것으로서 재발견하는 것"2)이다. 이런 방식의 사고에서 실재는 항상 창조, 육화, 제자직을 포함하여 하느님과의 친교에 참여한다. 따라서 창조는 "무로부터의" 창조가 아니다. "창조 안에서 하느

---

2) McIntosh, *Discernment and Truth*, 20.

님은 자신을 내어주신다." 마찬가지로 육화도 창조처럼 하느님의 본성에 근거한다. 루시엔 리처드는 "창조와 육화는 하느님의 심장 안에서 일어나는 하느님의 자비심의 운동의 결과다"라고 말했다. 다시 말해서, 삼위일체의 결과인 것이다.3) 이레니우스는 위대한 교환을 지적하는데, 아타나시우스가 표현한 것처럼, 그 교환에서 그분이 인간이 되신 것은 우리가 하느님처럼 될 수 있게 하기 위한 것이다.4) 하느님의 모든 사역(창조, 육화, 십자가 등등)의 목표는 우리가 하느님의 친구나 동반자가 되게 하기 위한 것이다. 이것을 전통적 서방교회 신학의 목표, 즉 하느님이 인간의 죄를 용서하시는 일과 대조해보면 그 놀라움을 알 수 있다. 그러나 동방교회에서는 하느님의 모든 사역의 목표가 오직 하느님과 우정관계를 유지하는 일이다. 매킨토쉬가 말한 것처럼, 올바른 삶은 "하느님과의 동반자 관계에서 세계를 아는 것을 실천하는 일"5)이다. 이런 관점에서 보면, 삶이란 하느님 자신의 생명에 더욱 깊이 참여하는 길을 발견하는 여정이다. 삐에르 샤르댕은 자신이 죽어가고 있음을 깨닫고 바친 기도에서 그것을 잘 포착했다. "무엇보다 내가 죽어가고 있다고 느끼는 이 마지막 순간에, 나는 나를 형성했던 그 알 수 없는 거대한 힘의 손 안에서 절대적으로 수동적입니다. 오 하느님, 이 모든 어두운 순간들에 (나의 믿음을 충분히 강하게 해주셔서) 바로 당신께서 고통스럽게 나의 존재의 섬유질들을 떠나 나의 실체의 골수 속으로 파고들어 가시며 또

---

3) Richard, *Kenotic Christology*, 261, 268.
4) Finch, "Irenaeus," 86.
5) McIntosh, *Discernment and Truth*, 6.

한 나를 당신 자신 안으로 데려가심을 이해할 수 있게 하소서."6) 따라서 심지어 죽음의 순간에서조차, 그리스도인은 자신의 죽음이 하느님 안에서 일어난다는 것을 안다. 사실상 영생이란 하느님이 자신의 존재의 섬유질들을 떠남으로써 모두가 하느님 자신의 생명에 전적으로 참여하도록 환영한다는 뜻이다.

서방교회와 동방교회의 구원 이해에서 세 번째 차이점은 구원의 실체에 관한 것이다. 마이클 고먼은 동방교회의 구원을 "십자가 형태의 테오시스"(cruciform theosis)라는 말로 잘 요약하는데, 이 말은 하느님과 인간 모두를 묘사하는 데 사용할 수 있다. 즉 "케노시스는 참 하느님과 참 인간이 되신 그리스도의 육화와 십자가에서 계시된 것처럼, 신성과 인간성 모두의 '필수 선행조건'(sine qua non)이다."7) 이처럼 하느님의 생명과 우리 자신의 생명 사이의 유사성은 케노시스가 먼저이며 그다음에 테오시스가 뒤따르는 똑같은 패턴이 나온다는 뜻이다. 다시 말해서, 예수 그리스도 안에 나타난 하느님은 (우리를 구원하시기 위해) "모든 일을 하시지" 않는다. 오히려 하느님의 생명이 대항문화적으로 자기 비움인 것처럼, 우리의 삶도, 그리스도 안의 하느님을 모방하기보다는 하느님 자신의 생명에 **참여함으로써** 자기 비움의 삶이어야 한다. 여기서 우리는 무엇을 해야 하는지(자기를 비우는 사랑하기)를 알 뿐 아니라, 그렇게 할 수 있는 수단도 얻는다. 즉 우리 자신의 힘으로는 자기 비움을 통해(자기희생적 사랑으로)

---

6) Pierre Teihard de Charden, *The Divine Milieu: An Essay on the Interior Life* (New York: Harper & Bros., 1960), 62. 이문희 역, ≪신의 영역≫, 분도출판사, 2010.
7) Gorman, *Inhaviting the Cruciform God*, 34.

이웃을 사랑할 수 없지만, 하느님 자신의 자기 비움의 사랑에 참여함으로써 그렇게 사랑할 수 있는 힘을 얻는다. 또는 마이클 폴 고먼이 말한 것처럼, "따라서 참다운 인간이 되는 것은 그리스도처럼 되는 것이며, 이것은 하느님처럼 되는 것인데, 자기를 비워 십자가 형태의 삶을 사는 것이다."[8] 여기서 우리는 신적인 생명과 인간적인 생명의 요약을 보는데, 서로 다르기보다는 서로 비슷하다. 바울로는 구원에 대해 "동방교회" 관점을 갖고 있었다. 즉 "나는 그리스도와 함께 십자가에 달려 죽었습니다. 이제는 내가 사는 것이 아니라 그리스도가 내 안에서 사시는 것입니다"(갈라디아 2:20). 여기서 우리는 그리스도인의 삶이 뜻하는 것은 단지 우리의 다음 숨을 쉬는 것에서뿐 아니라 이웃을 내 몸처럼 사랑하라는 계명을 완수할 능력을 받는 데서도 철저하게 하느님에 의존되어 살아가는 것임을 볼 수 있다.

그리스도교의 낡은 이야기, 즉 천국에서 세상을 지배하는 전능한 하느님이 예수 그리스도 안에서 모든 인간의 죄를 짊어지심으로써 우리가 천국에서 하느님과 영원히 살 수 있게 되었다는 이야기는 해피엔딩으로 끝난다. 이런 식으로 간추린 이야기를 대부분의 사람은 믿지 않지만, 그 중요한 요점, 즉 전능한 하느님이 다른 세상에 살면서 우리를 구원하기 위해 모든 일을 하신다는 요점은 세상에 폭넓게 퍼져 있다. 이 이야기의 또 다른 버전인 초자연적인 힘(능력)이 우리를 구원할 것이라는 믿음은 많은 사람들이 받아들인다. 그것은 위로를 주는 이야기지만, 자기 비움의 버전은 하느님과 우리들 모두에게

---

8) Gorman, 163.

노력을 요구한다. 그렇다면 왜 그 낡은 이야기에 계속 만족하지 못하는가? 가장 큰 이유는 오늘날 과학이 세상에 대해 가르쳐주는 것에 비춰볼 때, 그 낡은 이야기가 더 이상 믿을 수 있는 것이 아니기 때문이다. 이런 이유 때문에 나는 이제까지 실재에 대한 포스트모던 이해의 많은 부분을 요약했던 것이다. 다행스럽게도 우리가 살펴본 것처럼, 포스트모던 세계관은, 개인에 초점을 맞추는 현대의 세계관보다 훨씬 더 자기 비움의 신학에 잘 들어맞는다. 사실상 포스트모던 세계관은 철저한 상호관계성에 의존한다는 점에서, 현대의 세계관과 거의 정반대다. 그리스의 물리학자 아르기리스 니콜라이디스가 표현한 것처럼, "자연 전체는 … 우리가 속해 있으며 끊임없는 상호작용 속에 머물게 될, 독특하며 일관된 실체를 형성하면서, 강력하게 서로 연결된 것처럼 보인다." 사실상 포스트모더니즘은 관계성에 많이 초점을 맞추기 때문에, 니콜라이디스는 데카르트의 주체(자신이 생각하기 때문에 존재하는 주체)를 대신해서 "나는 관계를 맺는다. 고로 존재한다"는 말로 대체시킨다. 이것은 포스트모더니즘의 열쇠이며, 특히 양자역학 차원에서 그 중요성은 아무리 강조해도 지나치지 않는다. 니콜라이디스는 양자역학 차원에서, "비록 완전한 전체 그림은 아직 밝혀내지 못했지만, 분명한 것은 우리가 낡은 이원론을 피해야 하며, 물질과 에너지를 분리시키는 것, 주체와 객체를 서로 반대편에 위치시키는 것을 피해야만 한다는 점이다"[9]라고 말한다. 신학자가 포스트모더니즘의 존재론과 인식론에서의 최근 변화를 반드시

---

[9] Argyris Nicolaidis, "Relational Nature," in Polkinghorne, *Trinity and an Entangled World*, 99, 106, 101.

알 필요가 있는 것은 아니다. 그러나 신학자들은 우리 시대의 기본적인 세계관과 더불어 작업할 필요가 있다. 그렇지 않으면, 우리의 신앙 이야기는 믿을 수 없는 것이 되거나, 기후비상사태에 아무런 쓸모도 없을 것이다.

따라서 이 모든 것은 우리를 어디로 이끌어가는가? 우리는 자기비움의 이야기에서 우리 인간이 우리의 구원에 참여한다는 사실, 심지어 십자가의 지점까지 참여한다는 사실을 받아들였다. 존 지지울라스는 이 새로운 이야기가 타자들과의 관계에 초점을 맞추고 있는 만큼 우리에게 십자가 형태의 삶을 요구한다고 말한다.

> 타자와의 친교는 십자가의 경험을 요구한다. 우리가 우리 자신의 의지를 희생하고, 우리의 의지를 타자(the Other)의 의지에 복속시킴으로써, 우리 주님께서 아버지의 뜻과 관련하여 겟세마니에서 행하신 것을 우리가 반복하지 않는다면, 우리는 삼위일체 하느님 안에서 보는 친교와 타자성을 역사 속에서 올바로 반영할 수 없다. 하느님의 아들이 육화의 케노시스를 통해서 자신을 비우심으로써 그분의 피조물인 타자를 만나기 위해 이동하셨기 때문에, "자기비움"의 길은, 그리스도인이 하느님이든 이웃이든 타자(the Other)와 친교를 하는 데 적합한 유일한 길이다.10)

이 글은 그리스도인의 입장을 매우 분명하게 요약해준다. 힘겹게

---

10) Zizioulas, *Communion and Otherness*, 5-6.

들릴 수도 있지만, 우리가 하느님 자신의 생명에 참여하도록 부름받았다면, 삼위일체 안에서 우리가 보는 자기를 내어주는 사랑은, 우리가 따르도록 부름받은 하느님을 정의하는 것이다. 리처드에 따르면, "십자가에서 우리는 하느님의 생명 자체의 근본적 법칙을 발견하는데, 그것은 '능력은 연약함에서 발견되어야 한다'는 법칙이다."[11] 우리가 이미 살펴본 것처럼, 이것은 사람들을 혼란스럽게 만들려는 수수께끼가 아니라, 우리가 진화에서 보는 것처럼, 타자들을 위한 희생은 하느님의 생명과 우리들의 생명 모두의 '필수 선행조건'으로 하느님이 받아들이신 똑같은 과정임을 주장한다. 그러나 우리는 혼자가 아니다. 분명히 우리는 (특히 재물, 권력, 영향력을 지닌 사람들은) 타자들의 유익함을 위해 자기를 내어주는 희생적 사랑을 하도록 부름받았지만, 이 부르심에 응답함으로써 우리는 하느님 자신의 생명에 참여하는 것이다.

따라서 우리의 희망은 하느님의 생명이 십자가뿐 아니라 부활을 포함한다는 희망이다. 사실상 우리는 초월이 "희망"을 뜻하며, "가능성"을 뜻한다고 말할 수 있다. 존 카푸토가 말한 것처럼, "초월은 세계의 주장 또는 약속이다."[12] 카푸토가 하느님을 표현하기 위해 사용한 다른 단어들은 "사랑," "선물," "정의," "환대," 그리고 "은총"이다. "하느님"이 뜻하는 것은 가능성들이 있다는 뜻이다. 기후비상사태의 현실에 직면하여, 희망이나 가능성들은 우리가 들을 필요가

---

11) Richard, *Kenotic Christology*, 233.
12) John Caputo, *The Insistence of God: A Theology of Perhaps* (Bloomington: Indiana University Press, 2013), 52.

있는 것이다. 케노시스, 그 자기를 내어주는 사랑은 인간들에게 올바른 능력을 부여해주는 것이다. 이제 우리는 자연을 통제할 수 없으며, 자연을 정복할 수도 없지만, 자기를 비워내는 실천에 가담함으로써 하느님의 사랑이 우리에게 주시는 능력을 받으라고 부르시는 하느님의 부르심에 응답할 수는 있다는 사실을 알고 있다. 육화의 교리는 하느님의 가능성을 가능하게 만드는데, 그 이유는 그리스도인들에게 예수가 "하느님의 얼굴"이기 때문이다. 따라서 우리는 예수의 이야기를 통해서, 넉넉한 우리들이 무엇을 해야만 하는지를 안다. "최소주의"(minimalism)를 실천하는 것이 현명하다.

우리가 세상을 구원하지는 못하지만, 지금 행성 지구와 그 가장 궁핍한 피조물들에게 무엇을 하고 있는지를 아는 존재들로서, 우리의 방식을 바꿀 수는 있다. 우리가 믿음의 이야기를 수정하여 21세기와 일치하는 이야기로 바꾸고, 또한 하느님의 친구들과 파트너들로서 하느님의 생명 자체에 참여함으로써, 우리가 엉망진창으로 만들어놓은 지구의 쓰레기더미에 혼자 남겨지지 않게 된다. 오히려 하느님이 우리와 함께 계시며, 보다 정확하게 말해서, 아우구스티누스가 지적한 것처럼, 우리가 살든지 죽든지 "하느님 안에서"(within God) 살아간다. 따라서 우리는 희망을 잃어서는 안 된다. 이것은 우리에게 익숙했던 "구원"(하느님이 우리를 위해서 모든 일을 하시는 구원)은 아닐 것이지만, 우리가 유아기(아버지로서의 하느님)에서 벗어나 어른다운 관계(파트너와 친구로서의 하느님)로 나아가도록 부르시는 것이다.

기후비상사태에서 인간의 역할

인간의 역할은 (1) 자연에 대한 존경과 애정, (2) 어른다운 파트너 역할, (3) 어떤 사람들에게는 자기희생적인 역할, 가운데 하나여야 할 것이다.

포스트모던 세계관은 우리가 서 있는 자리가 세상에서 가장 우월하며 다스리는 위치에 있거나 어린아이의 무력한 위치에 있던 것에서부터 (다른 주체들에 대한) 존경과 애정의 위치로 철저하게 바꾼다. 우리 인간은 자연과 복잡한 관계를 맺고 있다. 한편으로 우리는 어머니 자연(Mother Nature)에게 우리의 숨쉬기를 비롯해서 삶 자체를 빚지고 있다. 다른 한편으로는 우리의 지나치며 생각 없는 행동을 통해서 우리가 의존하고 있는 것들을 완전히 파괴하고, 또한 (우리들 이외의 나머지 자연을 뒷받침하는 것은 말할 것도 없고) 세계 인구의 생필품과 욕구를 뒷받침할 수 없게 만들었다.

우리가 자연 세계에 (철저하게) 의존되어 있으며 또한 자연에 (막강한) 힘을 행사할 능력을 갖고 있다는 점에서, 우리의 첫 번째 반응은 자연의 "타자성"에 대한 존경이어야만 한다. 창세기에서 하느님이 해, 물, 식물, 동물을 창조하시면서 매번 좋다고, 인간을 위해서나 당신 자신을 위해서 좋은 것이 아니라, 그 자체로 좋다고 말씀하신 것을 기억하면서, 타자성을 존경해야만 한다. 다시 말해서, 자연의 만물에 대한 하느님의 첫 번째 반응은 미학적이며 감사하시는 반응이다. 자연의 모든 체계와 생명체들은 본래적으로 선하며, "주체들"로서 인간에게 소용이 되는지 여부와 상관없이 그 자신들 나름의 의도와 주체성을 지닌 것으로 가치 있게 생각해야만 한다. 우리는 또한 나무, 물, 물고기, 포유동물 등에 대해 우리의 "친족"(kin)으로 애정을 느낄 수 있어야만 한다. 지구의 모든 것이 똑같은 뿌리를 갖고 있다는 진화적 사실은 우리가 우리 이외의 자연의 나머지 것들과 가까운 친척이든 먼 친척이든 서로 관계를 맺고 있다는 뜻이다. 따라서 북아메리카 원주민들이 자연을 "모든 우리의 관계들"이라고 부르며, 아이들이 다른 동물들을 친구들로 상상하면서 대화할 수 있는 것은 모두 정곡을 찌르는 것이다. 이런 존경과 애징의 태도는 현대인들의 입장보다 훨씬 적절한 것이다. 현대인들은 데카르트 이후 인간만이 유일하게 살아있는 주체들이며, 인간 이외의 나머지 자연은 우리가 사용할 객체들이라고 분리시켰기 때문이다.

둘째로, 우리가 자연에 대한 존경과 애정을 표현하면, 우리는 "어른다운" 방식으로 자연을 대하는 것이다. 우리는 자연을 파트너나 친구의 관점에서 생각하게 되지, 우리의 놀이터나 백화점으로 생각하지 않게 될 것이다. 우리가 자연을 파트너나 친구로서 보면, 우정 관계의 다양한 특징들을 경험할 수 있다. 우리는 어른들로서 자연을 만나게 되며 그 "타자"가 의도와 가치를 지닌 주체들로 인식하게 된다. 우리는 더 이상 향수에 젖어 자연의 따뜻한 팔에 안기지 않으며, 우리의 지나친 욕망을 위해 자연을 사용하지도 않고, 귀한 친구로 자연에 다가간다. 우리는 자연에 다가갈 때 어떤 이미지를 갖고 다가갈 수밖에 없는데, 이제는 어른의 관계를 향해, 자연 자체의 욕구와 행동방식이라는 관점에서 자연을 대하게 된다. 이처럼 우리는 과학자들로부터 배우게 되는 자연의 이미지들과 개념에 주의를 기울이게 되는데, 진화론과 양자역학 이론은 모두 자연과 아름답고 풍성한 작업을 하려는 개인이나 집단에게 중요한 가르침을 준다. 기후변화를 부인하는 사람들이 자연의 적(enemy)인 이유는, 그들이 흡연이 건강에 해롭다는 과학 지식을 부인하는 사람들처럼, 과학적으로 자연에 접근하기를 거부하기 때문이다. 자연은 우리의 장난감도 아니며 우리의 노예도 아니다. 자연은 우리가 어른의 감사와 객관성을 갖고 만나기를 요구하는 우리의 "타자"다.

셋째로, 우리가 이미 지적한 태도를 취하게 되면, 우리들 가운데 어떤 이들은 자기희생적 방식으로 자연에 다가가야 한다는 점도 깨닫게 될 것이다. 그 관계는 "인간들과 자연"이 아니라, 어떤 인간들과 자연의 관계로서, 돈과 권력이 상당히 많아서 자연의 풍성함 가운데 불공평하게 많이 가져가고 다른 생명체들은 궁핍하게 내버려두는 욕망을 내려놓아야 할 사람들이다. 현재 지구의 물자는 매우 불공평하게 분배되어, 상위 2% 정도의 사람들이 지구의 자원 대부분을 소유하고 있는 실정이다. 불공평한 분배는 지구의 모든 부분이 번창하지 않고서는 지구가 번창할 수 없다는 뜻이다. 안타깝게도 부유한 사람들이 선택적으로나마 자기희생을 하는 일은 매우 드물며, 정부들 역시 그것을 법제화하는 일에 인색하다. 대부분의 서구인들과 많은 그리스도인들은 희생이라는 개념에 혐오감을 느낀다. 특히 많은 미국인들은 소비주의라는 "종교"를 믿고 쇼핑하기 위해서 살아간다.

심지어 어떤 그리스도인들은 "예수가 우리를 위해 희생했기 때문에" 우리는 희생할 필요가 없다고 주장한다. 그러나 자기 비움의 포스트모던적 삶에 대한 우리의 분석을 통해서 보면, 그런 자기 비움의 삶이야말로 많은 사람들이 자신의 삶의 방식으로 삼아야만 하는 자세다. 그런 삶은 모든 넉넉한 사람들에게 적절한 태도이지만, 특히 예수의 제자들이라고 주장하는 그리스도인들에게는 더욱 필요한 태도다. 예수에게는 십자가 형태의 삶이 그 존재의 중심이었으며, 예수가 제자들에게 우리의 이웃을 자신처럼 사랑하라고 명령했기 때문이다.

이제까지 우리는 기후비상사태와 관련하여 인간의 역할을 간단히 살펴보았는데, 그것은 참신하게 어른답고, 객관적이며, "실제적" 역할이다. 우리 인간이 기후비상사태를 통제할 수 있다거나, 감당할 아무런 역할이 없다는 것이 아니다. 그와 반대로, 우리는 행성 지구에서 진행되는 이 영광스러운 생명의 실험에서 어른들로, 즉 친구들과 관계들, 파트너들로 자연을 만나야 한다는 말이다.

기후비상사태에서 하느님의 역할

"기후비상사태에서 하느님의 역할"을 말하는 것은 뜬금없는 말일 것이다. 하느님은 수행할 "역할"이 없으시다. 오히려 하느님은 희망이다. 우리가 지구를 엉망진창으로 만들어 놓고 그 가운데 앉아 있을 때 우리에게 필요한 것 하나는 현재의 상황이 절망적이 아니라는 약간의 희망이다. 기후비상사태가 더욱 악화되고 우리의 집에 가까이 다가오고 있기 때문에(허리케인 하비와 이르마), 우리는 과연 무엇을 할 수 있을지 의문을 갖게 된다. 묵시종말적이 되어 "포기하기"는 쉽다. 과거에는 "날씨"에 대해 이야기하는 것이 안전한 주제였지만, 점차 빠르게 "뜨거운 주제"가 되고 있으며, 예의 바르게 대화를 나누기에는 너무 많이 의견 충돌을 불러일으키는 주제가 되었다. "날씨"(기후변화)가 무서운 주제가 되었으며, 섹스, 돈, 종교에 관한 대화를 밀어내고 건드릴 수 없는 주제가 되었기 때문이다.

그럼에도 불구하고, 포스트모던 사고를 하는 사람들은 하느님이라는 말을 사용하기를 꺼리며, 다른 단어를 사용하려 한다. 카푸토가 말한 "초월은 세계의 주장이거나 약속이다"라는 말은 가능성들, 이 세상의 가능성들이 있다는 뜻이다. "초월"은 저 (세상) 바깥 어디에 있는 것이 아니라, 여기 세상 안에 육화한 상태로 있기 때문이다. 그래서 "초월"은 희망, 가능성, 철저한 내재, 사랑, 정의, 환대, 선물을 뜻한다. 카푸토는 이런 뼈들에 살을 붙여 이렇게 말한다. "믿음이란 더 많은 삶, 생명/죽음, 순간, 시간, 그날과 평생의 은총을 믿는다는 뜻이다. … 우리가 삶을 사랑하는 이유는 삶이 생명이며, 우리가 생명을 사랑하기 때문인데, 이처럼 같은 말을 하는 동어반복은 모든 것을 말한다. 삶을 사랑하는 것은 모든 것에 대한 우리의 최고의 이론이다."13)

포스트모던 사고를 하는 사람들은 내재적 초월을 주장함으로써 "육화된" 그리스도인들로서, 세상이 하느님의 거주 장소임을 강조한

---

13) Caputo, 52, 237.

다. 따라서 "하느님의 능력"도 이 세상적이다. 그것은 우리 인간들에게 능력을 불어넣으심으로써 우리가 지구와 친구가 될 수 있게 하시며, 우리가 어른 파트너들로서 기후비상사태의 도전에 응하도록 도우시는 능력이다. 하느님은 기후비상사태를 정복하실 전능한 신이 아니다. 오히려 능력은 연약함 속에서 발견되어야 하거나, 아니면 리처드가 말한 것처럼, "하느님은 최고로 또한 본질적으로 자기를 내어주심과 허락하심 안에 존재하신다"고 말할 수 있는데, 이 둘 모두는 우정의 특징이다.14) 다시 말해서, 우리는 결코 자연을 정복하거나 통제할 수 없지만, 하느님의 생명에 참여함으로써(테오시스) 자기를 비워내어 하느님의 사랑하시는 우정이 우리를 통해 일하실 수 있게 하며, 우리가 정의와 환대의 통로가 될 수 있게 할 수는 있다.

이 말은 우리가 기후비상사태에 대한 대응에서 "성공할" 것이라는 뜻이 아니다. 기껏해야 우리가 할 수 있는 작은 행동들은 하느님의 우정을 우리의 노력 속에 구체화하여, 지구적 환대, 정의, 자비, 세상에 대한 하느님의 사랑을 드러내려고 노력하는 일이다. 우리가 말은 거창하게 하고 (지구 행성과의 우정), 행동은 작게 한다. 거창한 말은 노르위치의 줄리안이 말한 "모든 것이 괜찮을 거다"(희망과 가능성에 대한 우주적 비전)라는 말로서, 이것은 하느님의 말씀이며, 우리가 작은 행동을 하는 것은 도로시 데이의 "작은 길"(little way), 즉 하루의 최소주의로서, 그녀는 자기가 결코 대단한 일을 하지는 않지만 끈질기게 한다고 썼다. "그녀는 자신의 일이 큰 재능을 요구하

---

14) Richard, *Kenotic Christology*, 233.

지는 않지만 주로 힘든 일이라고 말했다. '나는 아무것도 잘하지는 못했지만, 내가 할 수 있는 일을 했다.'"15)

그러나 그런 성인들의 길이 대부분의 사람들에게 유일한 길은 아니며 심지어 최선의 길도 아니다. 그리스도교는 일차적으로 자기 비움의 능력을 받은 개인들의 실천이 아니다. 오히려 예수의 비유들과 그의 삶과 십자가에서의 죽음이 보여주는 것은 그것과 다른 것이다. 즉 하느님의 나라는 대항문화적인 삶의 방식이다. 비록 그리스도교가 새로운 사회를 위한 청사진은 아니지만, 세상의 기준이 뒤집어엎는 새로운 세계관과 지금 친구들의 자기 비움의 공동체로서 살아가라는 부름을 뜻한다.

나는 배리 로페즈의 탁월한 책 ≪북극을 꿈꾸다≫(*Arctic Dreams*)에 나오는 사려깊은 문장으로 이 책을 마무리하고 싶다. 그 문장은 기후비상사태라는 도전에 직면한 우리에게 빛을 비춰준다.

어느 문화도 아직 각자가 의식적인 정신이 성장할 때 직면하게 되는 딜레마를 해결하지 못했다. 즉 우리가 모든 생명에 본래적인 피흘림, 그 공포를 완전히 인식할 때, 자기 자신의 문화 속에 있는 어둠뿐 아니라 자신 속에도 있는 어둠을 발견할 때, 과연 우리가 어떻게 도덕적이며 자비로운 삶을 살 수 있겠는가 하는 딜레마다. 개인의 삶이 진정으로 어른이 되는 단계가 있다면, 그것은 삶이 펼쳐지는 가운데 나타나는 아이러니를 파악하고 그런 엄청난 역설

---

15) McFague, *Blessed Are the Consumers*, 64에 인용됨.

한복판에서도 살아내야 하는 책임성을 받아들일 때임이 틀림없다. … 우리를 압박하는 큰 질문들 가운데 어떤 것에 대해서는 단순히 대답이 없다. 우리는 그 질문들을 그냥 계속 살아내면서, 우리들 자신의 삶을 그 빛에 의지하는 가치있는 표현으로 만들어나갈 뿐이다.16)

지금은 우리들 넉넉한 사람들이 "진정으로 어른들"이 되도록 부름받는 때로서, 기후비상사태의 딜레마를 객관성, 정직함, 함께 아파하는 마음으로 직시할 때다. 자연에 대한 이런 친구의 특성들을 살아내는 것이 절실히 요청되는 때다.17)

---

16) Barry Lopez, *Arctic Dreams: Imagination and Desire in a Northern Landscape* (New York: Bantam, 1987), 370. 신해경 역, ≪북극을 꿈꾸다: 빛과 얼음의 땅≫, 봄날의 책, 2014.
17) 역자주: 기후위기는 전 세계적 안보 위기가 되었다. 강대국들이 기후위기를 공동 대응하기 위해 군사비를 줄여 에너지 전환과 적응대책을 마련하는 과제가 매우 시급하다. 최근에 한 기후정책 연구소의 발표에 따르면, 미국과 영국 두 나라가 전 세계 900곳에 기지를 세우고 군대를 운용하면서 배출한 이산화탄소 때문에 가장 가난한 국가들에게 입힌 기후재난 피해액만 1,110억 달러에 이른다. 따라서 미국은 최소 1,060억 달러, 영국은 50억 달러를 배상해야 한다(*The Guardian*, 2023/11/ 6). 이런 "손실과 피해"를 보상하는 문제를 위해서도 강대국들이 평화를 유지해야 하지만, 우크라이나 전쟁과 팔레스타인 전쟁은 탈지구화 시대, 새로운 냉전체제가 시작되었음을 시사한다. 난민촌과 병원까지 폭격하기에 이르렀다. 미국은 전 세계 국방비의 39%에 달한다. 2022년 한국의 국방비는 GDP 대비 2.7%이며, 증가율은 2021년 10.33%, 2022년 4.5%, 2023년 4.4%, 2024년 4.5%다. 앞으로 5년(2023-27) 동안 평균 6.8%씩 증액할 계획이다. 한편 2023년 11월 말부터 두바이에서 열리는 제28차 기후 당사국 총회는 이런 "손실과 피해"의 보상 문제가 제일 중요한 문제로 논의될 것이며, 프란치스코 교종은 "하느님을 찬미하여라"에서 이 문제의 중요성을 역설했고, 직접 당사국 총회에 참석하여, 강대국들의 역사적 타협을 위해 노력할 계획이다.

후기

케노시스와 그리스도교에 대한 성찰

케노시스(자기 비움)는 그리스도론, 하느님, 피조물, 그리고 우리에게 중심적이다. 그것은 하느님이 누구이며 또한 우리가 누구인가에 대한 중세의 이해나 계몽주의의 이해와는 전적으로 다른 실재에 대한 이해다. 진화는 나이 많은 늙은 생명이 새로운 생명을 위해 희생한다는 점에서 어느 정도 자기 비움의 과정이기 때문에, 자기 비움은 우리가 이 지구에서 살아갈(남을) 유일한 길의 열쇠이기도 하다. 자기 비움은 모든 측면에서 다른 방식으로 세상에서 살아가는 길이다. 예를 들어, 그리스도교의 낡은 이야기는 죄와 구속(속죄)이라는 부정적인 이야기다. 이것은 두 고립된 개체인 하느님과 인간 사이에 서로 조화가 깨져서 화해할 필요가 있다는 이야기다. 이 화해가 이루어지는 것은 예수 그리스도가 모든 인류, 즉 과거, 현재, 미래의 인류의 죄를 대속함으로써, 하느님이 더 이상 빗나간 세상에 대해 분노하지 않게 된 것이다. (인간의 죄로 인해 훼손되었던) 하느님의 명예는 그리스도가 목숨을 바침으로써 회복되었다. 이 이야기에서 우리의 역할은 예수 그리스도가 정말로 우리를 구원했다는 "믿음을 갖는" 일이다. 우리의 감사는 불운한 사람들에게 자비를 베푸는 행동으로 드러난다.

그러나 자기 비움의 관점은 완전히 다르다. 그것은 애당초 하느님이 세상을 사랑하시며, 세상의 생명은 하느님 자신의 생명에 참여하는 것에 근거한다고 주장한다. 이 이야기는 무엇보다 먼저 적극적이다. 만물이 하느님 안에서 믿을 수 없을 정도로 친밀하다는 이야기이기 때문이다. 사실상 여기서 "실재"는 하느님의 생명과 사랑에 참여하는 것이다. 어느 차원의 어느 개체도 혼자 존재할 수 없다. 실재는 관계적이다. 즉 삼위일체 자체(순전히 사랑의 활동뿐이다)로부터 진화에서 흐릿하게 명멸하는 희생적 활동까지 모두 관계적이다. 케노시스는 "살아감"이 전적으로 상호관계적이며 상호의존적이라고 주장한다. 따라서 그리스도교는 무엇보다 인간의 죄에 대한 부정적 이야기가 아니라, 기쁘고 축하하는 이야기로서 하느님 자신(삼위일체) 안의 하느님이 자기 비움의 전형이며 최상의 표현이다. 즉 받고 주는 행동, 희생과 새로운 생명, 상호적 의존성이 우리의 우주가 작동하는 방식의 중심이다.

그리스도교는 자기 비움을 성취한다. 그리스도교는 지구 위에서 책임적으로 또한 풍성하게 사는 유일한 길은 지구의 "집안 규칙들"을 지키는 것, 즉 오직 당신의 몫만 갖고, 떠날 때는 깨끗이 청소하고, 고장난 곳은 잘 수리하라는 규칙을 따르는 것이라고 주장한다. 그리스도인들에게 예수 이야기는 이런 자기 비움의 이야기 속으로 들어가는 최상의 입구다. 예수의 자기 비움 이야기는 예수가 누구이며, 하느님이 누구이며, 피조세계가 무엇이며, 우리 인간은 누구인가와 같은 문제를 (새롭게) 열어준다. 그것은 우리가 누구이며 또한 우리가 행성 지구 위에서 무엇을 해야만 하는지에 관한 전체 이야기다. 그것은 아름답고 외경심을 불러일으키며 도전하는 이야기로서, 지구에서 유일하게 자기를 의식하는 피조물로서 우리 인간이 가담하도록 초대받는 이야기다.

우리가 이런 우주적이며 관계적인 댄스에 가담하지 않으면, 우리는 "실재" 바깥에서 살아갈 뿐 아니라 그 원무(circle dance) 바깥에서는 삶을 성취하는 것이 불가능하기 때문에 비참한 삶을 살게 마련이다. 하느님과 세계로부터 소외된 죄인들에 관한 낡은 군주적 이야기는 우주적 댄스와 비교할 때 부정적이며 제한적인 이야기로서, 주로 인간의 쓸쓸한 측면에 초점을 맞춘 채 대다수 피조물을 무시할 뿐 아니라 모든 피조물을 사랑하면서 살아가는 기쁨도 무시하는 이야기다. 실재의 이야기는 거의 믿을 수 없을 정도로 복잡하며 다양한 아름다움과 풍성함의 파노라마를 보여줌으로써 우리를 현기증나게 만들 뿐 아니라 우리들 각자가 잠시 동안 가담하도록 초대받는 나눔과 희생의 놀라운 이야기다.

부록 1

"하느님을 찬미하여라"(Laudate Deum)

프란치스코 교종

기후 위기에 대해 선한 의지를 가진 모든 이들에게

1. "모든 피조물을 통하여 하느님을 찬미하십시오." 이것이 바로 아씨시의 프란체스코 성인이 그의 삶, 그의 찬송, 그의 모든 행동을 통해 선포한 메시지였습니다. 이런 방식으로 그는 성서 시편들의 초대를 받아들였으며, 예수께서 하느님 아버지의 피조물들 앞에서 지니셨던 감수성을 성찰하였습니다. 예수께서는 "들의 백합화가 어떻게 자라는가 살펴보아라. 그것들은 수고도 하지 않고 길쌈도 하지 않는다. 그러나 온갖 영화를 누린 솔로몬도 이 꽃 한 송이만큼 화려하게 차려 입지 못하였다"(마태오 6:28-29)고 말씀하셨으며, 또한 "참새 다섯 마리가 단돈 두 푼에 팔리지 않느냐? 그런데 그런 참새 한 마리까지도 하느님께서는 잊지 않고 계신다"(루가 12:6)고 가르치셨습니다. 우리가 가는 길에 함께 하는 이 모든 존재들에 대한 예수님의 이런 온유함을 우리가 어찌 감탄하지 않을 수 있겠습니까!

2. 회칙 ≪찬미받으소서≫를 발표한 지 8년이 지났습니다. 당시에 나는 우리의 고통받는 지구의 모든 형제자매들과, 우리 공동의 집을 돌보는 일에 대한 나의 가슴 깊은 곳에서 우러나는 염려를 나누고 싶었습니다. 그러나 시간이 지나면서, 나는 우리의 대응이 적절하지 못했으며, 우리가 살고 있는 세상은 지금 붕괴하고 있으며, 어쩌면 마지막 파괴의 시점에 가까이 다가가고 있음을 깨닫게 되었습니다. 그렇게 될 가능성뿐 아니라 의심의 여지가 없는 사실은 기후변화의 영향이 점차 더욱 많은 사람들의 삶과 가족들에게 손해를 끼치게 마련이라는 사실입니다. 우리는 그 영향을 건강 돌봄, 고용, 자원, 주택, 강제 이주 등의 영역에서 느끼게 될 것입니다.

3. 기후 위기는 전 지구적인 사회 문제이며 또한 인간 생명의 존엄성과 밀접하게 연결된 문제입니다. 미국의 주교들이 기후변화에 대한 우리의 염려의 사회적 의미를 매우 잘 표현했습니다. 그 표현이 단지 생태적 접근을 넘어서는 이유는 "우리가 서로를 돌보고 또한 지구를 돌보는 일은 함께 밀접하게 연결되어 있습니다. 기후변화는 사회와 지구 공동체가 직면한 가장 큰 도전들 가운데 하나입니다. 기후변화의 영향들은 국내에서나 전 세계에서 가장 취약한 사람들에게 닥치고 있습니다"[1]라고 지적했기 때문입니다. 아마존 시노드를 위해 모인 주교들도 똑같은 것을 짧게 말했습니다. "자연에 대한 공격은 사람들의 삶에 결과를 초래합니다."[2] 간단히 말하자면, 기후 위

---

[1] UNITED STATES CONFERENCE OF CATHOLIC BISHOPS, Global Climate Change Background, 2019.

기는 더 이상 이차적이거나 이데올로기 문제가 아니라 우리 모두에게 피해를 입히는 현실이라는 점에서, 아프리카 주교들은 기후변화가 "구조적인 죄의 비극적이며 뚜렷한 사례"[3]를 분명하게 드러낸다고 지적했습니다.

4. 지난 8년 동안 우리가 모을 수 있었던 정보와 성찰은 우리가 이미 진술할 수 있었던 것을 더 분명히 하고 완전하게 만들도록 했습니다. 이런 이유 때문에, 그리고 상황이 더욱 촉박하게 만들기 때문에, 나는 다음의 글을 여러분과 나누고 싶었던 것입니다.

1. 전 지구적인 기후 위기

5. 이 문제를 부인하고, 덮고, 둘러대고, 상대화하려는 모든 시도에도 불구하고, 기후변화의 조짐들은 지금 점차 더욱 분명해지고 있습니다. 아무도 부인할 수 없는 사실은 최근에 우리가 극단적인 기상 현상, 자주 나타나는 특이한 폭염, 가뭄, 그리고 모두에게 영향을 끼치는 소리 없는 질병의 뚜렷한 표현들인 여타 지구적 저항의 부르짖는 소리를 목격하고 있다는 사실입니다. 모든 구체적 재난들을 지구적 기후변화 탓으로 돌릴 수는 없다는 사실을 인정합니다. 그럼에도

---

2) SPECIAL ASSEMBLY FOR THE PAN-AMAZONIAN REGION, Final Document, October 2019, 10: AAS 111 (2019), 1744.
3) SYMPOSIUM OF EPISCOPAL CONFERENCES OF AFRICA AND MADAGASCAR (SECAM), African Climate Dialogues Communiqué, Nairobi, 17 October 2022.

불구하고 증명할 수 있는 사실은 인간이 초래한 구체적 기후변화가 점차 더욱 자주 강렬해지는 극단적 현상의 개연성을 분명히 높이고 있다는 사실입니다. 이런 이유 때문에, 우리는 지구 기온이 섭씨 0.5도 오를 때마다 일부 지역에서는 더욱 강한 폭우와 홍수가 더욱 자주 나타나는 한편, 다른 지역에서는 심한 가뭄이 증가하고, 어떤 곳에서는 극단적인 열파가, 또 다른 곳에서는 엄청난 폭설이 내리게 된다는 것을 알게 되었습니다.4) 지금까지 우리가 1년에 여러 차례 열파를 겪었다면, 우리가 지금 다가가고 있는 것처럼, 지구 온도가 섭씨 1.5도 상승할 때 무슨 일이 벌어지겠습니까? 이런 열파는 훨씬 자주, 또한 훨씬 강렬하게 될 것입니다. 섭씨 2도 이상 상승한다면, 그린란드와 남극의 큰 부분의 빙하가 완전히 녹을 것이며,5) 그 엄청나게 위태로운 결과는 모두에게 영향을 끼칠 것입니다.

저항과 혼돈

6. 최근에 어떤 사람들은 이런 사실들을 비웃고 있습니다. 그들은 확고한 과학적 사실이라고 주장하는 것들을 내세우는데, 지구는 항상 기온이 내려가는 기간과 올라가는 기간이 있었고, 앞으로도 그럴 것이라는 주장 같은 것입니다. 그들이 언급하지 않는 연관된 또 다른

---

4) Cf. INTERGOVERNMENTAL PANEL ON CLIMATE CHANGE (IPCC), Climate Change 2021, The Physical Science Basis, Cambridge and New York, 2021, B.2.2.
5) Cf. ID., Climate Change 2023, Synthesis Report, Summary for Policymakers, B.3.2. For the 2023 Report, see https://www.ipcc.ch/report/ar6/syr/downloads/ report/IPCC_AR6_SYR_SPM.pdf.

자료는 우리가 지금 경험하고 있는 것은 온난화가 특이하게 가속화하고 있어서, 그런 속도를 증명하기 위해서는 몇 세기나 몇천 년이 아니라 한 세대만으로 충분하다는 사실입니다. 해수면 상승과 빙하가 녹아내리는 것은 한 개인이 자신의 생애 동안 쉽게 파악할 수 있으며, 또한 이런 사실들 때문에 아마도 몇 년 후에는 수많은 사람들이 이주할 수밖에 없을 것입니다.

7. 지구온난화를 말하는 사람들을 비웃기 위해, 극단적 추위의 간헐적인 시간이 정기적으로 발생한다고 지적합니다. 그러나 그들이 언급하지 않는 사실은 이런 점과 기타 특이한 증상들은 똑같은 원인, 즉 지구온난화를 촉발하는 것은 지구적 불균형이라는 똑같은 원인의 다양한 표현에 불과하다는 사실입니다. 가뭄과 홍수, 말라버린 호수, 바다의 지진과 홍수로 인해 사라진 공동체들은 궁극적으로 똑같은 원인 때문입니다. 동시에 우리가 지구적 현상을 말한다면, 이것을 주로 지역적 요인들 때문에 발생하는 것으로 설명할 수 있는 산발적 사건들과 혼동할 수 없습니다.

8. 정보 부족은 장기간에 걸친 (우리는 최소한 몇십 년을 말합니다) 대규모 기후 전망과 기껏해야 몇 주를 예상할 수 있는 날씨 예보를 혼동하게 만듭니다. 우리가 기후변화를 말할 때는 수십 년 동안 지속될 지구 현실과 또한 끊임없는 지역적 변수를 가리키는 것입니다.

9. 현실을 단순화하려고 가난한 사람들에게 책임을 지우는 사람들이 있습니다. 그들은 자녀들이 많기 때문입니다. 심지어 저개발 국가의 여성들에게 불임수술을 하여 문제를 해결하려고 시도하기도 합니다. 항상 그렇듯이 모든 것이 가난한 사람들의 잘못인 것처럼 보입니다. 그러나 현실은 지구의 소수 부유한 사람들이 지구 전체의 가장 가난한 사람들 50%보다 더 오염시키며, 부유한 국가의 1인당 배출량은 가난한 사람들의 배출량보다 훨씬 큽니다.6) 세계의 가장 가난한 사람들의 절반이 넘는 사람들이 사는 아프리카가 역사적 배출량에서 최소한의 책임이 있다는 사실을 우리가 어떻게 잊을 수 있겠습니까?

10. 또한 기후변화를 완화하기 위한 노력으로 화석연료 사용을 줄이고 청정 에너지원을 개발하면 많은 일자리가 줄어들게 될 것이라는 주장도 흔히 듣습니다. 그러나 현재 실제로 일어나는 일은 기후변화의 서로 다른 영향들 때문에 수백만 명이 일자리를 잃고 있다는 사실입니다. 즉 해수면 상승, 가뭄과 여타 지구에 영향을 끼치는 현상들이 많은 사람들을 떠돌이로 만들었습니다. 반대로 재생에너지로 전환하는 것을 적절하게 관리하고 기후변화가 초래한 피해에 적응하려고 노력하는 것은 다른 부분에서 수많은 일자리를 만들 수 있습니다. 이런 요구는 정치인들과 기업체 지도자들이 지금에라도 관심을 기울여야 합니다.

---

6) Cf. UNITED NATIONS ENVIRONMENT PROGRAM, The Emissions Gap Report 2022: https://www.unep.org/resources/emissions-gap-report-2022.

인간적 원인들

11. 기후변화가 인간에게서 비롯되었다는 것은 더 이상 의심할 수 없습니다. 그 이유를 살펴보겠습니다. 온실가스가 대기 중에 쌓여서 지구온난화가 초래되는데, 그 농도가 19세기까지는 300ppm(백만 개 입자 당 300개) 이하로서 안정적이었습니다. 그러나 19세기 중반에 산업 발전과 함께 배출량이 증가하기 시작했습니다. 지난 50년 동안에는 그 증가 속도가 상당히 빨라진 것이 마우나 라오 관측소에서 1958년 이후 이산화탄소를 매일 측정한 결과 확인되었습니다. 내가 《찬미받으소서》를 쓸 당시에는 그 농도가 400ppm에 도달했고, 2023년 6월에는 423ppm에 도달했습니다.[7] 1850년 이후 전체 배출량의 42% 이상이 1990년 이후에 배출된 것입니다.[8]

12. 동시에 우리가 확인한 것은 지난 50년 동안 기온이 전례 없는 속도로 상승했는데, 지난 2천 년 이상 동안 어느 시대보다 빠르게 상승했다는 사실입니다. 지난 50년 동안의 온난화 추세는 십 년마다 섭씨 0.15도씩 상승하여, 지난 150년 동안보다 두 배 빨라졌습니다. 1850년 이후 지구 온도는 섭씨 1.1도 상승했는데, 극지방에는 더욱 큰 영향을 끼쳤습니다. 이런 속도로는 10년 후에, 우리가 최대 상승 목표로 삼았던 섭씨 1.5도 상승에 도달할 수 있을 것입니다.[9] 이런

---

[7] Cf. National Oceanic and Atmospheric Administration, Earth System Research Laboratories, Global Monitoring Laboratory, Trends in Atmospheric Carbon Dioxide: https://www.gml.noaa.gov/ccgg/trends/.

[8] Cf. IPCC, Climate Change 2023, Synthesis Report, Summary for Policymakers, A.1.3.

온도상승은 지구 표면에서만 일어나는 것이 아니라 대기 중 몇 킬로미터 상공에서도 일어나며, 바다 표면뿐 아니라 수백 미터 깊은 바닷속에서도 일어났습니다. 따라서 바다의 산성화가 증가하고, 산소 농도는 줄어들었습니다. 빙하들은 줄어들고, 눈에 덮인 지역도 줄어들고 있으며, 해수면은 끊임없이 상승하고 있습니다.10)

13. 이런 전 지구적 기후 현상들과 특히 20세기 중반 이후 온실가스 배출량이 점차 빠르게 증가하는 것 사이의 상관관계를 숨기는 일은 불가능합니다. 기후과학자들 가운데 압도적인 대다수는 이런 상관관계를 지지하며, 오직 소수의 과학자들만이 그런 증거를 부인하려 합니다. 안타깝게도 기후 위기는 거대한 경제 권력이 관심을 갖는 문제가 결코 아닙니다. 그들의 관심은 최소의 비용으로, 최단 시간 내에 최대의 이윤을 얻는 것입니다.

14. 내가 이처럼 분명해 보이는 것들을 명료하게 말할 수밖에 없다고 느끼는 이유는 내가 심지어 가톨릭교회 안에서조차 만나는 반발과 거의 이성적이라고 할 수 없는 의견들 때문입니다. 그러나 우리가 더 이상 의심할 수 없는 사실은 이처럼 위험한 변화가 특이하게 빠르게 진행되는 이유는 감출 수 없는 것으로서, 이처럼 엄청나게 새로

---

9) Cf. ibid., B.5.3.
10) These are data of the IPCC, based on 34,000 studies: INTERGOVERNMENTAL PANEL ON CLIMATE CHANGE (IPCC); cf. Synthesis Report of the Sixth Assessment Report (20/03/2023): AR6 Synthesis Report: Climate Change 2023 (ipcc.ch).

운 일들이 벌어지는 것은 지난 2백 년 동안 인간이 아무런 제재도 받지 않은 채 자연에 개입한 것과 관련된다는 사실입니다. 화산폭발과 같은 자연적 원인들이 보통 초래하는 온난화 사건들은 최근 몇십 년 동안의 변화의 규모와 속도를 설명할 수 없습니다.[11] 지구 표면 평균온도의 변화는 온실가스가 증가한 결과를 빼놓고는 달리 설명할 수가 없습니다.

피해와 위험

15. 기후 위기의 어떤 결과들은 이미 최소한 수백 년 동안 되돌릴 수 없습니다. 전 지구적으로 바다 온도의 상승, 바다의 산성화와 산소의 감소 등이 그런 결과들입니다. 바닷물은 온도의 관성이 있어서 온도와 염도가 정상화되는 데는 수백 년이 걸리는데, 이런 온도와 염도의 변화는 많은 종자들의 생존에 영향을 끼칩니다. 이것은 세상의 다른 피조물들이 우리의 동무들이 아니라 우리의 희생자들이 되었음을 보여주는 많은 징조들 가운데 하나입니다.

16. 대륙의 빙상이 감소한 것에 대해서도 똑같은 말을 할 수 있습니다. 극지방이 녹아내리는 것은 수백 년 동안 되돌릴 수 없을 것입니다. 기후에는 오랫동안 지속되는 요인들이 있는데, 그것을 촉발시켰을 사건들과는 관계가 없는 요인들입니다. 이런 이유 때문에 우리는 이제 우리가 초래한 엄청난 피해를 중지시킬 수 없습니다. 우리에게

---

11) Cf. IPCC, Climate Change 2023, Synthesis Report, Summary for Policymakers, A.1.2.

는 더 비극적인 피해를 막기 위한 시간이 별로 없습니다.

17. 어떤 묵시종말적 진단들은 이성적이지도 않고 근거도 불충분한 것 같습니다. 그렇다고 해서 우리가 다가가고 있는 결정적인 지점의 실제 가능성을 무시해서는 안 됩니다. 작은 변화들도 관성의 요인들 때문에, 지금은 알 수 없지만 아마도 이미 되돌릴 수 없는 더욱 큰 변화를 초래할 수 있습니다. 이런 변화는 연쇄적인 사건들을 촉진시켜 눈덩이처럼 엄청난 결과를 야기할 수 있습니다. 그럴 경우 항상 너무 늦어버리는 이유는 어떤 개입을 해도 일단 시작된 과정을 멈출 수 없을 것이기 때문입니다. 되돌아갈 수 없게 되는 것입니다. 우리가 현재의 상태에 근거해서, 이 모든 것이 일어날 것이라고 확실하게 말할 수는 없습니다. 그러나 확실한 것은 우리가 이미 시작된 현상들, 즉 빙상의 감소, 해류의 변화, 열대우림의 파괴, 러시아 영구동토대의 해빙과 같은 현상들을 고려하면, 그런 일이 일어나는 것은 계속해서 하나의 가능성으로 남아 있다는 사실입니다.[12]

18. 결과적으로 더 폭넓은 관점이 시급히 필요한데, 현재 진행되는 것에 대해 놀라게 만들고, 또한 한 세기 전에는 아마 상상도 할 수 없었을 다른 결과들에 대해 진지하게 주목하게 만드는 관점입니다. 우리에게 요구되는 것은 우리가 이 세상을 떠난 뒤에 남겨줄 유산에 대한 분명한 책임성 이외에 다른 것이 아닙니다.

---

12) Cf. ibid.

19. 마지막으로, 코로나19 팬데믹은 인간의 삶이 다른 생명체들, 그리고 자연환경과 밀접하게 관계되어 있다는 생각을 갖게 하였다는 점을 덧붙일 수 있겠습니다. 그러나 코로나 팬데믹은 특별한 방식으로, 세상의 한 부분에서 벌어지는 일이 지구 전체에 영향을 끼친다는 사실을 확증했습니다. 이것은 내가 반복해서 말한 두 가지 확신, 즉 "모든 것은 연결되어 있다"는 것과 "아무도 혼자 구원받지는 못한다"는 확신을 여기서도 반복해서 말하게 합니다.

2. 기술관료적 패러다임의 확장

20. 나는 ≪찬미받으소서≫에서 오늘날 환경이 파괴되는 과정 밑에는 기술 관료적 패러다임이 있다고 간단히 지적했습니다. 그것은 "인간의 삶과 활동을 이해하는 특정한 방식으로서, [그것이] 왜곡되어 우리 주변의 세계를 심각하게 파괴하는 지경에 이르도록 만든 것"[13]입니다. 그것은 깊은 차원에서, "마치 실재와 선과 진리가 이러한 기술과 경제의 힘에서 저절로 생겨난다"[14]고 생각하는 것입니다. 논리적 결과로서 "인간은 무한 성장, 또는 제약 없는 성장이라는 개념을 쉽게 받아들이게 되었으며, 경제학자, 금융 전문가, 기술자들은 이에 큰 매력을 느꼈습니다."[15]

---

13) Encyclical Letter Laudato Si' (24 May 2015), 101: AAS 107 (2015), 887. ≪찬미받으소서≫, 101항.
14) Ibid., 105: AAS 107 (2015), 889.
15) Ibid. 106: AAS 107 (2015), 890.

21. 최근 몇 년 동안 우리는 이런 진단을 확인할 수 있었으며, 심지어 기술 관료적 패러다임이 새롭게 확장된 것을 목격했습니다. 인공지능과 최근의 기술혁신은 인간이 한계가 없으며, 인간의 능력과 가능성은 기술 덕분에 무한하게 확장될 수 있다는 생각과 더불어 시작합니다. 이런 방식으로 기술 관료적 패러다임은 괴물처럼 커지고 있습니다.

22. 의심의 여지 없이, 기술이 필요로 하는 리튬, 실리콘 등 많은 천연자원은 무한하지 않습니다. 더욱 큰 문제는 그런 강박관념 밑에 있는 이데올로기로서, 인간의 능력을 상상할 수 없을 정도로 증가시키기 위해, 인간 이외의 실재는 단순히 인간이 마음대로 처분할 수 있는 자원에 불과하다는 이데올로기입니다. 존재하는 모든 것은 우리가 감사해야 하며 존중하고 아껴야만 하는 선물이 아니라, 노예가 되어 인간의 마음과 능력의 희생물이 되었습니다.

23. 기술이 확장시킨 능력들이 "온갖 기술 지식, 특히 그것을 활용할 수 있는 경제적 재원을 확보한 이들이 인류 전체와 온 세상을 강력하게 지배할 수 있게 하여 왔습니다. 일찍이 인류가 이 정도의 힘을 지닌 적이 없었습니다. 특히 현재 그러한 힘이 쓰이는 용도를 살펴보면 그 지혜로운 활용이 보장되는 것은 아닙니다. … 그토록 엄청난 힘이 누구의 손에 있고 어떤 일을 일으키겠습니까? 소수의 사람들이 이 힘을 차지하는 것은 매우 위험합니다"[16]라는 사실을 깨달으면,

소름이 끼칩니다.

우리의 힘의 사용을 다시 생각하기

24. 모든 힘의 증가가 인류에게 진보를 뜻하지는 않습니다. "감탄할 만한" 기술이 수많은 사람을 죽이고, 원자폭탄을 투하하고, 종족 집단을 절멸시키는 데 사용되었던 것만이라도 생각할 필요가 있습니다. 우리가 진보에 대한 감탄에 눈이 멀어 그 결과의 끔찍함을 보지 못했던 역사적 순간들이 있었습니다. 그러나 그런 위험이 항상 존재하는 이유는 "이 엄청난 기술 발전에 인간의 책임과 가치관과 양심의 발전이 함께하지 못하였기 때문입니다. … 이러한 의미에서 인간은 아무런 통제 수단도 없이 커져만 가는 자기의 힘 앞에 무방비로 노출되는 것입니다. 인간이 형식적인 수단들은 마련해 두었으나, 실제로 한계를 정하고 자제력을 가르쳐 줄 수 있는 건전한 윤리와 문화와 영성을 갖추지 못하였다고 할 수 있습니다."17) 그런 사람들의 손에 그토록 엄청난 힘이 주어진 것이 생명을 파괴할 수 있음에도 불구하고, 기술 관료 패러다임에 고유한 정신구조는 우리를 눈멀게 만들고, 오늘날 인류가 직면한 이처럼 극히 심각한 문제를 보지 못하게 만든다는 것은 이상한 일이 아닙니다.

25. 이런 기술 관료적 패러다임과는 반대로, 우리는 우리를 둘러싸고 있는 세계가 착취, 고삐 풀린 사용과 무제한적인 야망의 대상이

---

16) Ibid., 104: AAS 107 (2015), 888-889.
17) Ibid., 105: AAS 107 (2015), 889.

아니라고 말합니다. 또한 우리는 자연이 우리의 삶과 우리의 계획을 발전시키는 단순한 "무대"라고 주장할 수도 없습니다. 왜냐하면 "우리는 자연의 일부이며, 자연에 속하므로 자연과 끊임없는 상호작용을 하며,"[18] 따라서 "우리들[신자들]은 세상을 밖에서가 아니라 안에서 바라보기"[19] 때문입니다.

26. 이런 사실 자체는 인간이 자연 바깥의 외부적이며 이질적 존재로서 환경을 해칠 능력만 있다는 생각을 반대합니다. 인간은 자연의 일부로 인식해야만 합니다. 인간의 삶, 지능과 자유는 우리 행성을 풍요하게 만드는 자연의 요소들로서, 지구의 내부 작용과 그 평형 상태의 한 부분입니다.

27. 이런 이유 때문에, 원주민들의 문화와 지구의 다른 지역들에서 오랜 세월 동안 일어났던 것처럼, 건강한 생태계는 인간이 환경과 상호 작용한 결과이기도 합니다. 인간 집단들은 흔히 환경을 "창조했으며,"[20] 어떤 방식으로든 환경을 새롭게 만들면서도 환경을 파괴하거나 위험하게 만들지 않았습니다. 오늘날의 큰 문제는 기술 관료적 패러다임이 그 건강하며 조화로운 관계를 파괴했다는 사실입니다. 어떤 사건에서든, 그처럼 피해를 주며 파괴적인 패러다임을 넘어서

---

18) Ibid., 139: AAS 107 (2015), 903.
19) Ibid., 220: AAS 107 (2015), 934.
20) Cf. S. SÖRLIN-P. WARDE, "Making the Environment Historical. An Introduction", in S. SÖRLIN-P. WARDE, eds., *Nature's End: History and the Environment*, Basingstroke-New York, 2009, 1-23.

야 할 불가피한 필요성은 인간을 부인하는 데서는 볼 수 없으며, 자연적 체계와 "사회적 체계"의 상호작용을 포함합니다.21)

28. 우리는 무엇보다 인간의 힘의 문제, 그 의미와 한계를 다시 생각할 필요가 있습니다. 지난 몇십 년 동안 우리의 힘이 미친 듯이 증가했기 때문입니다. 우리는 인상적이며 놀라운 기술 발전을 이룩했으며, 동시에 우리는 다른 존재들의 생명과 우리 자신의 생존을 위협할 수 있는 매우 위험한 존재들로 둔갑하였다는 사실을 깨닫지 못했습니다. 오늘날의 시대는 "너무나 발전해서 실제로는 마지막 시대가 되었다"22)는 블라디미르 솔로비요프의 아이러니를 다시 기억할 가치가 있습니다. 우리가 만들어내는 힘과 진보가 우리를 맞서는 적이 되고 있다는 사실을 늦지 않게 인식하기 위해서는 우리에게 맑은 정신과 정직함이 필요합니다.23)

윤리적 자극

29. 권력 실세의 윤리적 타락이 감춰지는 것은 마케팅과 거짓 정보 때문인데, 이런 유용한 수단을 통해 큰 부자들은 여론을 형성합니다. 이런 수단의 도움을 받아서 그들은 환경에 중요한 변화를 초래하거

---

21) Encyclical Letter Laudato Si' (24 May 2015), 139: AAS 107 (2015), 903.
22) Cf. *War, Progress and the End of History, Including a Short Story of the Anti-Christ. Three Discussions by Vladimir Soloviev*, London, 1915, p. 197.
23) Cf. SAINT PAUL VI, Address to FAO on its 25th Anniversary (16 November 1970), 4: AAS 62 (1970), 833.

나 큰 오염을 초래할 사업을 수행할 계획을 세울 때마다, 그 계획이 지역 발전을 가져와 경제성장과 고용, 그리고 자녀들에게 삶의 수준을 높이거나 그런 잠재력이 있다고 말함으로써 희망을 불러일으킵니다. 그러나 실제로는 사람들의 미래에 대해서는 아무런 진정한 관심도 없는 것처럼 보입니다. 왜냐하면 그 사업의 결과 그들의 땅을 개발하며, 그들의 삶의 질은 떨어지게 되며 황폐하게 되어 생명과 공동체의 기쁨과 미래에 대한 희망이 사라지게 된다는 것을 분명하게 말하지 않기 때문입니다. 이런 일은 지구적 피해를 초래하여 결국에는 다른 많은 사람들도 위태롭게 만듭니다.

30. 특정 장소에 핵 쓰레기를 묻는 조건으로 받는 돈 때문에 잠시 흥분하는 것을 생각할 필요가 있습니다. 그 돈으로 살 수 있었던 집은 그 후 생겨난 질병들 때문에 무덤으로 변했습니다. 내가 이런 말을 하는 것은 상상력의 과잉 때문이 아니라 우리가 실제로 본 것에 근거한 것입니다. 이것은 극단적인 사례라고 말할 수 있을 테지만, 그러나 이런 경우들에서는 "덜한" 피해라고 말할 여지가 없습니다. 왜냐하면 그처럼 정확히 우리가 허용할 만한 피해라고 간주했던 것들이 쌓여서 지금과 같은 엄청난 상황을 초래했기 때문입니다.

31. 이런 상황은 물리학이나 생물학과 관계될 뿐 아니라 경제와 우리가 경제에 대해 생각하는 방식과도 관계됩니다. 최소의 비용으로 최대의 이득을 얻으려는 사고구조는 합리성, 진보, 환상적 약속이라

는 말로 감춰져 있지만, 우리 공동의 집에 대한 진지한 관심과 사회가 버린 가난한 사람들과 궁핍한 사람들을 돕는 일에 대한 진정한 열심을 불가능하게 만듭니다. 최근 몇 년 동안 우리는 많은 거짓 예언자들의 약속에 놀라고 흥분하여, 가난한 사람들 자신이 그들을 위해 건설되지 않는 세상에 대한 환상의 희생자들이 되는 것을 자주 목격할 수 있었습니다.

32. "능력주의"(meritocracy)라는 개념에 대한 잘못된 생각들도 발전하여, 보다 많은 가능성과 특권을 갖고 태어난 사람들의 지배 아래, 모든 것을 인간이 "취득한" 힘에 복속시키는 것이라고 간주하게 되었습니다. 힘든 노동의 가치에 대한 건강한 이해, 개인이 타고난 능력을 발전시키는 것, 그리고 솔선하는 정신을 칭찬하는 것은 그럴 수 있지만, 기회의 진정한 평등성을 추구하지 않는다면, "능력주의"는 소수가 큰 힘을 갖는 특권을 더욱 공고하게 만드는 간편한 차단벽이 될 수 있습니다. 이처럼 뒤틀린 논리에서는 그들이 자신들의 능력과 노력으로 벌어들인 금융 자산으로 안전한 방패막을 치고 있다고 느낀다면, 도대체 그들이 왜 우리 공동의 집에 끼친 피해를 신경 써야 할 마음을 먹겠습니까?

33. 양심상, 또한 그들의 행동이 끼친 피해를 갚게 될 자녀들의 눈으로 볼 때, 불가피하게 떠오르는 질문은 "내 인생의 의미는 무엇인가? 이 지구 위에서 내가 사는 시대의 의미는 무엇인가? 나의 모든 노동

과 노력의 궁극적인 의미는 무엇인가?" 하는 질문입니다.

3. 국제정치의 약점

34. 비록 "우리 자신의 시대에는 어떤 퇴보 조짐이 나타나는 것 같지만 … 새로운 세대마다 과거 세대의 투쟁과 성취를 이어받아, 시야를 더욱 높은 곳에 두어야만 합니다. 이것이 길입니다. 사랑과 함께 선함, 정의와 연대는 한 번에 모두 얻어지는 것이 아닙니다. 그 모두는 매일 실현되어야 하는 것입니다."[24] 확고하며 지속적인 발전을 이루기 위해서는 "국가들 사이에 다자협정이 우선해야 한다"[25]고 나는 주장하고 싶습니다.

35. 다자주의(multilateralism)를 한 사람에게 집중된 세계의 권한이나 지배층이 지나치게 권력을 갖는 세계와 혼동하는 것은 도움이 되지 않습니다. 즉 "우리가 법률에 의해 규제받는 어떤 형태의 세계적 권한의 가능성에 대해 말할 때, 우리가 반드시 개인의 권한을 생각할 필요는 없습니다."[26] 우리는 무엇보다 "지구의 공동선을 마련해 줄 힘을 갖고 있고, 굶주림과 가난을 없애주며 근본적인 인권을 분명히 보장하는 보다 효율적인 세계 조직들"[27]에 대해 말하는 것입니다.

---

[24] Encyclical Letter Fratelli Tutti (3 October 2020), 11: AAS 112 (2020), 972.
[25] Ibid., 174: AAS 112 (2020), 1030.
[26] Ibid., 172: AAS 112 (2020), 1029.
[27] Ibid.

이 문제는 그 조직들이 실제 권한을 갖고 있어서 분명한 본질적 목표들을 성취하기 위한 "방법을 마련해주는" 방식이어야 합니다. 이런 방식으로 정치적 조건의 변화나 특정한 소수의 이해관계에 좌우되지 않고, 안정적인 효율성을 지닌 다자주의가 실현될 수 있습니다.

36. 계속해서 유감스러운 일은 지구의 위기들이 유익한 변화를 가져오는 계기들이 될 수 있었지만, 그 기회들을 낭비하게 된다는 사실입니다.28) 이것이 2007-2008년 금융위기, 그리고 코로나-19 위기 때 다시 벌어진 일입니다. "[그런 위기들이] 시작될 때 세계 전역에서 개발된 실제 전략들은 더 큰 다자주의를 조장함으로써, 덜 통합시키고, 참으로 힘 있는 자들을 위한 자유를 증가시켰는데, 그들은 항상 아무 상처 없이 빠져나가는 길을 찾는 사람들"29)이기 때문입니다.

다자주의 재구성

37. 낡은 다자주의를 구하기보다 현재의 도전은 새로운 세계 상황을 고려하여 다자주의를 새로 구상하고 재창조해야 할 것처럼 보입니다. 나는 여러분이 "시민사회의 많은 집단과 조직들은 국제사회의 결점을 보상하는 데 도움을 줍니다. 국제사회는 복잡한 상황에서 협조가 부족하고 근본적인 인권에 주의가 부족합니다"30)라는 사실을 깨닫게 되기를 바랍니다. 예를 들어, 대인 지뢰의 사용, 생산과 제조

---

28) Cf. ibid., 170: AAS 112 (2020), 1029.
29) Ibid.
30) Ibid., 175: AAS 112 (2020), 1031.

에 반대했던 오타와 과정(Ottawa Process)은 어떻게 시민사회가 그 조직들을 통해 유엔이 할 수 없는 효과적인 역동성을 창조할 수 있는지를 보여준 하나의 사례입니다. 이런 방식으로 보완성의 원리는 지구적-지역적 관계에도 적용됩니다.

38. 중기적 관점에서 볼 때, 지구화는 자발적인 문화적 상호교류, 사람들 사이의 더 큰 상호적 지식과 통합 과정을 선호하는데, 이것은 결국 단순히 권력층이 결정하지 않는 "아래로부터의" 다자주의를 초래합니다. 세계 전역에 걸쳐 서로 매우 다른 국가들 출신의 활동가들이 서로 돕고 지지하는, 아래로부터 일어나는 이런 요구는 권력의 원천을 압박하는 것이 될 수 있습니다. 이런 일이 기후 위기와 관련해서도 일어나기를 희망해야 합니다. 이런 이유 때문에 나는 "시민들이 국가와 지역과 지자체의 정치적 권력을 통제하지 않으면 환경 피해를 막을 수 없습니다"[31]라는 말을 반복합니다.

39. 포스트모던 문화는 보다 취약하며 힘이 없는 사람들을 향한 새로운 감수성을 창출했습니다. 이것은 내가 회칙 《모든 형제들》에서, 어떤 상황에서도 인간의 우선성과 그 존엄성을 보호할 것을 주장한 것과 연결됩니다. 그것은 인류의 실제 문제들을 해결할 목적으로 다자주의를 격려하고, 모든 것보다 개인의 존엄성에 대한 존중을 확보하는 또 다른 방법입니다. 그런 방법을 통해 지역적이거나 부수적

---

[31] Encyclical Letter Laudato Si' (24 May 2015), 179: AAS 107 (2015), 918.

인 이해관계보다 윤리가 우선할 것입니다.

40. 다자주의는 정치를 대체하는 문제가 아니라, 현재 등장하는 세력들이 더욱 연관성을 갖게 되며, 팬데믹 기간 동안에 일부 입증된 것처럼, 사실상 구체적 문제들을 해결하는 데서 중요한 결과를 얻을 수 있다는 사실을 인정하는 문제입니다. 문제들에 대한 대답들은, 아무리 작더라도 어느 나라에서든 생겨날 수 있다는 사실 자체는 다자주의를 불가피한 과정으로 제시하고 있습니다.

41. 오래된 외교는 위기 속에서도 그 중요성과 필수성을 계속해서 보여줍니다. 그러나 외교는 세계가 새롭게 재구성되는 데 대응할 수 있는 다자주의적 외교 모델을 만들어내는 데 실패했습니다. 그러나 외교가 스스로 재구성할 수 있으려면, 그것이 해결의 한 부분이어야만 합니다. 지난 세기들의 경험도 제쳐놓을 수 없기 때문입니다.

42. 우리의 세계는 너무 다극적이 되었고 동시에 너무 복잡해져서 효율적인 협동을 위한 다른 틀을 요구합니다. 세력의 균형만을 생각하는 것은 충분하지 않으며, 새로운 문제들에 대한 대응을 마련해줄 필요성과 지구적 구조를 갖고 환경, 공중 보건, 문화와 사회의 도전들에 대응할 필요성도 생각해야만 합니다. 특히 가장 기본적인 인권, 사회적 권리를 존중하고 또한 우리 공동의 집을 보호하기 위한 구조를 강화하기 위해 그렇습니다. 그것은 이처럼 지구를 보호하기 위한

"방법들"을 허락할 수 있는 지구적이며 효율적인 규칙들을 확립하는 문제입니다.

43. 이 모든 것의 전제는 결정 과정과 그 결정을 합법화하기 위한 새로운 절차를 개발하는 일입니다. 몇십 년 전에 확립된 절차는 충분하지도 않고 효율적이지도 않은 것처럼 보이기 때문입니다. 이런 틀 속에서는 대화, 협의, 중재, 갈등 해결과 감독할 공간이 반드시 요구됩니다. 또한 마지막으로 지구적 맥락에서 일종의 "민주화"가 요구됩니다. 그래야만 다양한 상황들이 표현될 수 있고 포함될 수 있습니다. 우리가 힘 있는 사람들의 권리를 지키고 모든 사람을 돌보지 않는 기관들을 뒷받침하는 것은 더 이상 도움이 되지 않습니다.

4. 기후 회의: 진전과 실패

44. 기후변화 문제를 다루기 위해 190개 이상의 국가 대표들이 수십 년 동안 정기적으로 만나고 있습니다. 1992년 리우 회의는 유엔 기후변화 기본 협정을 채택했는데, 이것은 1994년에 비준 서명이 완료되어 효력을 발휘하게 된 조약입니다. 이들 국가들은 매년 최고 의결 기관인 당사국 총회에서 만납니다. 코펜하겐 총회(2009) 같은 총회는 실패했지만, 교토 총회(1997) 같은 총회에서는 중요한 진전을 이루었습니다. 그 중요한 약속은 온실가스 배출을 1990년 대비 5% 감축하기로 목표를 정한 것입니다. 그 기한은 2012년까지였지만 분명

히 달성하지 못했습니다.

45. 모든 당사국은 또한 지금 벌어지고 있는 기후변화의 영향을 줄이기 위해 적응대책을 실행하기 위해 노력했습니다. 개발도상국가들의 적응대책 비용을 대기 위한 원조도 결정되었습니다. 그 의정서는 실제로 2005년에 효력을 발휘하게 되었습니다.

46. 그 후 기후변화가 초래한 손실과 피해를 다룰 기구를 만들 것도 제안되었습니다. 이 기구는 그 책임이 주로 부유한 국가들에 있음을 인정하고, 보다 취약한 국가들에서 기후변화가 초래한 손실과 피해를 보상하려고 했습니다. 그런 국가들의 "적응" 비용을 지원하는 단계는 아직 아니었지만, 이미 초래된 피해를 보상하는 단계에 있었습니다. 이 문제는 여러 총회에서 중요하게 논의된 주제였습니다.

47. 파리에서 열린 제21차 당사국 총회(2015)는 또 하나의 중요한 순간이었는데, 모든 당사국이 관련된 합의를 이루었기 때문입니다. 과거에 설정된 목표를 달성하지 못한 상황에서 파리 총회는 새로운 시작으로 간주할 수 있습니다. 그 협정은 2016년 11월 4일 발효되었습니다. 구속력이 있는 협정이지만, 모든 조항들이 엄격한 의미에서 의무는 아니며, 어떤 조항은 엄청난 재량권을 남겨두었습니다. 어느 경우든 정확하게 말해서, 어느 국가가 약속을 이행하지 않는 경우에 제재조항이 없고, 약속 이행을 강제할 효과적인 수단도 없습니다. 또

한 개발도상국들의 경우에는 융통성을 주기도 했습니다.

48. 파리협정은 폭넓고 야심적인 목표를 제시하는데, 그것은 지구 평균온도 상승을 산업화 이전 수준보다 섭씨 2도 미만에서 유지하며, 목표를 1.5도로 낮추는 것입니다. 구체적인 감시 절차를 확고하게 만들고, 또한 여러 국가들의 목표를 비교하기 위한 일반적 기준을 마련하는 작업은 아직도 진행 중입니다. 이로 인해 실제 결과에 대한 보다 객관적인(양적인) 평가를 얻는 것이 어렵습니다.

49. 몇 차례 총회가 아무런 결과를 내지 못했고, 마드리드에서 열린 제25차 당사국 총회(2019)에 대한 실망감 때문에, 글래스고에서 개최된 제26차 당사국 총회(2021)에서는 이런 무력감이 바뀌기를 희망했습니다. 결국 그 총회 결과는 팬데믹의 전반적 영향으로 유보되었던 파리협정을 다시 시작하는 것이었습니다. 그뿐 아니라 실제적 효과를 거의 예상할 수 없는 "권고들"이 많았습니다. 대안적이며 덜 오염시키는 에너지 형태들로 신속하며 효율적으로 전환하자는 제안들은 아무런 진전을 이루지 못했습니다.

50. 이집트 샤람 엘 셰이크에서 열린 제27차 당사국 총회(2022)는 처음부터 우크라이나 침공으로 초래된 상당한 경제적 위기와 에너지 위기 상황 때문에 위협을 받았습니다. 탄소 사용이 증가했으며, 누구나 충분한 물자 공급을 추구했습니다. 개발도상국들은 에너지 확보

와 발전에 대한 전망을 긴급한 우선순위로 간주했습니다. 화석연료가 세계 에너지 사용의 80%를 차지하며, 그 사용량이 계속 증가하고 있다는 사실에 대해 분명히 인식하게 되었습니다.

51. 이집트에서 개최된 이 당사국 총회는 협상의 어려움을 보여준 또 하나의 본보기였습니다. 이 총회는 최소한 기후재난들로 가장 영향을 받는 국가들의 "손실과 피해"에 대한 금융 지원을 강화하는 데 한 걸음 나아갔다고 말할 수 있을 것입니다. 이것은 개발도상국들에게 새로운 목소리와 더욱 큰 역할이 주어진 것처럼 보일 것입니다. 그러나 여기에서도 많은 점들이 여전히 불명확했으며, 무엇보다 그 기금을 내야만 하는 국가들의 구체적인 책임이 불명확했습니다.

52. 오늘날 우리는 여전히 "협약들은 제대로 실행되지 않았습니다. 감시, 정기 검사, 위반 행위 제재를 위한 적절한 장치가 마련되지 못했기 때문입니다. 회담에서 발표된 원칙들의 현실적 실현을 위한 신속하고 효과적 방법들이 필요합니다"[32]라고 말할 수 있습니다. 또한 "세계적 공동선보다 자국의 이해관계를 앞세우는 나라들의 입장 때문에 국제적 협의는 중요한 진척을 이루지 못합니다. 우리가 감추고자 한 것의 결과로 고통받게 될 사람들은, 이렇게 양심과 책임을 다하지 못한 사실을 결코 잊지 않을 것입니다."[33]

---

32) Ibid., 167: AAS 107 (2015), 914.
33) Ibid., 169: AAS 107 (2015), 915.

5. 제28차 당사국 총회(두바이)에서 무엇을 기대할 것인가?

53. 아랍 에미리트는 다음 당사국 총회(제28차)를 주최합니다. 페르시아만에 있는 국가로서 비록 재생에너지에 많은 투자를 하였지만, 화석연료 수출이 큰 국가입니다. 가스와 석유회사들은 생산량을 더 늘리기 위해 새로운 사업을 계획하고 있습니다. 희망할 것이 없다고 말하는 것은 모든 인류, 특히 가난한 사람들이 기후변화의 최악의 결과에 노출되는 것이기 때문에 결국 자멸하는 길일 것입니다.

54. 인간이 자신의 작은 이익을 넘어 더 큰 관점에서 생각할 능력이 있다고 확신한다면, 제28차 당사국 총회가 에너지 전환과 지속적인 감시에 효과적으로 헌신하는 데서 결정적 속도를 낼 것으로 희망할 수 있습니다. 이 총회는 방향을 바꾸고, 1992년 이후 행해진 모든 것이 사실상 진지하며 가치 있는 노력이었음을 보여주거나, 아니면 그동안 이룩한 모든 선을 위태롭게 만드는 큰 실망이 될 것입니다.

55. 많은 협상과 협정에도 불구하고, 지구적 탄소 배출량은 계속 증가하고 있습니다. 분명히 그런 협정이 없었다면, 더욱 많이 배출하게 되었을 것입니다. 그러나 환경과 연결된 다른 주제들에서, 오존층 보호를 위한 경우처럼, 의지가 있을 때 매우 중요한 결과를 얻었습니다. 그러나 풍력과 태양 에너지처럼 청정에너지로 반드시 전환하고, 화석연료를 퇴출시키는 일은 필요한 속도를 전혀 내지 못하고 있습

니다. 결과적으로 지금 국제사회가 하고 있는 일은 사람들의 주의를 분산시키기 위한 책략처럼 보일 위험이 있습니다.

56. 우리는 기후 위기에 대해 관심이 있는 것처럼 보이지만 실질적 변화를 일으키기에 필요한 용기는 없는 정신구조를 넘어서야만 합니다. 우리는 이런 속도로 단 몇 년 후에는 최대 한계인 섭씨 1.5도를 넘게 될 것이며, 또한 그 후 얼마 안 가서 3도에 도달하여 큰 위험에 빠지게 될 것임을 알고 있습니다. 심지어 우리가 돌이킬 수 없는 3도에 이르지 않는다 해도, 그 결과는 재앙이 될 것이 분명하며, 또한 황급한 조치들을 취할 수밖에 없을 때 그 비용은 더욱 엄청나며 견딜 수 없는 경제적 및 사회적 영향을 미치게 될 것입니다. 비록 지금 우리가 취할 수 있는 조치들도 비용이 많이 들지만, 우리가 오래 기다릴수록 그 비용은 훨씬 더 큰 부담이 되기 마련입니다.

57. 나는 "개별적으로 나타나는 환경 문제에 대한 기술적 해결 방안을 찾는 것은, 실제로 서로 이어져 있는 것들을 분리하고, 세계 체제가 안고 있는 가장 심각한 진짜 문제들을 숨기는 것입니다"[34]라고 주장하는 것이 가장 중요하다고 생각합니다. 단기적으로 볼 때 되돌릴 수 없는 악에 직면하며 적응 노력이 필요한 것은 사실입니다. 또 온실가스를 흡수/포집하는 것을 가능하게 만드는 어떤 기술적 발전과 개입은 촉망되는 것으로 입증되었습니다. 그럼에도 불구하고, [그

---

34) Ibid., 111: AAS 107 (2015), 982.

런 기술을 빙자해서] 우리가 계속해서 화석연료를 사용한다면, 우리는 깨어진 곳에 풀을 칠하고 종이로 덮는 정신구조에 머물러 있을 위험이 있습니다. 새로운 기술적 개입을 통해 미래의 모든 문제를 해결할 수 있다고 생각하는 것은 눈덩이를 언덕 아래로 밀어버리는 것처럼 살인적인 실용주의의 한 형태입니다.

58. 흔히 경제적 이익을 위해서 기후 문제를 순전히 환경의, "녹색의" 낭만적인 문제로 보는 무책임한 조롱을 완전히 끝내야 합니다. 이것은 모든 차원에서 인간과 사회의 문제라는 것을 마침내 받아들이도록 하십시다. 이런 이유 때문에, 이 문제는 모든 사람이 개입할 것을 요청합니다. 기후에 대한 회의들에서 집단들의 행동을 "급진적"이라고 부정적으로 묘사하는 것은 사람들의 주의를 끄는 경향이 있습니다. 그러나 실제로는 건강한 "압력"을 행사해야 하는 사회 전체가 그 압력을 행사하지 않고 남겨놓은 빈 공간을 그들이 채우는 것입니다. 모든 가족은 자녀들의 미래가 이런 건강한 압력에 달려 있음을 깨달아야 하기 때문입니다.

59. 이번 당사국 총회가 우리를 인간으로서 존중하고 인간다운 삶을 가능하게 만드는 역사적 사건이 되도록 만드는 데 진지한 관심을 갖고 있다면, 우리가 유일한 희망을 가질 수 있는 것은 에너지 전환이 다음 세 가지 조건을 충족하도록 구속력 있는 형태로 만드는 것입니다. 즉 에너지 전환은 효율적이며, 필수적이며, 즉각 감시할 수 있어

야 합니다. 이런 새로운 과정을 시작하기 위해서는 세 가지가 요구됩니다. 즉 에너지 전환은 과감해야 하며, 일사불란해야 하며, 모두의 헌신을 기대해야 합니다. 이제까지 그런 일이 일어나지 않았습니다. 이런 과정만이 국제정치가 그 신뢰성을 회복하게 만들 수 있습니다. 왜냐하면 오직 이런 구체적 방식으로만 이산화탄소 수준을 상당히 줄일 수 있으며, 앞으로 더 큰 악을 막을 수 있기 때문입니다.

60. 이번 총회에 참석하는 사람들이 특정 국가나 기업체의 단기적 이익보다는 공동선과 사기 지녀들의 미래를 생각할 수 있는 전략가들이기를 바랍니다. 이런 방식으로 그들이 정치의 수치가 아니라 정치의 고상함을 보여주기를 바랍니다. 권력자들에게 나는 이 질문을 반복할 수 있을 따름입니다. 즉 "이런 상황에서는, 시급하고 반드시 실행할 필요가 있는 조치를 제대로 취하지 못한 정치인으로 기억될 뿐일 터인데 그 누가 권력을 잡으려 하겠습니까?"[35]

6. 영적인 동기

61. 나는 이 문제에 관해 가톨릭 신자들에게 자신들의 믿음에서 우러나는 동기들을 상기시키지 않을 수 없습니다. 나는 다른 종교의 형제자매들에게도 똑같은 것을 권합니다. 진정한 믿음은 인간의 가슴에 능력을 줄 뿐 아니라 삶을 변화시키고 우리의 목표를 새로 정하

---

[35] Ibid., 57: AAS 107 (2015), 870.

게 하며, 다른 사람들과 피조세계 전체와 맺는 우리의 관계에 새로운 빛을 비춰준다는 것을 우리가 알기 때문입니다.

믿음의 빛 안에서

62. 성서는 우리에게 말합니다. "이렇게 만드신 모든 것을 하느님께서 보시니 참 좋았다"(창세기 1:31). "땅과 그 위에 있는 것 모두가 너희 하느님 야훼의 것이다"(신명기 10:14). 이런 이유로 "땅은 아주 팔아 넘기는 것이 아니다. 땅은 내 것이요, 너희는 나에게 몸붙여 사는 식객에 불과하다"(레위기 25:23)고 말씀하십니다. 따라서 "하느님께 속한 땅에 대한 책임은, 지성을 지닌 인간이 자연법과 이 세상의 피조물들 사이에 존재하는 정교한 균형을 존중해야 한다는 것을 의미합니다."36)

63. 동시에 "다양한 관계를 맺고 있는 이 세계 전체는 하느님의 다함없으신 풍요를 보여줍니다." 따라서 지혜롭기 위해서 "우리는 그 다양한 관계 안에서 피조물의 다양성을 이해해야 합니다."37) 이런 지혜의 길을 따라, 현재 그처럼 많은 생명체 종자들이 사라지고 있으며 또한 기후 위기가 수많은 다른 존재들의 생명을 위험하게 만들고 있다는 것은 우리가 무관심할 문제가 아닙니다.

64. 예수께서는 "세상에 있는 아름다움에 주의를 기울이라고 다른

---

36) Ibid., 68: AAS 107 (2015), 874.
37) Ibid., 86: AAS 107 (2015), 881.

이들에게 권유하실 수 있었습니다. 주님께서는 언제나 자연과 관계를 이루시면서 큰 사랑과 경탄으로 자연에 관심을 기울이셨기 때문입니다. 당신께서 사시던 지역의 구석구석을 지나시다가 잠시 머무시면서 당신의 아버지께서 심어 놓으신 아름다움을 음미하시고는, 그 안에 담긴 하느님의 메시지를 이해하도록 당신 제자들에게 권유하셨습니다."[38]

65. 그러므로 "이 세상의 피조물은 더 이상 자연의 모습으로 우리에게 나타나지 않습니다. 부활하신 분께서 이 모든 피조물을 신비롭게 간직하시며 그들의 목적인 충만으로 이끌어주시기 때문입니다. 예수님께서 인간의 눈으로 바라보시며 감탄하셨던 들판의 바로 그 꽃들과 새들은 이제 그분의 빛나는 현존으로 충만하게 됩니다."[39] "세상은 모든 것을 온전히 채워주신 하느님 안에서 펼쳐집니다. 따라서 나뭇잎, 길, 이슬, 가난한 이의 얼굴에 신비가 담겨 있습니다."[40] 세상은 무한한 사랑을 노래하는데, 어떻게 우리가 세상을 돌보지 않을 수 있겠습니까?

친교와 헌신의 여정

66. 하느님은 우리를 당신의 모든 피조물과 결합시키셨습니다. 그럼에도 불구하고 기술 관료적 패러다임은 우리를 둘러싸고 있는 세상

---

38) Ibid., 97: AAS 107 (2015), 886.
39) Ibid., 100: AAS 197 (2015), 887.
40) Ibid., 233: AAS 107 (2015), 938.

으로부터 우리를 고립시킬 수 있으며, 또한 우리로 하여금 세상 전체가 "접촉 지역"[41]임을 망각하게 만들어 우리를 속일 수 있습니다.

67. 우주에 대한 유대-그리스도교 비전은 하느님의 모든 피조물들의 놀라운 합주(concert) 한복판에 있는 인간의 독특하며 중심적 가치를 옹호하지만, 오늘날 우리는 "상황에 맞는 인간중심주의"만이 지탱될 수 있다는 사실을 깨달을 수밖에 없습니다. 다른 말로 하자면, 다른 피조물들이 없다면 인간의 삶은 생각할 수 없으며 지속가능하지 않다는 사실을 인정할 수밖에 없다는 말입니다. 왜냐하면 "우주의 한 부분으로서 … 모든 피조물이 서로 보이지 않는 끈으로 연결되어 있어, 함께 보편 가정, 곧 숭고한 공동체를 이루어 거룩하고 사랑이 넘치며 겸손한 존중으로 나아가기"[42] 때문입니다.

68. 이것은 우리 자신의 의지의 산물이 아닙니다. 그 기원은 다른 곳에, 우리 존재의 깊은 곳에 있습니다. 왜냐하면 "하느님은 우리를 주변 세계와 너무 밀접하게 연결시키셨기 때문에, 우리는 흙이 사막화되는 것을 거의 육체적 질병으로 느낄 수 있으며, 한 종자가 멸종하는 것을 고통스러운 기형으로 느낄 수 있습니다."[43] 그러므로 인간

---

41) Cf. D. J. HARAWAY, *When Species Meet*, Minneapolis, 2008, pp. 205-249.
42) Encyclical Letter Laudato Si' (24 May 2015), 89: AAS 107 (2015), 883.
43) Apostolic Exhortation Evangelii Gaudium (24 November 2013), 215: AAS 105 (2013), 1109.

이 자율적이며 전능하며 무한하다고 생각하는 것을 중지하고, 우리 자신을 다르게, 겸손하지만 보다 열매를 많이 맺는 방식으로 생각하기 시작하십시오.

69. 나는 모든 이들이 우리의 집인 세계와 화해하는 이 순례의 길에 함께 하여, 이 세계를 보다 아름답게 만드는 일을 돕도록 요청합니다. 이런 헌신은 우리의 개인적 존엄성과 최고의 가치와 관련된 일이기 때문입니다. 동시에 내가 부인할 수 없는 사실은 우리가 정직할 필요가 있으며, 가장 효율적인 해결책은 개인의 노력만으로 오는 것이 아니라, 무엇보다 국가적 차원과 국제적 차원에서 중요한 정치적 결정을 통해 온다는 것을 인식할 필요가 있다는 사실입니다.

70. 그럼에도 불구하고 아무리 작은 일이라도 도움이 되며, 또한 지구 온도가 0.1도라도 더 상승하지 않도록 막으면 수많은 사람들의 고통을 줄이기에 이미 충분할 것입니다. 그러나 중요한 것은 양적인 것이 아닙니다. 즉 문화적 변화 없이는, 사회 안에서 생활방식과 신념들이 성숙하지 않고는, 지속적 변화가 없다는 사실과 또한 개인적 변화 없이는 문화적 변화가 없다는 사실을 깨달을 필요가 있습니다.

71. 집안에서 오염과 쓰레기를 줄이고, 사려 깊은 소비를 하려는 노력들은 새로운 문화를 만들고 있습니다. 개인의 관습, 가족의 관습, 그리고 공동체의 관습이 바뀌고 있다는 단순한 사실은 정치 분야의

무책임성에 대해 더 큰 관심을 갖게 만들며, 힘 있는 자들의 무관심에 대한 분노를 일으키고 있습니다. 따라서 비록 이것이 양적 측면에서 즉각 중요한 효과를 내지는 않지만, 우리는 사회 깊은 곳에서 생겨나는 큰 변화 과정을 초래하는 데 도움을 주고 있음을 깨달읍시다.

72. 미국에서 개인당 탄소 배출량이 중국에 사는 개인들의 배출량보다 두 배 많고, 가장 가난한 국가들의 평균보다 약 일곱 배 많다는 사실을 고려하면,44) 서구 모델과 연결된 무책임한 생활방식을 폭넓게 바꾸는 것이 장기적으로 중대한 영향을 끼친다고 말할 수 있습니다. 결과적으로 게을리할 수 없는 정치적 결정들과 더불어, 우리는 서로를 진정으로 돌보는 길에 진척을 보일 수 있을 것입니다.

73. "하느님을 찬미하여라"가 이 편지의 제목입니다. 인간이 하느님의 자리를 차지한다고 주장할 때, 인간은 자신의 최악의 원수들이 되기 때문입니다.

2023년 10월 4일, 아씨시의 성 프란체스코 축일에 로마에서,
교황 재위 11년에, 프란치스코
(번역 김준우)

---

44) Cf. UNITED NATIONS ENVIRONMENT PROGRAM, The Emissions Gap Report 2022: https://www.unep.org/resources/emissions-gap-report-2022.

부록 2

임박한 기후 파국과 인류의 마지막 혁명

김준우

　IPCC가 지난 20년간 기대했던 섭씨 1.5도(기후 파국 마지노선) 방어 댐은 현재 붕괴 직전이다. 2023년 11월, 산업화 이전(1850-1900년) 대비 1.43도 상승했다. 현재 추세로는 1.5도 상승이 몇 년 내에 도달하며,[1] 2050년까지 2도 상승을 넘어, 현재 151개국의 감축서약(NDC)이 도달할 2.5도 방어 댐도 점차 붕괴할 것이 확실하다(앞표지 도표). IPCC는 2100년까지 3도(2.8~3.2도) 상승을 예상한다.

　이 글의 논제는 2도 방어 댐 붕괴와 함께 농업도 붕괴될 것이며, 초국적 자본 카르텔의 학살 구조를 타파할 문명전환은 인류의 마지막 혁명이며, 시민들의 육식 포기가 최선의 길이라는 점이다. 임박한 기후 파국을 대멸종 역사와 비교하여 그 심각성을 살펴보고, "파국주의"(doomism)에 대한 마이클 만[2]의 반론(2023)을 정리하고, 축산업의 파괴성, 2도 상승 후 파국적 재앙, 특히 훨씬 악화될 식량난을 검토하고, 존 캅의 《구원》(2020)에 나타난 그의 "구원" 이해를 요약한 후, 개인과 교회의 살림 실천 방안을 모색할 것이다.

---

[1] 한겨레, 2023/11/2; *The Guardian*, 2023/11/2
[2] 마이클 만은 "하키스틱 커브"를 발표한 세계적인 기후과학자다.

1. 2023년의 시대적 표징: "지구 열대화"의 시작

2023년은 "기록상 최고로 더운 해"였으며, "산업혁명 이전 평균 기온보다 섭씨 1.43도 상승했다."[3] "기후변화의 아버지" 제임스 핸슨은 2024년에 지구 평균기온이 1.6~1.7도 상승할 것으로 예상한다.[4] 현재 추세로는 1.5도 방어뿐 아니라,[5] 2050년까지 2도 방어도 불가능하다(앞표지 도표)[6]. 유엔환경계획(UNEP)의 최근 보고서가 밝힌 것처럼, 인류는 지금 "지옥 같은(hellish) 3도 상승 트랙"[7] 위를 질주하고 있다. 기온상승에 약 80% 영향을 끼치는 대기 중 이산화탄소 농도는 현재 420ppm이며, 지난 100만 년 동안 가장 높다.

2023년은 지구온난화(global warming)가 지구 열대화(global heating, boiling)로 바뀐 해였다.[8] 열돔(heat dome)이 곳곳에서 맹위를 떨쳤다. 첫째로, 세계 곳곳에서 봄부터 이상고온이 이어지다 여름에는 최고 폭염과 가뭄 기록을 갱신하는 곳들이 많았다.[9] 둘째로, 산불도 곳곳

---

3) *The Guardian*, 2023/11/8.
4) https://climate.copernicus.eu/copernicus-september-2023-unprecedented-temperature-anomalies
5) IPCC는 1.5도 상승이 기후 파국을 막을 수 있는 마지노선으로 보고, 2030년에서 2052년 사이에 1.5도 상승할 것으로 예상했으며, 마이클 만은 2036년까지 1.5도 상승할 것으로 예상했다.
6) 이 중요한 도표가 국내에 소개된 곳은 그리니엄(2023/11/13) 뿐이다.
7) *The Guardian*, 2023/11/20.
8) *The Guardian*, 2023/6/19. 지구 평균기온이 급상승하는 이유에 대해 제임스 핸슨은 (1) 대기오염을 줄이기 위해 화석연료 사용에서 배출되는 에어로졸(햇빛을 차단해서 단기간 온도를 낮추게 만드는 물질)이 줄어들었고, (2) 남극해의 해방(sea ice)이 급격히 줄어(한반도 전체 면적의 11배 감소), 기온이 급상승하는 것으로 분석했다. 2023/ElNinoFizzles.13October 2023.pdf
9) 애리조나주 피닉스에서는 섭씨 43도 이상인 날이 31일 동안 연속되었다.

에서 발생하여 1,850만 헥타르(러시아 면적)를 태웠다. 캐나다뿐 아니라 지중해 연안 거의 모든 국가에서도 산불이 이어졌다.10) 그리스 산불은 유럽 역사상 최악의 산불이었다. 셋째로, 남반구의 겨울이 시작되던 7월 말, 남극 해빙(sea ice)이 1979-2022년 평균보다 36%나 급격히 감소했다.11) 넷째로, 바다 온도가 최고로 올라가 폭풍이 심해졌고, 거의 모든 대륙에서 큰 홍수가 발생했다. 또 튀르키예, 시리아, 모로코에서 강한 지진이 발생해서 6만3천여 명이 희생되었다.

이처럼 충격적 사건들이 계속되었기 때문에, 안토니우 구테흐스 유엔 사무총장은 인류가 마침내 "기후 지옥의 문을 열었다"고 탄식했다.12) 즉 "신생대의 마지막 단계"(토마스 베리)에서, "인류세"(Anthropocene)를 지나 "산불세"(Pyrocene)로 본격 진입한 것이다.13) 지구 열대화가 시작되었다는 것은, 현재 세계 인구의 30%가 사는 지역이 50년 내에 사하라 사막처럼 "연평균기온이 29도 이상"이 되어 사람이 살 수 없는 지역으로 바뀐다는 뜻이다.14)

1.5도나 2도 상승하면 흔히 생각하는 것처럼 "절벽"으로 떨어지는 것이 아니다. 폭염, 가뭄, 산불, 홍수, 식량난 때문에 날이 갈수록 "위험한 고속도로"에서 가능한 한 빨리 빠져나와야만 한다.15)

---

10) 캐나다 서부에서 1월에 시작된 산불은 7월까지 계속되어 1,230만 헥타르를 태웠다. *The Washington Post*, 2023/10/18.
11) *The Guardian*, 2023/9/13.
12) *The Guardian*, 2023/9/20.
13) Steve Pyne, *The Guardian*, 2020/1/7.
14) Adam Tooze, *The Guardian*, 2023/11/23.
15) Michael E. Mann, *Our Fragile Moment: How Lessons from Earth's Past Can Help Us Survive the Climate Crisis* (New York, NY: Public Affairs, 2023), 232,

2. 기후 파국이 임박한 ≪깨어지기 직전의 순간≫

매년 폭염 스트레스와 극한 날씨 때문에 5백만 명이 죽고,[16] 화석연료 사용으로 인한 대기오염 때문에 4백만 명이 죽는다. 즉 "매년 대기오염과 폭염의 희생자 9백만 명은 코로나19 팬데믹 전체 희생자 (1년 반 동안)의 거의 두 배에 이른다."[17] IPCC 6차 보고서(2023)는 2100년까지 2.8~3.2도(최고 4.4~5.7도) 상승을 예측했다. 파국적 재앙들의 임계점 2도를 훨씬 넘는다는 뜻이다. 체온이 2도 상승하면 건강이 위급하듯이, 2도 상승은 지구 역사상 매우 위급한 사건이다.

현재 치명적인 폭염에 노출된 사람들은 세계 인구의 1/3이지만, 21세기 말에는 3/4에 이를 것이다.[18] 특히 제3세계에서 사람들은 취업 기회를 찾아, 또는 기후난민이 되어 도시에 몰려들고 있어서, 현재 35억 명의 도시 인구는 2040년에 50억 명으로 늘어날 것이며, 슬럼 거주자는 현재 10억 명에서 2030년에 15억 명으로 늘어날 전망이다.[19] 또한 이미 그린란드 빙하와 서남극 빙상의 붕괴 임계점에 "매우 가까이" 도달한 상태인데, 이 두 빙상이 모두 녹으면 해수면이 10미터(2100년까지 2미터) 상승하는 파국을 피할 수 없다.[20]

---

[16] 2003년 폭염으로 유럽에서 3만 명이 죽었고, 2021년의 기록적인 "열돔"(heat dome)으로 미국과 캐나다에서 천 명이 죽었으며, 2022년 여름 폭염으로 서부 유럽에서만 2만 명 이상 사망했다. 기후변화가 없다면, "15만 년에 한 번 일어날 사건들"이다. Michael E. Mann, 228, 144.
[17] 2021년 9월까지 팬데믹 희생자의 두 배. Michael E. Mann, 226, 285 n8.
[18] *The Guardian*, 2022/2/28.
[19] Jorgen Randers, *2052: A Global Forecast for the Next Forty Years*, (White River Junction, VT: Chelsea Green Publishing, 2012), 125.
[20] Michael E. Mann, 158-9, 230.

이런 기후 파국 때문에 화석연료 퇴출이 시급하다.[21] 새로운 탄광과 유전 개발을 중단해야 하지만, 산유국들은 현재 생산량을 계속 늘리고 있다(앞표지 도표 참조).[22] 한편 중국과 인도 등 신흥공업국가들의 온실가스 배출이 전체의 절반 이상을 차지할 만큼 경제성장에 박차를 가하고 있다. 식량과 에너지 가격 상승, 경기침체로 인한 불만이 증폭되어, 점차 극우 포퓰리스트들이 권력을 장악하고 있다.[23] 기후 대책을 위한 국제적 협력은 더 어려워지고 있다. "이대로 가면 2020년대 태어난 아기들은 4도 이상 지구 온도가 상승한 세상에서 살 게 될 것"이다.[24] 생존 자체가 위협당한다는 뜻이다.

IPCC는 2100년까지 2.8~3.2도 상승을 예상하지만, 제임스 핸슨은 "2도 상승이 매우 위험하다"고 말한다.[25] 1.5도 상승할 때보다 2도 상승하면 "매년 1억5천만 명이 더 대기오염만으로 죽게 될 것"인데, 1억5천만 명은 "홀로코스트의 25배에 해당한다."[26] 30년 내

---

[21] 이미 35억 명이 "기후 위험지역"에 살고 있으며, 20억 명의 식수의 원천인 히말라야 빙하가 빠르게 녹아 인도에서만 3억 명이 식수 부족 상태에 있다.
[22] 세계 석유와 가스 생산의 95%를 생산하는 1,600여 회사들은 2021년 이후 석유와 가스 탐사에 1,700억 달러를 사용했고, 1,000개 이상의 회사들은 새로운 정유관, 가스관, 화력발전소, LNG 수출 터미널 건설을 추진하고 있다. *The Guardian*, 2023/11/15.
[23] 이탈리아, 프랑스 등 서유럽 대다수 국가, 미국, 아르헨티나, 칠레 등.
[24] 기상청 기후과학국장이 경고한 말이다. 경향신문, 2023/3/21. 영국 틴데일 기후변화센터의 케빈 앤더슨은 2050년에 90억 명에 이를 인류가 "2100년까지 섭씨 4도 상승하면, 5억 명 정도만 살아남을 것"으로 예상했다. Joanna Macy & Chris Johnstone, *Active Hope* (Novato, CA: New World Library, 2012), 22; David Ray Griffin, *The Christian Gospel for Americans: A Systematic Theology* (Anoka, MN: Process Century Press, 2019), 314에서 재인용. 마이클 만 역시, 5도 상승하면 인류가 멸종하지는 않겠지만, "수억 명이 죽게 될 것"으로 예상한다. Michael E. Mann, 130.
[25] http://www.columbia.edu/~jeh1/mailings/2023/HomePlanet.2023.10.27.pdf

2도 상승은 파국적 재앙들의 임계점이라는 뜻이다. 또 극한 폭염이 32배 증가하며, 극한 폭염을 겪게 될 인구가 전체 인류의 14%에서 37%로 증가할 것이며, 가뭄으로 식수난을 겪을 사람들이 4억 명 더 늘어날 것이다.[27] 1.5도와 2도 사이의 0.5도 차이에 매년 수억 명의 목숨이 달려 있다. 또 2050년까지 북극 빙하가 전부 녹아서 해수면 상승으로 인한 섬나라들의 침몰 위험과 산호초가 99% 파괴될 파국 때문에, 파리협약은 기온상승 억제목표를 2도에서 1.5도로 낮췄다.

그러나 1.5도 방어를 위해 남은 탄소예산은 현재 약 250기가톤이며, 2023년에 40기가톤을 배출할 것이라, 탄소예산은 6년 내에 모두 소진된다.[28] 유엔은 2030년까지 탄소 배출량을 절반으로 줄이고, 2050년에 탄소중립(넷제로)에 도달할 것을 목표로 삼았다.[29] 그러나 이제 과학자들은 2034년에 탄소중립에 도달하면 1.5도 목표를 이룰 확률이 50%이지만, 2050년에 탄소중립에 도달하면 2도 상승에서 제한할 확률이 66%라고 예측한다.[30]

그러나 현재 산유국들의 생산 추세로는 2050년에 탄소중립에 이르기에는 생산량 격차가 2050년까지 매년 최소 200억 톤 이상씩 발생한다(**앞표지 도표**). 이처럼 온실가스 절반 감축은커녕 온실가스 농

---

[26] David Wallace-Wells, *The Uninhabitable Earth* (New York: Ti Duggan Books, 2019, 28.
[27] David Wallace-Wells, 12.
[28] *The Guardian*, 2023/10/30.
[29] 한국은 "기후 위기 대책을 포기한 상태"다. 김준우, ≪인류의 미래를 위한 마지막 경고: IPCC 6차 보고서와 그리스도인의 과제≫(생태문명연구소, 2023), 13.
[30] *The Guardian*, 2023/10/30.

도는 매년 증가하고 있다(2021년 1.8% 증가, 2022년 1.2% 증가). 대기 중 온실가스 농도는 2022년 현재 523ppm CO_2e인데, 매년 3~4ppm CO_2e씩 증가한다.[31] 2030년경 550ppm CO_2e에 도달하며, 이 수준에서는 점차 "3도 이상 4도 미만 상승할 확률이 66%이며, 4도 이상 상승할 확률이 5~55%다"(IPCC 2014년 보고서).[32] 보수적인 IPCC조차 예측했던 "3도 이상 4도 미만 상승할 확률 66%"의 온실가스 수준에 도달하는 것이 지금 추세로는 2030년경이 확실하다.

이처럼 빠른 기온상승 속도에 대해 마이클 만은 《깨어지기 직전의 순간》(*Our Fragile Moment*, 2023)에서 지구 대멸종 시대와 비교해서 지구 역사상 유례가 없이 빠르다고 설명한다. 즉 2억5천만 년 전 시베리아에서의 대규모 화산폭발로 인해 지구 생명체 90%를 멸종시킨 페름기-트라이아스기(P-T) 대멸종 시대보다 현재 기온상승 속도(현재 10년마다 섭씨 0.2도씩 상승)는 "100배 빠르다."[33] 당시에는 75,000년에 걸쳐 이산화탄소가 6배 증가했으며, 섭씨 5~8도 상승했다. 당시 이산화탄소의 증가로 인한 해양 산성화 때문에 해양 생물의 96%가 멸종했는데, 당시 해양 산성화 속도보다 지금의 해양 산성화 속도는 "10배 빠르다."[34] 그 후 6천5백만 년 전, 크기 6마일의 소행성이 유카탄반도에 충돌하여 "히로시마 원폭 수십억 개의 영향"을 끼쳐서 "1마일 높이의 쓰나미"가 발생하여 중생대 백악기에서

---

[31] https://gml.noaa.gov/aggi/aggi.html
[32] Nicholas Stern, *Why Are We Waiting* (Cambridge, MA: MIT Press, 2015), 13.
[33] Michael E. Mann, *Our Fragile Moment*, 77, 87.
[34] Michael E. Mann, 89, 131.

신생대로 바뀔 때(K-Pg), 공룡들을 비롯해 모든 동물의 80%가 멸종했고, 해양 산성화로 인해 해양생물의 절반이 멸종했는데, 당시 심해 온도가 2.8~3.9도 상승했다. 그 결과 먹이사슬이 붕괴했다. 그 후 해양 산성화가 줄어들고 먹이사슬이 회복되는 데는 "수백만 년이 걸렸다." 현재 바다 온도가 급격히 상승하는 것은 이처럼 "위험하며 치명적인 결과를 초래할 수 있다."[35]

또한 5천5백만 년 전, 아이슬란드 인근 해저에서 유라시아 대륙판과 북미 대륙판이 충돌하여 5만 년 동안 화산폭발이 계속되어, 대기 중 이산화탄소 농도가 2,200ppm에 도달하여, 바다 온도가 상승하게 되었고, 해저 메탄수화물이 녹아 방출됨으로써(양성 피드백) 평균온도가 5도 상승하여 해저 유공충의 절반이 멸종한 팔레오세-에오세(효신세-시신기) 최고온기(PETM)보다 지금의 기온상승은 "10배 빠른 속도"다.[36] 당시에는 100년에 0.05도씩 상승했으며, 최고온기는 20만 년 동안 계속되었다.[37] 당시 초기에 방출된 탄소는 1년에 약 10억 톤씩 4천 년 동안 방출되어, 평균기온이 3.9~6.1도 상승한 것으로 과학자들은 결론지었다.[38]

또한 기후 모델 연구의 한 방법은 대기 중 이산화탄소 농도가 산업화 이전보다 2배 될 때의 기온을 예측하는 것이다. 산업화 전에는 이산화탄소 농도가 280ppm이었다. 현재는 420ppm으로 1.5배가 되었고, 매년 2.47ppm씩 증가한다.[39] 그 2배가 되는 560ppm에 도달

---

35) Michael E. Mann, 93-95, 118, 132.
36) Michael E. Mann, 143.
37) Michael E. Mann, 122.
38) Michael E. Mann, 124-5.

할 때(현재 추세로 2080년), 평균기온은 2.3~4.5도 상승할 것이다.40) 이것이 많은 기후과학자들이 기후 모델 연구를 통해 내린 결론이며 IPCC가 채택한 결론이다.41) 즉 현재 추세로는 2도 상승을 넘어, 2100년 이전에 3도 방어 댐도 붕괴할 수 있다는 뜻이다.

IPCC의 예측대로 2100년까지 3도 상승하면, 남부 유럽, 중앙아메리카, 북부 아프리카는 영구 가뭄 지역이 되며, 지중해 연안과 북미에서 매년 산불 피해 지역이 두 배가 되어, 그만큼 사람들이 살 수 없는 지역이 늘어나게 된다.42) 따라서 지금은 2도 방어에 총력을 기울일 때다. 그동안 배출된 탄소는 "천 년 이상 동안 대기 중에 머물며 그 농도와 온도"에 계속 영향을 끼친다.43) 2030년부터 탄소 배출을 급격히 줄여도, 2050년 이후에도 평균기온은 계속 상승한다.44)

이처럼 현재 100년에 2도씩 상승하는 속도는 지구 대멸종 시대

---

39) 대기 중 이산화탄소 농도는 1960-70년에는 매년 1ppm 미만씩 증가했지만, 그 후 점차 증가율이 상승하여, 현재 매년 2.47ppm씩 증가하고 있다.
40) Michael E. Mann, 81.
41) 제임스 핸슨은 화석연료에서 발생하는 대기오염을 일으키는 에어로졸이 구름 형성에 영향을 끼치는데, 중국이 대기오염을 줄이고, 선박에 대한 규제가 강화되어, 에어로졸이 줄어들어 지구의 태양열 흡수가 증가해서, 기온상승이 가속화하고 있기 때문에, 이산화탄소 농도가 560ppm에 도달할 때 "최소 3도 이상 4.8도까지" 상승한다고 주장한다. https://www.youtube.com/watch?v=NXDWpBlPCY8. 핸슨은 3,400만 년 전 남극대륙이 빙상으로 덮이기 시작했는데, 이산화탄소 농도가 450ppm에 도달했을 때였다는 사실 때문에, 450ppm은 신생대 기후의 전환점이라는 점에서 350ppm 이하로 낮춰야 한다고 주장한다. James Hansen, *Storms of My Grandchildren: The Truth about the Coming Catastrophe and Our Last Chance to Save Humanity* (New York, NY: Bloomsbury USA, 2009), 84.
42) David Wallace-Wells, 13.
43) Michael E. Mann, *Our Fragile Planet*, 142.
44) ≪성장의 한계≫ 출간 40주년 기념으로 후속 연구들을 종합한 ≪2052≫의 결론 가운데 하나다. Jorgen Randers, 232.

와 비교해도 훨씬 빠르며, 또한 2~3도 상승한 후에 다시 인간과 생명체들이 살기 적합한 상태로 회복되는 데 최소한 수백 년, 수천 년이 걸리기 때문에, 2도 방어에 총력을 기울여야만 한다.

그러나 유엔의 최근 보고서에 따르면, 미국, 러시아, 인도, 사우디, 캐나다 등 주요 화석연료 생산국들은 2030년까지 절반 감축은커녕, 2030년에 "1.5도 탄소예산을 2배 초과할 생산"을 추진하고 있고, 이것은 "2도 목표도 69% 초과할 생산량"이다(앞표지 도표 참조).[45] 특히 중국은 재생에너지에 막대하게 투자하면서도 대규모 석탄화력발전소 건설에 여념이 없다.[46] 에너지 회사들은 "지난 50년 동안 매일 30억 달러의 이윤"[47]을 얻었지만, 세계 각국 정부로부터 "매년 5조 달러의 보조금"을 받고 있기 때문에 생산량을 계속 늘리고 있다.[48] 그 배후에는 거대 은행들이 있다. 세계의 60개 대형 은행들은 파리협약 이후에도 화석연료 기업들에 3조8천억 달러를 투자했고, 지금도 투자를 계속해 지구 파괴를 통해 이득을 보는 "기후 방화자들"(climate arsonists)이다.[49]

---

[45] 석탄 460%, 가스 83%, 석유 29% 초과 생산. *The Guardian*, 2023/10/8. 안토니오 구테흐스 유엔 사무총장은 "화석연료를 제거하지 못하면 구명정을 띄우면서 노는 부러프리는 형국"이라고 비판했다(매일경제, 2023/11/21)
[46] 중국의 석탄화력발전 신규 건설 승인 용량은 2020년 46GW, 2021년 18.5GW, 2022년 90.7GW, 2023년 1/4분기 20.25GW이다. *The Guardian*, 2023/4/6; 2023/4/24.
[47] *The Guardian*, 2022/7/21.
[48] David Wallace-Wells, 33.
[49] *The Guardian*, 2023/1/17. 최근에 IMF는 주요 20개 국가들이 "화석연료 증산과 보조금 명목으로 1분에 1,300만 달러씩 지불하고 있다"고 보고했다. *The Guardian*, 2023/8/24.

3. "파국주의"에 대한 마이클 만 교수의 반론(2023)

국제에너지기구(IEA)의 분석처럼, 151개국 탄소 감축서약(NDC)은 1.5도 목표, 즉 "2050년 탄소중립을 이루기 위해 40%에 불과하여, 60%가 부족할 정도로 턱없이 부족한 계획"50)이다. 그럼에도 화석연료 생산과 탄소배출량은 계속 증가하기 때문에, 현재 추세로는 3도 방어 댐도 붕괴될 가능성이 있다. 따라서 "기후 파국"에 대한 불안, 특히 북극 영구동토층에 묻혀 있는 "메탄폭탄"과 "인류 멸종"에 대한 불안과 절망감이 더욱 커지고 있다.51) 국제에너지기구(IEA)의 발표대로, 재생에너지가 증가함으로써 탄소배출이 2030년에 정점에 도달하면, 그 후부터 배출량은 줄어들 수 있다.52) 물론 이미 배출되어 누적된 이산화탄소는 천 년 동안 기온상승에 영향을 끼친다.

마이클 만은 대다수 사람들이 더 이상 기후변화를 부인할 수 없게 되자, 에너지 회사들은 전략을 바꾸어 "이미 너무 늦었다"는 파국주의(doomism)를 심어준다고 지적한다.53) 파국주의자들은 첫째로 5,500만 년 전 PETM 대멸종 기간처럼, 기온이 점차 상승함에 따라 **영구동토대의 메탄가스가 점차 탈주**(runaway)하게 될 것으로 예상한다. 메탄은 온난화에 20% 영향을 끼치고 이산화탄소보다 온실효과가 80배 많고, 영구동토대와 해저에 5천기가톤이 "장전되어" 있어

---

50) *The Guardian*, 2021/10/13.
51) 기후 불안에 대한 보고는 이 책의 28, 90페이지 역자주를 보라.
52) *The Guardian*, 2023/9/12; 2023/10/30.
53) Michael E. Mann, *The New Climate War: The Fight to Take Back Our Planet* (New York, NY: PublicAffairs, 2021), 255.

서, 금성의 기후를 연구했던 제임스 핸슨이 "시한폭탄"(time-bomb)이라고 크게 우려했던 것이다.54) 메탄이 2007년 이후 증가하기 시작했고, 메탄 증가와 기온상승의 악순환은 이미 시작되었다.55) 둘째로 산불이 증가해서 엄청난 양의 탄소 배출이 증가하고 있기 때문이다.

간단히 말해서, 파국주의자들은 현재 대기 중 이산화탄소 농도가 420ppm이지만, 기온상승이 영구동토대의 메탄가스 방출을 증가시켜 기온상승을 더욱 촉진하는 악순환의 양성 피드백 때문에, IPCC 최악의 시나리오(RCP 8.5)처럼, 2100년에 1,200ppm에 이르러 지금보다 섭씨 5도 상승하고, 2300년에는 9~12.8도 상승한 상태에서 상당 기간 안정을 유지할 것으로 예상한다.56) 이런 전망에 근거해서 파국주의자들은 인류의 멸종이 불가피하다고 주장한다.57) "이미 너무 늦었다! 화석연료를 마음 편히 계속 사용하라!"는 사탕발림이다.

마이클 만은 이런 파국주의에 맞서서, 지금이 매우 절박한 순간이지만, 아직은 희망이 있다고 강조한다. 그는 양성 피드백이 작용함으로써 지금이 "깨어지기 직전의 순간"임에 틀림없다고 본다.58) 그러나 "메탄폭탄"이나 "인간의 멸종" 주장은 과학적으로 뒷받침되지도 않고 기후 행동에도 도움이 되지 않는다고 주장한다. 재생에너지가 확대되기 때문에 "최악의 경우는 발생할 가능성이 극히 적어," 현

---

54) James Hansen, 163, 274.
55) 서부 시베리아 습지에만도 700억 톤의 메탄가스가 얼어 있는 것으로 추산되는데, 그 가장자리가 2005년부터 녹기 시작했다. Gwynne Dyer, *Climate Wars* (Oxford: Oneworld, 2010), 93.
56) Michael E. Mann, *Our Fragile Moment*, 145, 225-6.
57) Michael E. Mann, 223, 239
58) Michael E. Mann, 99.

재 지구 평균기온인 15.5도에서 2100년에 최고 18.3도가 되어(최고 2.8도 상승), "3도 이상 상승하지는 않을 것"으로 판단한다.[59)

    마이클 만이 파국주의자들의 **"열탕 지구"**(Hothouse Earth) 가능성을 반대하는 가장 중요한 이유는 첫째로, PETM 기간에 해저 메탄수화물이 녹아 "탈주했다"는 "메탄폭탄"의 피드백 영향은 당시 기온상승의 10%에 불과했다는 점 때문이다.[60) 당시 초기에는 탄소 방출이 1년에 1기가톤씩 4천 년 이상 계속되었지만, 대기 중 이산화탄소 농도가 급격히 증가한 것은 500년에 걸쳐 벌어졌으며, 최고 농도는 2,500ppm을 넘지 않았다는 주장이다.[61)

    둘째로, 당시 방출된 탄소는 모두 2,000~15,000기가톤 사이였고, 2천 년에서 5만 년 사이에 걸쳐 방출되어, PETM 기간에 남극 바다 온도는 섭씨 20도, 서부 아프리카 바다 온도는 36도에 도달하여, 해저의 메탄수화물을 녹여 방출하게 되었다는 점 때문이다.[62) 그 결과 섭씨 25도였던 지구 평균기온이 32도까지 상승해서 7도 상승했으며, 이런 온도가 20만 년 동안 지속되었다. 당시 지구 평균기온 섭씨 32도는 지금보다 17도 높은 것이다.

    셋째로, 에미안 간빙기(13만 년 전부터 11만5천 년 전까지)에 북극의 여름이 지금보다 최소한 2도(1.9~3.9도) 높았지만, 북극의 "메탄폭탄"은 없었다는 사실 때문이다.[63)

---

59) Michael E. Mann, 240.
60) Michael E. Mann, 139.
61) Michael E. Mann, 123-24, 141-42.
62) Michael E. Mann, 124-25.
63) Michael E. Mann, 169, 222-23. 섭씨 5도가 내려가면 빙하기가 왔다.

넷째로, 전 세계 화석연료 매장량은 1000~2000기가톤 정도인데, 모든 화석연료를 태울 경우 13,000기가톤이 될 것이며(또는 "그 상당량을 사용하고 악성 양성 피드백이 발생할 경우"), 기온은 "지금보다 10도 높아질 것"[64]이다. 따라서 현재 세계의 재생에너지 확대 추세로는 "메탄 탈주"까지 가지는 않을 것이라는 주장이다.[65]

그는 물론 메탄이 영구동토대뿐 아니라 석유와 천연가스 추출에서 많이 발생하고 있다는 사실, 그리고 폭염과 가뭄이 심해질수록 전 지구적으로 산불이 많아지고, 산불이 방출하는 이산화탄소의 양이 증가하는 것(기후학자들이 계산하기 어려웠던 부분이다), 그리고 현재 기후 모델이 완전히 파악하지 못할 수 있는 양성 피드백이 예상 밖에 큰 영향을 끼칠 수 있는 "와일드 카드"라는 점을 인정한다.[66] 그는 아마존 지역과 북극 지방의 산불은 해마다 수십억 톤의 이산화탄소를 방출한다고 지적한다. 특히 세계에서 가장 큰 숲인 "지구의 허파 아마존"이 과학자들의 예상보다 훨씬 빠르게, 앞으로 10년 내에 이산화탄소를 흡수하는 것보다 배출하는 것이 더 많은 "탄소 굴뚝"으로 바뀔 것이라고 예상한다.[67] 산불뿐 아니라 매년 150억 그루의 나무가 베어지고 있기 때문에, 이산화탄소를 흡수 능력과 산소 생산 능력이 동시에 줄어들 수밖에 없다.

파국주의에 반대하는 그의 주장을 단순한 낙관론이라고 볼 수 없

---

64) Michael E. Mann, 125, 128.
65) 그는 화석연료를 계속 사용해서 이산화탄소 농도가 850ppm에 도달하면 남극 빙상이 모두 녹을 것으로 본다. Michael E. Mann, 153, 169.
66) Michael E. Mann, 79, 88.
67) Michael E. Mann, 88, 145.

는 이유는 그가 지금의 기온상승 속도가 과거 대멸종 역사와 비교할 때 얼마나 훨씬 빠른지를 잘 알고 있기 때문이다.68) 그는 단적으로 "만일 우리가 정말로, 정말로 열심히 노력한다면, 우리는 최소한 이 행성의 대부분을 인간이 살 수 없는 지역으로 만들 것"69)이라고 경고한다. 그는 "기후변화가 불에 기름을 부어, 생산성을 떨어뜨리며, 공급망과 분배체계를 교란시키고, 물, 식량, 토지를 놓고 벌이는 충돌을 부채질하며, 사회를 불안정하게 만드는 팬데믹을 키운다"70)고 지적한다. 즉 파국주의자들이 주장하는 "메탄폭탄"의 결정적인 양성 피드백은 없을 것이며, "열탕 지구"도 없을 것이지만, "3도 가까이 상승하면, 수많은 고통, 멸종, 생명의 손실, 사회적 인프라의 불안정, 혼란, 충돌을 예상할 수 있다. 아마도 우리의 깨어지기 직전의 순간은 마침내 깨어질 것이다."71) 다시 말해서, 그는 팬데믹 사태 당시 세계 공급망이 제대로 작동하지 않았던 것처럼, 3도 상승에 이르기 전, 극한 폭염과 가뭄이 계속되어 식량난 때문에 사회가 붕괴하고, 또한 생명체 종자들의 거의 30%가 멸종하여,72) 문명이 붕괴하는 파국적 재앙이 올 가능성이 크다고 결론짓는다.73)

---

68) 마이클 만은 특히 탄소 포집과 같은 기술은 아직 폭넓게 사용할 단계가 아니며, 그런 기술을 빙자해서 화석연료를 계속 사용하는 것을 매우 경계한다.
69) Michael E. Mann, 166.
70) Michael E. Mann, 239.
71) Michael E. Mann, 240.
72) IPCC는 1.5도 상승하면 멸종이 14%, 2도 상승 18%, 3도 상승 29%, 4도 상승 39%, 5도 상승 48% 멸종할 것으로 본다. Michael E. Mann, 232.
73) "문명의 요람" 메소포타미아의 최초 도시 문명이었던 수메르 문명과 아카드 제국, 그리고 인더스 문명, 그리스의 미노아 문명이 지금으로부터 거의 4,200년 전에 모두 멸망한 것은 북부 아르헨티나 지역에서 발생한 대규모 화산폭발로 인한 전 지구적 가뭄 때문이었다. 5세기 말 로마제국의 멸망,

4. 돌이킬 수 없는 임계점들

따라서 현재 우리가 직면한 문제는 "메탄폭탄"보다는 기후변화의 중요한 임계점들[74]에 가까이 다가가고 있다는 사실이며, 점차 악화되는 식량난이다. 첫째로, 아마존 열대우림이 "지구의 허파"에서 "탄소 굴뚝"으로 바뀌고 있는 것은 임계점을 지나고 있다는 뜻이다. 아마존 열대우림이 지난 40년 동안 25만km^2(한반도 전체 면적) 이상 파괴된 결과, 100년에 한 번 올 수 있을 극한적 가뭄을 지난 10년 동안 세 차례 겪었다. 숲이 대규모로 파괴되어 연간 강우량이 30% 감소할 정도가 되었기 때문이다.[75]

둘째로, 세계 수십억 명에게 식수를 제공하는 대륙 빙하가 녹아내리고, 지하수가 고갈되는 것 역시 식수난과 식량난이 더 악화될 수밖에 없다는 뜻이다. 전 세계의 물 가운데 담수(fresh water)는 3% 미

14세기 중엽 동로마제국의 멸망을 초래한 흑사병 역시 기후변화로 인한 영향이 매우 컸다. 프랑스 혁명과 마야 문명 종말도 기후변화가 초래한 식량 부족과 질병 문제를 해결할 정치사회적 능력이 부족했기 때문이다. Michael E. Mann, 32-40.

74) 2018년 노벨 경제학상을 받은 윌리엄 노드하우스가 지적한 기후변화의 중요 임계점들은 (1) 거대한 빙상의 붕괴, (2) 해양순환의 거대한 변화, (3) 온난화가 더 큰 온난화를 불러오는 피드백 과정, (4) 장기적으로 강화된 온난화 등이다. William Nordhaus, *The Climate Casino* (New Haven, CT: Yale University Press, 2013), 56-66. 그러나 일부 과학자들은 "위험한 다섯 가지 임계점" 가운데, 그린란드 빙상 붕괴, 북대서양 해류 붕괴 등의 임계점은 이미 지났을 수 있으며, 1.5도 상승하면 광대한 북부 삼림지대의 변화, 거의 모든 산악 빙하들의 해빙 등, 추가로 다섯 가지 임계점들이 지날 수 있고, 2도 상승하면, 16가지 임계점들 가운데 마지막 임계점들마저 지날 수 있다고 본다. *The Guardian*, 2022/9/8.

75) *The Guardian*, 2023/10/04.

만이며, 인간이 사용할 수 있는 담수는 1% 미만인데, 유엔 인구기금(PF)은 "2050년까지 담수가 고갈될 것"이라고 경고했다.[76)]

셋째로, 과학자들은 1.5도 상승하면 그린란드 빙하도 임계점을 지나며, 2050년까지 해안가 세계 대도시들 침수로 인해 3억 명이 터전을 잃을 것으로 예상한다.[77)] 2030년에는 한반도의 5% 이상이 물에 잠겨 332만 명이 침수 피해를 입게 될 것으로 예상된다.[78)]

넷째로, 지구에 증가하는 열의 90%를 흡수하는 바다의 표면은 이미 30% 산성화되었으며,[79)] 이로 인해 광합성작용을 통해 이산화탄소를 흡수하고 산소를 만들어내는 식물성플랑크톤이 1950년 이후 이미 40%가 줄었다.[80)] 빌 매키븐이 크게 우려하는 것은 "지구 산소의 2/3를 만들어내는 식물성플랑크톤을 2100년까지 대량으로 죽게 만들 수 있다"[81)]는 점이다. 식물플랑크톤의 급격한 감소는 해양생물의 먹이사슬이 무너지고 있다는 뜻이다.

---

76) "세계 물 수요는 앞으로 14년 안에 55% 증가할 것으로 예상하지만, 수자원은 필요량의 60%만 충족시킬 수 있다." 조천호, ≪파란 하늘 빨간 지구≫ (서울: 동아시아, 2019), 135; 경향신문 2023/10/29.
77) https://www.ipcc.ch/assessment-report/ar6/ IPCC 6차 보고서는 그린란드 빙하와 서남극 모두 녹으면, "해수면이 약 5m, 최대 7m까지 상승할 것"으로 예상한다. 중장기적으로 볼 때, 해안침수로 인한 피해에 노출된 인구가 약 10억 명에 이를 것인데, "전 세계 평균 해수면이 2020년 대비 0.15m 상승할 경우, 100년 주기 해안침수에 노출될 가능성이 있는 인구수는 약 20% 증가할 것으로 전망되며, 평균 해수면이 0.75m 상승할 때 노출 인구수는 두 배로 증가하며, 1.4m 상승할 경우 세 배로 증가한다"고 밝혔다.
78) 에너지경제신문, 2021/3/14.
79) Bill McKibben, *Eaarth: Making a Life on a Tough New Planet* (New York, NY: Times Books, 2010), 10.
80) Bill McKibben, *Falter: Has the Human Game Begun to Play Itself Out?* (New York, NY: Henry Holt and Company, 2019), 34.
81) Bill McKibben, *Eaarth*, 10.

다섯째로, 그린란드 빙하에서만 지난 20년 동안 5조 입방 톤의 빙하가 녹아내려, "20세기 중반 이후 대서양 해류 순환이 약 15% 약해졌다."[82] 남극 해류는 30% 느려졌다. 과학자들은 21세기 말까지 해류 순환이 34~45% 약해질 것으로 예상한다.[83] 해류 순환이 약해질수록, 제트기류가 불안정하게 되어, 북반구 전역의 "열돔"과 폭우, 혹한과 폭설처럼 극한적 기후를 초래한다.

결과적으로 극단적 폭염과 가뭄, 홍수, 산불과 병충해로 인해 전 세계 식량 부족 사태가 더 심각해지고 있다. 2007-08년에는 37개 국가에서 식량폭동이 일어났으며, 2010-11년에는 중동지방에서 연이어 식량폭동과 정권 교체가 발생했다. 나오미 오레스케스 교수는 "2040년대부터 북반구에서 발생할 동시다발적인 식량 폭동"[84]을 우려한다. 현재 78억 인구 가운데 굶주리는 인구는 8억 명으로 추산된다.[85] 그러나 "2050년까지 증가할 인구는 오늘날보다 50% 더 많은 식량을 필요로 하지만, 식량 생산은 거의 1/3이 감소할 수 있다"는 것이 기후위기 평가기관 채텀하우스가 최근 발표한 예측이다.[86]

---

82) 조천호, 101.
83) *The Guardian*, 2021/Feb/25; 2022/Mar/23.
84) Naomi Oreskes and Erik M. Conway, *The Collapse of Western Civilization* (New York: Columbia University Press, 2014), 25.
85) 세계 곡물 생산량은 1950년부터 2000년까지 세 배 증가했지만, (1) 인구 증가, (2) 소득증대로 인한 육류소비 증가(곡물의 약 35%가 사료로 사용된다). (3) 바이오 연료 생산에 많은 곡식이 사용되어 곡물 가격은 계속 상승하고 있다. 2000년 이후 식량 생산이 감소하는 원인은 (1) 고성능 펌프 사용으로 지하수 고갈, (2) 표면토 유실과 사막화, (3) 기후재앙, (4) 경작지 감소 때문이다. Lester R. Brown, *World on the Edge* (NY, NY: W. W. Norton, 2011), 36, 47, 169.
86) Bill McGuire, *Hothouse Earth*, 132.

2도 상승하면 농업이 붕괴하여 식량난은 훨씬 악화되어 동시다발적 식량 폭동이 발생할 가능성이 매우 높다는 뜻이다.[87] 현재 기후난민이 매년 2천2백만 명에 달하지만, 2050년까지는 12억 명에 이를 것이며, 2100년까지는 30~60억 명에 이를 것이다.[88]

사회가 붕괴하는 가장 큰 이유는 식량난을 해결하지 못하기 때문이다. 지구 적자(Earth Deficit)가 증가하는 상황에서 불평등이 악화되기 때문에, 사회적 불만이 증폭되어 극우파들이 권력을 장악하고, 화석연료 생산을 늘리고 있다. "매일 약 40만 개의 원폭 에너지"[89]를 방출하는 일을 계속하여, 구테흐스 유엔 사무총장의 경고처럼 인류는 "집단 자살"[90] 할지, 아니면 최대한 빠르게 탄소중립을 이룩함으로써 다음 세대의 생존을 위해 투쟁할 것인지 기로에 서 있다.

5. 축산업의 파괴적 결과와 세계 식량생산 체제의 붕괴

화석연료 사용이 초래하는 기후 파국에 버금가는 것이 축산업의 파괴적 결과다.[91] Animal Matters에 따르면, 세계적으로 가축은 약 700억 마리이며, 그중 2/3는 공장 축산으로서, 매일 1억6천 마리씩,

---

[87] 한국은 현재 식량자급률 46.7%, 곡물자급률 23%로 세계 최하위 수준인데, 한국농촌경제연구원은 쌀 자급률이 현재 89.2%이지만, 2050년에는 51.8%일 것으로 전망했다(영남일보, 2015/5/2). 현재 한국이 곡물을 주로 수입하는 중국, 미국, 일본, 호주, 사우디 역시 머지않아 곡물 수출을 금지할 수밖에 없게 될 것이다.
[88] The Guardian, 2023/10/24.
[89] ttp://www.columbia.edu/~jeh1/mailings/2023/Acceleration.2023.11.10.pdf
[90] The Guardian, 2022/7/18.
[91] https://www.youtube.com/watch?v=LaPge01NQTQ&t=79s

1년에 720억 마리씩 도살된다. 축산업을 위한 목초지를 만들고 콩과 옥수수 등 사료를 재배하기 위해 열대우림을 파괴하며, 원주민들을 마을에서 쫓아내며, 저항운동의 지도자들은 살해당하고 있다.92)

첫째로, 축산업은 온실가스 배출의 중요한 원천 가운데 하나다. 2018년에 나온 보고서에 따르면, JBS, Tyson, Cargill 등 전 세계의 5대 축산회사가 배출하는 연간 온실가스는 ExxonMobil, Shell, BP 등 3대 석유회사의 배출량보다 많다.93) 또한 세계 식량생산에서 발생하는 온실가스는 전체 온실가스 배출량의 35%인데, 그중 57%가 축산업에서 발생하며, 이것은 세계의 모든 운송 수단들에서 배출되는 온실가스의 양보다 많다.94)

둘째로, 축산업을 위해 초지를 마련하기 위해서뿐 아니라 콩, 옥수수 등 사료 재배를 위한 삼림파괴는 전체 삼림파괴의 80%에 이른다.95) 열대우림의 절반이 이미 사라졌고, 매년 약 73,000km² (아이슬

---

92) 1970년대 아마존에서 고무를 채취하면서 열대우림 보호와 노동자 운동을 벌이던 치코 멘데스는 대규모 목축업자들의 벌목에 맞서 싸우다가 1988년에 살해당했다. 치코 멘데스, 토니 그로스 지음, 이중근, 이푸른 역, 《나, 치코 멘데스, 숲을 위해 싸우다》(틈새의 시간, 2023). 대규모 야자수 농장의 벌목에 맞서 야자유(palm oil) 반대 운동을 벌이던 나질도 도스 산토스 브리토는 2018년에 살해당했다. 브라질의 한 비영리단체에 의하면, 2002년 이후 매주 평균 한 명씩 활동가들이 살해당했다. 2017년에도 50여 명이 살해당했다. https://www.worldatlas.com/articles/10-people-who-died-to-save-the-amazon.html; https://forestsnews.cifor.org/17295/martyr-of-the-amazon-the-legacy-of-chico-mendes?fnl=en
93) https://www.youtube.com/watch?v=LaPge01NQTQ&t=79s 특히 쇠고기 생산에서 발생하는 온실가스는 전체 식량 생산에서 발생하는 온실가스의 25%에 달하며, 이어서 젖소, 돼지, 닭 사육 순서로 온실가스가 많이 발생한다. 한편 쌀 생산에서 발생하는 온실가스는 식량 생산 전체 발생 온실가스의 12%에 불과하다.
94) https://www.nature.com/articles/s43016-021-00358-x.epdf

란드 면적)의 숲이 파괴되고 있다. 극단적 조치를 취하지 않으면, 2030년까지 열대우림 가운데 10%만 남게 될 것으로 예상된다. 현재 전 세계에서 곡식을 생산하는 농토의 크기보다 목축업을 위한 토지가 더 크다.96) 제레미 리프킨에 따르면, 인구 증가와 육류 소비의 급격한 증가 때문에 2050년까지 육류 생산이 50% 이상 증가할 것으로 예상된다.97) 앞으로 더 많은 삼림이 파괴될 수 있다는 뜻이다.

셋째로, 축산업을 위해서는 엄청난 양의 물이 소비된다. 미국에서만 축산업의 물 사용량이 매년 1조3천억~2조3천억 톤이다.98)

넷째로, 사료 재배를 위한 화학비료 사용과 공장 축산의 불결한 환경 때문에 기생충뿐 아니라 온갖 전염병이 자주 발생해서 **살충제와 항생제를 남용**하는 문제가 매우 심각하다. 도축업 종사자들은 도축한 고기들 속에서 자주 많은 고름과 종양을 발견할 정도로 매우 심각하다.99) 결국 그 최종적 피해는 인간이 입게 된다.100)

다섯째로, 극한 폭염과 가뭄, 병충해, 전염병 때문에 농업과 축산

---

95) https://www.animalagricultureclimatechange.org/animal-agriculture-is-the-biggest-cause-of-deforestation/ 라틴아메리카, 동남아시아, 아프리카의 숲의 약 2/3를 파괴한 것이 이런 목축업과 산업농장이다.
96) 우유를 생산하기 위한 면적은 브라질 크기의 면적이며, 소고기를 생산하기 위한 면적은 캐나다와 미국, 중앙아메리카 전체 크기의 면적인 반면에 곡식을 생산하기 위한 면적은 아프리카 대륙 전체 면적이다.
97) https://www.youtube.com/watch?v=LaPge01NQTQ&t=79s
98) 전 세계의 콩 생산량에서 인간이 소비하는 것은 6%에 불과한 반면에, 75%는 가축들과 연어 등의 양식 사료로 사용된다.
99) https://www.youtube.com/watch?v=LaPge01NQTQ&t=79s 또한 사료 재배를 위한 화학비료는 강과 바다를 오염시키고, 연어 양식장 등에서 암을 유발할 수 있는 독성 살충제를 많이 사용한 결과, 바다에서 생명이 살 수 없는 죽은 지역(Dead Zone)이 이미 400군데가 넘는다.
100) 육식의 폐해는 제리미 리프킨, 신현승 역, 《육식의 종말》 4부를 보라.

업뿐 아니라 세계의 식량 생산체제가 점차 취약해지고 있다.101)

이처럼 2도 상승하면 농업이 붕괴되고 사회와 문명이 붕괴될 가능성이 크다. 정부는 자발적으로 대책을 추진하지 않기 때문에, 초국적 자본 카르텔을 타파할 인류의 마지막 혁명에서 시민들이 육류를 포기하고 채식 위주로 바꾸는 것이 건강을 지키고 기후 파국을 막는 최선의 길이다. 권력층이 기후 대책에 손을 놓고 있는 이유는 식량난이 발생해도 자신들은 살아남을 것이며, 식량폭동이 발생하면 중산층의 안정 요구에 부응하여 강한 공권력을 행사하는 파시즘 체제로 이어질 것으로 기대하기 때문일 것이다.102)

생태계 파괴의 원인 자체가 산업문명과 육식문화에 깊이 뿌리박고 있어서 그 중독에서 벗어나는 일은 "풍요와 안락의 습관"에서 벗어나는 문명전환의 과제다. 2도 방어에 실패하면, 식량난과 기후전쟁 때문에 전 지구적으로 벌어질 학살과 야만의 시대로 진입할 가능성이 크다. 예수가 "하느님 나라"를 가르친 시대, 또는 수운 선생과 소태산 선생이 개벽을 외쳤던 시대보다 지금은 훨씬 절박한 시대이며, 인류의 마지막 혁명인 문명전환이 시급히 요청되는 시대다.

---

101) *Sustainability Times*, 2019/12/22, by Vitaliy Soloviy, 그래서 기업국가들은 에너지 산업뿐 아니라 축산업에도 많은 보조금을 지불하고 있다. 유럽연합은 매년 2,400만 파운드(3천만 US달러)를 보조금으로 지불한다.
102) 한국 정부가 2030년까지 40% 감축하는 책임을 이번 정권 5년(2023-27) 동안에는 25%만 지고, 다음 정권에서 3년 동안(2028-30) 75%를 지도록 떠넘기는 무책임에서 벗어나, 이번 정권에서 최소 50%를 지도록 상향 조정해서 실행하도록 강력히 요구해야 한다. 2018년 미국의 선라이즈 활동가 200명이 낸시 펠로시 하원의장실을 점거해서 결국 그린뉴딜 법안을 통과시키도록 만들었다. *All We Can Save*, ed. by Ayana E. Johnson, et al., (New York, NY: One World, 2020), 190-91.

5. 존 캅의 "구원" 이해와 하느님 나라 운동

1971년에 ≪너무 늦었는가? 생태신학≫(*Is It Too Late? A Theology of Ecology*)을 발표하여 생태신학의 대표적 개척자가 된 존 캅 교수는 50년 뒤 95세에 발표한 책 ≪구원: 예수의 사명과 우리의 사명≫[103]에서 오늘날 구원은 무엇이며, 또한 예수의 제자가 된다는 것은 무슨 뜻인지를 묻고, 자신의 신앙을 고백한다. 오늘날 일반적으로 이해되는 구원이 예수가 생각했던 "하느님 나라의 도래 속의 정치적 구원"(p. 28)과 너무 다르기 때문이다. 즉 오늘날 구원을 흔히 개인주의적 관점에서 이해하여, 예수를 "우리의 죄를 용서받기 위한 중보자"(p. 13)로 이해하거나, 우주적 관점에서 이해하여, 요한묵시록에서처럼 재림하여 신실한 자들만을 구원할 초자연적 구세주로 믿는 경향이 강하기 때문이다. 둘째로, 예수의 제자가 된다는 것이 무슨 뜻인지를 묻는 이유는 "파국을 막기에는 너무 늦은 것처럼 보이는" 현재 상황에서, 우리의 과제는 "어떻게 생존자들의 퍼센티지를 늘릴 것인지, 그리고 덜 호의적인 환경 속에서 살게 될 그들에게 어떻게 문명을 건설할 것인지에 대해 안내하는 일"(p. 81)이기 때문이다. 캅 교수는 오늘날 "하느님 나라는 생태문명으로 이해할" 수 있으며, 예수의 제자가 된다는 것은 "생태문명의 일차적 건설자"이며 "가장 위대한 치유자인 하느님"이 "우리들 안에서, 또한 우리들을 통해 일하시도록 하느님을 돕는 일"(p. 155)이라고 고백한다.

---

[103] John B. Cobb, Jr., *Salvation: Jesus' Mission and Ours* (Anoka, MN: Process Century Press, 2020).

캅 교수는 교회가 역사적으로 "바울과 예수 사이에서 바울을 따랐다"(p. 64)고 지적한 후, 오늘날 우리의 전 지구적인 자멸적 상황이 바울의 상황보다는 예수 당시 유대인들의 자멸적 상황과 비슷하다고 판단해서(pp. 64, 68), 우선 예수에게 문제가 된 이스라엘의 자멸적 상황을 밝힌다. 당시 이스라엘은 로마제국의 억압과 착취뿐 아니라 로마에 대한 무장투쟁을 선호하는 폭력적 운동 때문에 자멸적 상황이었다. 당시에 이스라엘의 구원을 도모한 방법은 세 가지였다. 성전 당국의 방법은 이스라엘의 생존전략으로서 로마에 협조하고 복종하는 길이었다. 그러나 하느님의 뜻에 따라 이스라엘의 독립을 추구한 집단은 무장투쟁 전략을 택했다.

캅 교수는 주기도문과 산상설교에 근거해서, 예수는 반문화적인 (countercultural) 제3의 길을 통한 "생명의 보전"을 택했다고 설명한다. 즉 예수의 사명은 "이스라엘의 구원"이었고, 하느님 나라는 '아바'(Abba)의 뜻을 지상에서 실현하는 것으로서, 일용할 양식과 용서, 부채 탕감(희년)을 통해 "모든 사람의 기본적인 물질적 욕구가 충족"되는 "경제질서의 급진적 변화"였다(pp. 16-17). 예수에게 구원은 세리 삭개오의 경우처럼, "하느님 나라 안에 들어가는 것"이었다. 또한 현실적으로 폭력을 통해 억압하고 착취하는 로마인들과의 관계에서는, 하느님의 무조건적 사랑에 입각한 원수 사랑을 통해, "주종관계"를 "동무관계"로, 적대감을 동지의식으로 바꿈으로써 하느님 나라를 이루려 했다. 예수의 복음은 "하느님 나라가 가까이 왔다"는 것이며, 구원은 "하느님의 목적에 순응하는 공동체의 삶"(p. 21)이었다. 예수는 이스라엘이 회개하고 하느님의 목적에 순응하면, "메시아적 소망이 실현될 것으로" 기대했다. 예수의 이런 정치경제적 구원 이해를 형성한 것은 "메시아에 대한 기대"(p. 30), 그 "역사적 변화"였다. 예수의 제자들은 이처럼 "거대한 역사적 변화를 위해 일하고 기도해야" 했지만, 이미 식탁교제를 통해 "서로 사랑하는 공동체들 안에서 하느님 나라의 현존"(p. 19)을 경험했다. 예수는 이런 제3의 길을 통해 "이스라엘 전체"를 구원하기 위해 성전 당국의 회개를 기대했지만, 실패했다(p. 26). 그 결과 성전에서 황제숭배를 요구한 로마에 대해 무장반란을 일으킴으로써, 결국에는 예수가 막으려고 애썼던 대량학살을 자초했다.[104]

예수가 처형당하고 부활한 후, 제자들은 "예수의 사명을 확장"하여 이방인들을 포함시켰다. 그러나 이방인들의 교회에서는 성령 체험 후에 사도 바울을 통해 구원의 초점이 "율법으로부터의 자유"로 바뀌었고, "역사적 변화에 대한 예수의 기대"가 개인들이 "죽은 후 낙원에 대한 기대가 뒷받침하는, 사랑과 서로 지원하는 공동체 안에서의 새로운 삶의 경험으로 대체되었다"(p. 29). 이처럼 상황과 관심이 바뀌면서, "하느님 나라의 지상 실현"이라는 예수의 기획과는 다른 종교가 된 것이다. 즉 예수에게 "잘못된 것은 현실 상황"이었고, 회개해야 할 죄는 "하느님과 이웃을 사랑하지 않는 것"이었으며, "일

---

[104] 요세푸스의 상당히 과장된 기록에 따르면, 66-70년의 반란에서 110만 명이 살해되었다. Lee I. A. Levine, "Judaism from Destruction to the End of the Second Jewish Revolt: 70-135 C.E." in *Christianity and Rabbinic Judaism*, ed. by Hershel Shanks, Biblical Archaeology Society and Person, 2nd ed., 2011, 5.

차적으로 필요한 것은 용서가 아니라 하느님 나라에 대한 예수의 이해를 받아들이는 것"(p. 33)이었다. 그러나 초기 그리스도인들에게는 "잘못된 것이 개인적 죄"였고, 구원은 "사후심판(영벌)에서 죄를 용서받는 것"으로서, "예수의 수난을 통해 하느님의 용서를 받는 것"이 되었다(p. 32). 예수는 메시아가 되었다.105) 이처럼 구원의 초점이 예수의 수난에 맞춰진 개인 구원 중심의 속죄론 때문에, 정치경제적이며 반문화적인 예수의 구원과는 "다른 종교"가 된 것이다(p. 32). 특히 제국의 종교가 된 후 "교회는 그리스도의 원수들을 살해하기 위한 모병 센터가 되었다"(p. 31). 또한 교회에서 재앙적인 것은 "바울이 극복한 유대교 율법주의보다 더 심한 그리스도교 율법주의"가 등장한 것이다(p. 34).

    캅 교수는 교회 역사에 대한 이런 비판을 통해, 예수는 예언자들의 전통 속에서 민족 전체의 구원을 위한 역사적 변혁을 추구했고, 사도 바울이 초대교회 신자들에게 "육체적 할례" 대신 "영적인 할례"를 요구함으로써 이방인들에게 개방적인 교회 역사를 시작할 수 있었던 것처럼, "상황이 바뀌면 제자직의 사명도 달라진다"는 점을 강조한다(p. 64). 특히 오늘날처럼 파국이 다가오는 상황에서, "불가피한 고난을 줄이는 일"과 "생존의 기회를 지닌 반문화적 공동체들을 창조하는 일"(p. 65)을 위해 시급히 되찾아야 할 것이 바로 예수의 제자직이라고 강조한다. 오늘날 그리스도교는 세계의 변혁을 위해

---

105) "폭력이 구원한다"는 메시아주의를 거부했던 "안티-메시아" 예수가 메시아가 되었다는 뜻이다. Rosemary Reuther, in *The Task of Theology*, ed., by Anselm Min (Maryknoll, NY: Orbis Books, 2014), 203.

다른 종교들과 비교하여 "최상의 자원들"을 갖고 있는데(p. 54) 그것은 바로 그리스도교의 역사적 신앙 때문이다.

그러나 흔히 제자직에 대한 이해에서 역사의식이 결여된 것을 지적하는 캅 교수는 교회가 쇠퇴할 뿐 아니라 성서의 영향이 쇠퇴하는 문제 역시 근본적으로 신앙의 역사성을 상실했기 때문이라고 본다(p. 56). 특히 안락한 중산층의 입맛에 맞도록 산상수훈을 해석하여, 제자직을 "예수의 명령에 온전히 순종하지 못하는 우리의 무능력을 인정하고 철저한 죄성을 고백하도록" 만드는 것(p. 51), 그리고 진보적인 그리스도인들 가운데 상당수가 "동양의 비역사적 영성"을 찾는 것(p. 52)도 그리스도교 신앙의 역사성을 상실한 때문이라고 지적한다. 심지어 오늘날 과학조차 상당 부분 17세기 기계론적 세계관에 사로잡혀 있으며, 그처럼 역사에 뒤떨어진 세계관이 대학을 장악한 형이상학이 되었기 때문에, "인류가 직면한 철저한 위험"에 대응하기 위해 "철저한 사고와 철저한 행동"을 이끌어내는 데 심각한 문제가 된다고 지적한다(p. 62).

존 캅 교수는 젊은 시절에 사회복음(Social Gospel) 운동과 마틴 루터 킹 목사의 민권운동에 큰 영감을 받았다. 사회복음과 민권운동은 평화와 정의 운동, 종교간 대화, 페미니즘, 성소수자 해방운동에 큰 영향을 끼쳤지만, 캅 교수는 1960년대 후반부터 사회복음의 인간중심주의에 눈을 뜨게 되었다(p. 68). 즉 생태계의 총체적인 붕괴 앞에서 "인간 사회의 특정한 불의를 줄이기"보다는 생태계 전체를 다시 생각해야 했던 것이다. 그래서 미래의 희망을 제공할 통전적 견해가 필요했고, 그것은 교황의 회칙 〈찬미받으소서〉의 "통전적 생태학"과 같은 의미의 "생태문명"이 우리 시대의 구원을 위한 새로운 사명이라는 주장이다.

이어서 캅 교수는 "생태문명이란 무엇인가?"(6장)에서, 중국의 헌법에 "생태문명 건설"이 포함된 것을 지적하면서, GDP 중심에서 지속가능성 중심으로, 산업적 농업 대신 생태적 농업으로 경제 구조를 바꾸는 일, 유기농법의 생태마을 운동, 육식 중심에서 채식 중심의 생태적 식단, 생태적 도시, 경쟁과 부담이 아니라 협동과 향유 중심의 생태적 교육, 동물 돌보기, 치유 중심의 형사처벌제도 등을 제시한다. 캅 교수는 생태문명의 중심 원리가 (1) 관계성과 공동체, (2) 인간중심주의를 넘어 삼라만상의 본래적 가치를 인정하며, 동시에 인간의 특별한 책임을 인정하는 문명이라고 설명한다(pp. 77-79). 생태문명의 이런 중심 원리에 기초하여, 정치경제적인 구현 방법들을 구체적으로 제시한다. 현재는 경제가 성장할수록 빈부격차가 심화되고, 자연을 파괴하기 때문에, 지역 중심의 생산과 소비를 요청한다. 쿠바가 설탕을 소련의 석유와 교환하던 방식이 갑자기 중단되었을 때 소규모 가내 농업을 통해 식량자급을 이루어낸 것을 예로 들면서, 식량자급과 지역 단위의 태양광 발전을 통한 에너지 자립, 그리고 이웃 간의 상호책임성을 강조한다. 또 전쟁을 위해 폭탄을 많이 생산할수록 GDP가 올라가는 회계방식을 예로 들면서(p. 93), 중앙정부는 권력집중과 재화집중의 체제이기 때문에, 기초자치단체장 선거에서 선출된 사람들이 상부 공직자들을 선출하는 방식을 통해 기업국가

체제를 투표자의 이익 중심의 정부로 만들 것을 제시한다(p. 85).

캅 교수는 "미국에서의 생태문명에 대한 전망"(9장)에서, 트럼프뿐 아니라 클린턴-오바마 역시 국민의 이익보다 월스트리트의 이익에 복무했을 만큼, 미국 정부와 의회는 연준(FR)과 사설 은행들의 지배 아래 있다는 점을 비판한다. 이어서 대도시 시장들(mayors)이 주도한 도시와 주 차원의 공공은행 설립 운동(pp. 99-101), 그리고 주택 냉난방에 많은 화석연료가 사용된다는 점 때문에 태양광 패널을 가난한 사람들의 주택개선 사업에 싸게 공급하여 지역공동체의 경제를 발전시키는 데 공헌한 데본 하트만(Devon Hartman)의 헌신에서 생태문명을 위한 제자직의 소명과 모범을 제시한다(p. 104).

캅 교수는 오늘날 생태문명을 위해 극복해야 할 것은 돈에 대한 집착뿐 아니라, (1) 교회나 성서를 절대화하고 예수를 우상으로 만들며, 타종교들에 대해 배타적이라서, 그리스도교를 "하느님 나라의 실현에 가장 큰 방해물"(p. 107)로 만든 그리스도교주의(Christianism), (2) 자연과 물질을 기계처럼 간주하고 인간 영혼은 예외라고 생각하는 것이 상식처럼 되어버린 데카르트의 형이상학 대신에 "유기체적 형이상학"으로 바꿀 필요성, (3) 자연(주체들의 공동체)과의 지속 가능한 관계를 불가능하게 만든 유물론적 자연 이해(객체들의 집합)와 '사실'만 중요한 요소로 간주하고 '가치'에 대한 논의조차 거부하는 근대적 과학주의, (4) 부족주의, 노예제도, 식민주의에 대한 종교의 뒷받침을 통해 더욱 강력해진 국가주의와 인종차별주의, (5) 유럽경제공동체 결성과 무역협정들이 보여주듯이, 금융자본가들의 이익을 위해, 시민들의 이익과 생태계를 보호해야 할 정부의 권한까지 제한시키는 경제주의 등이다. 많은 학자들과 시민들의 사고를 지배하고 있는 이런 걸림돌들을 제거해야만 생태문명이 시작될 수 있다.

캅 교수는 미국의 예외주의가 제2차 세계대전 이전 일본의 예외주의와 비슷하다고 비판하면서, 미국의 역사는 제국주의적 팽창과 노예노동, 제3세계, 특히 라틴아메리카에 대한 착취를 통해 이루어졌으며, 세계 곳곳에 미군이 주둔하고 있는 것은 자국 기업들의 이익을 보호하기 위한 것임을 지적한다(p. 127). 따라서 생태문명을 이루기 위해서는 (1) 전쟁 반대뿐 아니라, (2) 세계 각국이 평화를 위해 자신들의 삶의 질서를 새롭게 편성하고, (3) 각국의 자원을 미래를 위해 사용하고, (4) 생태문명을 위해 농업, 교육, 법체제, 종교를 구체화하고, (5) 낭비가 아니라 절약, 경쟁이 아니라 협동으로 사회가 조직되어야만 생태문명도 지속될 수 있음을 강조한다.

캅 교수는 "예수의 가르침의 핵심은 하느님의 보편적이며 무조건적인 사랑"으로서, 이런 "원수 사랑"은 다른 종교 전통에서 분명하지 않았던 것임을 강조한다(p. 138). 이어서 캅 교수는 "이 원칙으로부터 우리가 완전한 비폭력을 직접 이끌어낼 수는 없다"고 주장하고, 예수가 성전에서 환전상들에게 폭력을 사용했음을 지적한다. "우리가 폭력의 희생자와 폭력의 가해자 모두를 사랑한다면, 그 폭력을 중단시키기 위한 폭력적 개입은 모두를 위한 사랑의 표현일 수 있다. 나는 예수가 비폭력을 보편적으로 또한 절대적으로 가르쳤다고 생각하지 않는다"고 단언한다(p. 138).

마지막 장("하느님은 도우실 수 있는가?")에서, 오늘날 "하느님의 전지전능하심"을 믿고, 세상의 모든 일은 하느님의 목적과 통제 아래 일어난다고 단순하게 믿는 많은 그리스도교 신자들, 그리고 그와는 반대로 "물질이 전능하며 우주에 목적이나 계획은 없다"고 단순하게 믿는 무신론자들이 대학마저 장악한 현실에서, 캅 교수는 화이트헤드의 철학과 우리의 경험에 근거하여, 하느님을 "우리들 너머의 실재"로서, 과거와 단절된 철저한 새로움, 가치와 목적이라는 잠재성의 실현, 인간의 책임성, 자기결정권의 관점에서 해명한다.

위에 요약한 존 캅의 주장처럼, 임박한 기후 파국을 최대한 늦춰 최대한 많은 생명을 살리기 위해서는 문명전환이라는 인류의 마지막 혁명을 위한 정신적 에너지가 필요하다. 그러나 세계 종교들은 빠르게 쇠퇴하며, 폭력적 근본주의 형태로 나타나고 있다.

목회자들은 온갖 삶의 무게에 지친 고단한 교인들을 위로해야 하는 과제 때문에, "하느님이 독생자를 내어주실 만큼 세상과 우리를 사랑하시고 돌보시니까, 아무 염려하지 말라!"는 메시지를 통해 심리적 안전장치를 제공하고 있다. 목회자의 매우 중요한 과제다. 많은 신자들이 "무대 위의 기계 같은 신"(deus ex machina)을 요청하는 이유는 자신들의 개인적인 곤경을 해결해 줄 초자연적인 우주적 아버지와 같은 절대자가 있어야 심리적 안정을 얻을 수 있기 때문이다.

그러나 목회자들은 도전하는 사명도 갖고 있다. 2도 상승이라는 파국적 재앙들을 막아내기 위해, 기업국가의 금권정치를 지구민주주의로 바꾸지 못하면, 매년 수억 명씩 희생될 수밖에 없다. 현재의 풍요를 위해 미래 세대를 희생하는 구조악에 도전해서 변혁의 원동력이 되지는 못해도, 함께 살 길을 제시하고 피난처를 마련해야 한다. 본회퍼가 나치의 감옥에서 "종교 없는 그리스도교"의 필요성을 말한 것도 "값비싼 제자직 없는 값싼 은총" 때문이다. 사제들과 신학자들 중심의 중보종교체제가 예수를 학살하는 데 앞장섰을 만큼, 은총의 도구들(성전, 경전, 안식일, 사제계급)을 절대화해야 종교 귀족들이 권력을 유지할 수 있다는 점도 "종교 없는 그리스도교"를 요청한다. 집단적 재난 앞에서 전능한 하느님이 우리를 보호하실 것이라 주장했던 예언자들은 모두 거짓 예언자들이었지만, 참 예언자들은 "민족을 파멸시킬 만큼 하느님은 자유로운 분"이라고 가르쳤다.106) 재난이 길어져서 집단적 고통을 더 이상 견디기 힘들게 되면, 메시아 신앙이 큰 활력이 되기도 하지만, 예수는 메시아주의의 폭력을 거부한 "안티-메시아"였음을 기억해야 한다.

 피터 롤린스의 해석처럼, "어찌하여 나를 버리셨나이까?"라는 예수의 마지막 외침은 예수 자신이 "무대 위의 기계 같은 신"을 버렸다는 증거이며, "하느님 앞에서 하느님 없이 하느님과 더불어 살아야 한다"는 뜻으로서, "종교 없는 그리스도교"를 시작한 것으로 해석할 수 있다. 마더 테레사처럼 "하느님의 임재 경험 없이도 생명을 돌보는 일에 헌신하는 일"로 받아들이는 것이 마지막 순간까지 생명을 돌보기 위한 영적 에너지를 줄 수 있다.107)

---

106) 존 캅, 박만 역, ≪영적인 파산≫(한국기독교연구소, 2014), 37.
107) Peter Rollins, *Insurrection* (New York, NY: Howard Books, 2011), 76-77, 150.

6. 개인과 교회가 할 수 있는 기후 행동

　민생을 내세워 경제성장에 몰두하는 정치 때문에 2도 방어 댐이 붕괴하면 동시다발적 식량 폭동과 사회적 붕괴를 피할 수 없다. 따라서 2도 방어를 위한 대책은 그리스도교의 가장 시급한 선교 과제다. 기후위기에 태만한 중앙정부나 국회에 우리 자녀들의 목숨을 맡길 수 없다. 연임이 가능한 지방자치단체장들의 기능과 역할에 기대를 걸고, 정책을 감시하고 요구할 필요가 있다. 식량 자립과 에너지 자립을 위한 생태마을 건설 과제도 적극 모색해야 한다. 권력층의 기후 대책을 기다리기 전에 개인과 교회가 대책 마련을 솔선할 때다.

　첫째로, 육식을 포기하고 채식 위주의 식단 운동을 전개할 필요가 있다. 하버드대학교 의과대학이 건강을 위해 "일주일에 한 끼만 육식"을 장려한 것은 산림파괴를 막고 메탄가스의 위협적 증가에 대응하기 위해 필요한 운동이기 때문이다. 특히 인도네시아와 브라질에서 불법적 산림파괴의 가장 큰 원인인 야자유(palm oil)와 사료 콩에 대한 수입 금지를 영국처럼 법제화할 필요가 있다.108)

　둘째로, 철저한 에너지 절약 운동이다.109) 자가용 운행을 가능한 한 줄이며, 수소차나 전기차로 교체하고, SUV 구매를 줄이고,110) 대

---

108) *The Guardian*, 2023/11/6.
109) 한국의 1인당 전기 사용량은 세계 3위 수준이다. 연합뉴스, 2022/6/27. 또한 물 소비량은 세계 평균의 2.5배에 달한다. *Planet Times*, 2022/3/3.
110) 2010-2018년 SUV 신차 판매 시장점유율은 17%에서 39%로 뛰었고, 운행 중인 SUV 차량 수는 같은 기간 3500만대에서 2억대로 5.7배나 늘었는데, SUV의 연간 이산화탄소 배출량은 5억4400만톤 증가했다. 국제에너지기구는 SUV가 지금의 증가추세를 이어간다면, 2040년 전 세계 석유 수요량

중교통을 이용할 필요가 있다.

셋째로, 태양광 패널, 풍력 설비, 전기 배터리 등 재생에너지를 만드는 데는 석탄 사용을 비롯해 많은 탄소가 발생한다. 또한 원전은 핵폐기물 처리 비용과 해체 비용이 후손들에게 너무 오랫동안 너무 막중한 부담이 된다. 따라서 시민들이 가장 먼저 할 일은 원전 반대 운동과 많은 양의 이산화탄소를 흡수하는 숲을 보호하는 운동이다. 무엇보다 벌목 금지, 갯벌과 습지 보호, 대규모 조림사업을 전개할 필요가 있다.111) 2014년, 영국의 클레어 두보이스가 친구 버나데트 라이더와 함께 만든 단체 "나무 자매들"(TreeSisters)은 해마다 아프리카, 인도, 네팔, 브라질 등지에 220만 그루의 나무를 심고 있다.112) 이런 식목 운동은 온실가스 감축의 37%를 이룰 수 있다.

넷째로, 교회와 신자들의 가정에 태양광 패널을 설치하는 운동을 적극 전개할 필요가 있다.113) 특히 전기요금이 계속 인상될 수밖에 없는 상황에서 이제는 태양광 패널 가격이 매우 저렴해졌고, 아파트 같은 공동주택에도 태양광 패널을 설치할 수 있으며, 지방자치단체의 보조금도 받을 수 있기 때문이다.

다섯째로, 탄소헌금(또는 자동차 주유비에 대한 탄소십일조)을 통해 나무심기 운동과 해초 양식 운동을 범 교회적으로 전개할 필요

은 하루 2백만 배럴 늘어날 것으로 전망했다. 한겨레신문, 2019/11/6.
111) Derrick Jensen, et. al., *Bright Green Lies: How the Environmental Movement Lost Its Way and What We Can Do About It* (Rhinebeck, NY: Monkish Book Publishing Co., 2021), 435-440.
112) *The Guardian*, 2019/6/19.
113) 서울시는 이미 2012년부터 "원전 하나 줄이기" 정책을 통해 에너지 절약과 재생에너지 생산에서 큰 효과를 보고 있다.

가 있다. 지방자치단체의 숲 가꾸기 운동을 적극 요구하고, 몽골 숲 가꾸기, 또는 미국 내 통일운동 단체들을 통해 북한 땅에 나무심기 운동을 전개할 방법을 모색해야 한다.

여섯째로, 신자들 개인이나 개체교회가 기후 행동에 나서는 것이 현실적으로 쉽지 않은 현실에서, 전문 환경단체(그린피스, 녹색전환연구소 등)와 기후 활동가들, 공익 법률가들(기후소송에 전념하는 플랜 1.5, 하승수 변호사의 농본, 공감 등)과 녹색당을 재정적으로 적극 후원하여 힘을 실어주는 운동을 전개할 필요가 있다.

일곱째로, 정부가 원전과 화력발전소를 건설하는 것을 중지시키기 위해, 그 건설사업에 투자한 은행들을 조사하여 NCCK나 환경운동 단체 차원에서 투자철회 운동을 전개할 필요가 있다.114)

여덟째로, 종교들이 연합하여, 기후소송 전담팀(TF)을 만들 방법을 모색할 필요가 있다. 기후 대책에 매우 소극적인 중앙정부나 화석연료 기업들에 대한 기후소송은 때로 극적인 성공을 거둔다는 점에서 시민단체들이나 교회에게 가장 효과적 전략이 될 것이다. 물론 "법적 다툼에서 요구되는 엄밀한 인과적 입증이 어렵다"115)는 점에서 그 과정이 쉽지 않다. 그러나 2019년 네덜란드 정부가 탄소배출

---

114) 미국에서 효과를 거둔 기후 대책 중 하나는 투자철회 운동이다. 2014년에 UC버클리 대학생은 화석연료 회사들에 대한 투자철회 운동을 시작하여, 11조 달러의 투자철회를 이끌어냈다. 남아프리카 공화국의 인종차별정책을 철폐하도록 만든 것 역시 1985년 UC버클리 학생들의 투자철회 운동에서 시발되어 미국 전역의 대학들로 확산되어, 1988년까지 155개 대학이 투자철회를 했다. Michael E. Mann, *The New Climate War*, 236-37.
115) 조효제, 《탄소사회의 종말: 인권의 눈으로 기후위기와 팬데믹을 읽다》 (파주: 21세기북스, 2020), 223.

량을 25% 줄이도록 명령한 획기적 소송 이후, 2020년부터 세계적으로 기후소송이 급증하고 있다.116) 파리협약에도 불구하고 정부의 태만으로 인해 시민들의 생명권이 침해당하고 있기 때문이다.117) 최근에 영국의 환경부 장관은 "탄소중립에 도달할 기후정책을 마련하지 못한 실패" 때문에 기소될 처지에 놓여 있다.118) 심지어 유엔 사무총장도 최근 화석연료 재벌들에 대한 기후소송의 필요성을 강조하였다.119) 그러나 한국에서는 기업체들의 수익을 보장한 채 화력발전소 건설을 계속하여 준공과 더불어 좌초자산을 만들고 있으며, 환경부가 제주 제2공항 건설에 동의하고, 흑산도, 가덕도, 울릉도에 이어, 백령도까지 공항 건설을 추진할 수 있게 만들었다. 설악산 케이블카 사업도 허락했다. 이처럼 파리협약과는 정반대 방향으로 나아가는 "환경파괴부"와 그런 생태계 파괴 사업에 대출해주는 은행들을 기소할 방법을 모색할 필요가 있다.

아홉째로, 교회는 전국조직과 지방조직을 갖고 있는 특수 기관이기 때문에, 국회의원이나 지방자치단체 입후보자들을 초청해서 기후대책을 묻고 따지는 과정을 통해 교회가 일정 부분 기여할 수 있을 것이다. "지옥을 향해 질주하는 3도 상승 트랙"에서 빨리 벗어나도록 생명을 살리는 일은 보수와 진보가 연합할 수 있는 좋은 기회다.

---

116) 파키스탄, 인도, 필리핀, 인도네시아, 남아프리카, 콜롬비아, 브라질 등에서 정부를 상대로 기후재난의 책임을 법적으로 묻기 시작했다. 조효제, 216.
117) 런던의 히드로공항 활주로 확장공사를 막은 것은 몇몇 시민이 파리협약에 근거해서 소송을 벌여 최종 승소한 결과다. *The Guardian*, 2020/2/27.
118) *The Guardian*, 2023/3/4.
119) *APNews*, 2023/2/27.

나가는 말

초국적 자본 카르텔의 학살 구조를 타파하지 못하면, 현재 추세로 2도 방어 댐뿐 아니라 3도 방어 댐도 붕괴될 것이 거의 확실하다. 임박한 파국의 심각성을 잘 알면서도 자멸을 향해 돌진하는 모순은 정치체제가 시민의 생명이 아니라 자본가들의 이윤을 위해 복무하는 기업국가이기 때문이다. 우리 세대가 화석연료와 육식문화에 중독되어, 풍요의 신 바알과 자본의 신 맘몬에게 굴복한 때문이며, 이런 우상숭배 때문에 세계 1%의 자본가들의 탐욕과 금권정치를 타파하지 못한 채, 99%는 자녀 세대와 생태계 전체를 몰렉 신의 제단에 희생제물로 바치고 있다. 타나토스 문명의 비극이다.

2도 방어에 성공하기 위해서는 감축서약(NDC)을 적극 실행하지 않는 권력층의 정책결정권을 박탈하고, 인류의 마지막 혁명인 문명전환을 구현할 방법을 찾아야 한다.[120] 교회의 과제는 예수의 대안적 세계관을 제시하고, 문명전환을 위해 시민사회와 연대하는 일이다. 우리의 조상들은 자녀들에게 함께 살 만한 세상을 물려주기 위해 온갖 희생을 감당했으며, 때로 반란과 혁명에 목숨을 바쳤다.[121]

기후변화는 화학-물리-생물 법칙이 작동하는 필연성의 영역이다. 각자도생의 미래는 집단 자멸이다. 0.001도를 낮추면, 수십만 생

---

[120] 호주의 청록파(노동+환경) 잘리 스테그골은 2019년 선거에서 25년 간 하원의원과 총리를 역임한 보수연립 대표 토니 애벗을 물리치고 당선되었다. 노동당 정부는 2030년까지 43% 감축을 서약했다. Michael Mann, 236-7.
[121] 박승옥은 순환/공유경제에 기초한 기후정치 전략을 구체화하고 있다. 그가 대안을 제시한 200개 가까운 글들은 "프레시안"에서 볼 수 있다.

명체들을 살릴 수 있다.122) 바클라브 하벨의 말처럼, "희망은 무엇인가 좋은 결과를 낳을 것이라는 확신이 아니라, 그 결과가 어찌되든 행동할 가치가 있다는 확실성이다."123) 또한 비폭력 평화주의는 절대적 교리가 아니라, "효과가 있을 때까지만 필요한 전략"이다.124)

혐오와 적대감이 폭발 임계점에 도달한 "진영 대결" 사회에서, 교회는 사랑과 돌봄의 피난처를 제공하는 공동체여야 한다. 경제적 불평등을 줄이도록 요구하고, 사회적 불만과 적대감을 줄이는 일이 시급하다. 교회가 사랑과 돌봄의 공동체가 될수록, 식량난이 발생해도 사회나 문명이 붕괴하는 야만에 이르지 않고 함께 재앙을 견디는 데 기여할 것이다. 특히 신자는 어떤 경우에도 비무장 민간인을 살해하라는 명령을 거부할 양심과 용기를 키워야 한다.125) 나치 친위대와 서북청년단처럼 신자들이 또다시 학살에 앞장서면, 교회는 많은 종교들처럼 역사 무대에서 사라질 것이다. 예수와 프란치스코 교종처럼 생명의 신비와 은총에 대한 확신과 찬미, 간절한 기도와 자비심, 하느님의 혁명에 참여하는 기쁨이 희망의 틈새를 만들 것이다.

---

122) 미국의 웨스트버지니아주는 석탄생산이 중요한 기반산업이었는데, 2021년 4월, 광부노조는 "석탄 기반 경제"를 "신재생에너지 기반 경제"로 전환하기로 결정했다. 기후 활동가 밥 폴린의 역할이 매우 컸다. Noam Chomsky et al., *Notes on Resistance* (Chicago, IL: Haymarket Books, 2022), 179.
123) Rebecca Solnit & Thelma Young Lutunatabua, *Not Too Late: Changing the Climate Story from Despair to Possibility* (Chicago, IL: Haymarket Books, 2023), 7에서 재인용.
124) 노예제 철폐, 여성 참정권 운동, 흑인 민권운동, 아파르트헤이트 폐기 운동 등 모든 변혁운동은 단순한 "비폭력 평화주의"만이 아니라 태업 등 여러 극단적 방법을 병행하여 충분한 위협을 가했기 때문이다. Andreas Malm, *How to Blow Up a Pipeline* (London: Verso, 2021), 50, 53.
125) 크리스토퍼 브라우닝, 이진모 역, ≪아주 평범한 사람들≫, 책과함께, 2010.